AF325722

HISTOIRE

DE LA

GRAVURE SUR GEMMES

EN FRANCE

N° 101

EXEMPLAIRE IMPRIMÉ

POUR

M. LESOUEF

MEMBRE DE LA SOCIÉTÉ

Ernest BABELON

MEMBRE DE L'INSTITUT

HISTOIRE

DE LA

GRAVURE SUR GEMMES

EN FRANCE

DEPUIS LES ORIGINES

JUSQU'A L'ÉPOQUE CONTEMPORAINE

OUVRAGE ILLUSTRÉ DE GRAVURES DANS LE TEXTE ET ACCOMPAGNÉ DE XXII PLANCHES

EN PHOTOTYPIE

PARIS

SOCIÉTÉ DE PROPAGATION DES LIVRES D'ART

SIÈGE SOCIAL : CERCLE DE LA LIBRAIRIE

117, BOULEVARD SAINT-GERMAIN, 117

1902

SOCIÉTÉ DE PROPAGATION

DES

LIVRES D'ART

FONDÉE EN 1869

CONSEIL

—

1902

MM. Eugène GUILLAUME, G. C. ❋, *Président d'honneur*.
Edmond TAIGNY ❋, *Président honoraire*.
C. ROSSIGNEUX ❋, *Vice-Président honoraire*.

MM. Jules GUIFFREY O. ❋, *Président*.
MACIET, *Vice-Président*.
Roger MARX, O. ❋, *Vice-Président*.
G.-Roger SANDOZ I. ◗, *Trésorier*.
VASNIER ❋, *Secrétaire*.
Georges MAUBAN, *Secrétaire*.

MM.	MM.
BARTAUMIEUX I. ◗.	Lucien LAYUS, ❋, I. ◗.
Victor CHAMPIER ❋.	Stéphan LE BÉGUE.
Édouard CORROYER O. ❋.	Charles LUCAS I. ◗.
Pierre DAUZE ❋, ◗.	MASSIN ❋, ◗.
Lucien ÉTIENNE ❋.	NOIROT-BIAIS ❋.
FERET ◗.	Maurice POUSSIELGUE-RUSAND.
GAGNEAU O. ❋.	Alphonse ROBERT ◗.
Paul GARNIER O. ❋.	Ernest ROYER.
A. LAHURE ❋.	

MEMBRES DE LA SOCIÉTÉ

MM.

Agnellet.
Aguillon.
Angenot.
Association Philotechnique de Bois-Colombes.
Association Philotechnique de Paris.
Association Polytechnique de Paris.
Louis Aucoc fils.
Auger.
Édouard Aynard.
Bartaumieux.
Basset et Moreau.
Léon Baudrier.
Bazin.
Auguste Bedel.
Belin.
L. Benoist.
Georges Berger.
Beurdeley.
Ferdinand Bing.
Gustave Biot.
Blanchard.
Georges Boin.

MM.

Boison.
Bibliothèque du Bon Marché.
Boucheron.
Henri Bouilhet.
Bourdaize.
Georges Brack.
Bricteux.
Dr Brouardel.
Cambon.
P. Canaux.
A. Cantarel.
Carlhian et Beaumetz.
Cerf.
Chambin.
Chambre syndicale de la bijouterie.
Chambre syndicale de l'horlogerie.
Chambre syndicale du papier.
Chambre syndicale des tapissiers décorateurs.
Victor Champier.
Chanée.
Gustave Chapon.
Édouard Charvet.

Chaveton.

Henri Cherrier.

Chevrie.

Dr Chompret.

Christofle.

J.-Paul Clermont.

Colin.

Henri Coquerel.

Edouard Corroyer.

I.-Geo. Coste.

Pierre Dauze.

Debain.

Omer-Marius Decugis.

Fernand Dehaître.

Dennery.

Germain Desbazeille.

Desclozières.

Després-Rouvenat.

Diette.

Donon.

Drouelle.

Drouin.

J. Dubois.

Alexandre Dupont.

Durenne.

Duvert.

École des Beaux-Arts (Bibliothèque).

Alfred Edwards.

A. Eggiman.

Engel.

Prince d'Essling.

Lucien Éienne.

Exupère.

Falize frères.

Fauré Le Page.

Féret.

Alfred Firmin-Didot.

Félix Follot.

P. Fontana.

Bibliothèque Forney.

Gustave Foucher.

Fourdinois.

Comte Foy.

Froidefon.

Froment-Meurice.

Fumouze.

G. Gagneau.

Lucien Gaillard.

Galli fils.

Gariel.

Paul Garnier.

Joseph Gottvallès.

Dr Émile-Julien Goubert.

P. Goudot.

Gustave Gounouilhou.

Gourdiat.

Grados.

Louis Granvigne.

Gravelin.

Gross et Langoulant.

Gruel.

Jules Guiffrey.

F. Guillard.

Eugène Guillaume.

L. Guinot.

Louis Harant.

Henin.

Georges Henry.

Hérissey.

Hinque.

Jean Hollande.

Holzbacher.

Denis Hubert.

Louis Huet.
Hussenot de Senonges.
James-H. Hyde.
Jacta.
Jaquet.
Jeanselme.
Jehenne.
Wenceslas Kateneff.
Émile Kléber.
Paul Lacombe.
Laffoly.
A. Lahure.
Laisné.
Lavanture.
Lucien Layus.
Stéphan Le Bègue.
Lefebvre aîné.
Paul Legriel.
L.-A. Leleu.
Lemaigre.
Isidore Leroy.
Leseur.
Lesoufe.
Levraux.
Limozin.
Loire.
Charles Lucas.
Maciet.
Georges Maes.
Mairie de Boulogne.
Mairie du IIe arrondissement.
Mairie du XVIe arrondissement.
Mannheim.
Edgar Mareuse.
A. Mariani.
Charles Mariet
Marjoton.

Marret frères.
Albert Marteau.
Martin.
Roger Marx.
O. Massin.
Georges Mauban.
Henri et Émile Mayer.
Miet.
Moche.
A. Monbro.
Monod.
François Moreau.
Morris.
Motard.
Philippe Mouillot.
G. Muhlbacher.
Murat.
Musée Carnavalet (Bibliothèque).
Nauton.
Noirot-Biais.
Marquis d'Oyley.
Paumier.
Pelletier fils.
Perrissin.
Paul Petit.
Edmond Ployer.
Poirier.
Popelin.
Camille Pourrat.
Charles Poussielgue.
Poussielgue-Rusand.
Quignon.
André Rambour.
Charles Rambour.
F. Rénon.
Fernand Révil.
Théodore Revillon.

Arthur ROBERT.

C. ROSSIGNEUX.

Baron Alphonse DE ROTHSCHILD.

Baron Edmond DE ROTHSCHILD.

Baronne James DE ROTHSCHILD.

O. ROTY.

Ernest ROYER.

ROZET.

G.-Roger SANDOZ.

Mme Gustave SANDOZ.

Armand SIBIEN.

Alexandre SIMON.

Paul SIMON.

Juan-H. SPANGENBERG.

STEIN.

SUZOR.

Edmond TAIGNY.

Paul TEMPLIER.

Alexandre THOMAS.

Ernest VAQUEZ.

VASNIER.

VERGER.

VINIT.

WARMONT.

Louis WOLFF.

AVANT-PROPOS

En 1894, je publiai dans la « Bibliothèque de l'Enseignement des Beaux-Arts », un modeste volume intitulé : La gravure en pierres fines : *c'est le seul traité d'ensemble qui parut sur la matière dans tout le cours du* XIXᵉ *siècle. Quoique fort peu développé et entaché d'imperfections imputables à l'inexpérience de l'auteur dans un sujet qu'il s'agissait de renouveler puisque, depuis le milieu du* XVIIIᵉ *siècle, il n'avait pas été abordé, en France, autrement que sous la forme de Catalogues divers ou de dissertations érudites sur des points spéciaux, il fut accueilli par le public avec une bienveillante indulgence et même quelque faveur. Depuis cette époque, j'eus l'occasion, par devoir professionnel, de rédiger le* Catalogue *des camées antiques et modernes conservés au département des Médailles et Antiques de la Bibliothèque nationale, recueil illustré que je fis précéder d'une longue Introduction didactique pour tâcher de préciser, mieux que je ne l'avais fait auparavant, certains côtés essentiels de l'histoire de la gravure sur gemmes, surtout dans l'antiquité grecque et romaine. Des travaux considérables virent le jour presque en même temps, dans ce même ordre d'études classiques, tels que le* Catalogue *des gemmes antiques du Musée britannique, la réédition par M. S. Reinach de plusieurs Recueils du* XVIIIᵉ *siècle avec un commentaire critique, le*

Catalogue des gemmes du musée de Berlin *par M. Ad. Furt-waengler, et enfin le magistral ouvrage du même savant, intitulé :* Die antiken Gemmen (*Berlin, 1900, 3 vol. gr. in-4°*).

Aucun de ces écrits ne traite, autrement qu'en passant et comme une question tout à fait secondaire, le sujet, pourtant vaste, complexe et intéressant, que je me suis donné pour tâche d'aborder dans le présent volume. Non pas, certes, que ce sujet soit entièrement neuf dans toutes ses parties : plusieurs d'entre elles ont été, de la part de divers érudits, l'objet de mémoires approfondis ou d'excellentes monographies. Mais l'ensemble même attendait sa coordination, son enchaînement, sa mise au point dans un résumé général. C'est là ce que j'ai voulu faire, à la demande de mon savant confrère, M. Jules Guiffrey, président de la Société pour la propagation des livres d'art. Je m'étais engagé à écrire pour cette docte Société, environ cent pages accompagnées d'une dizaine de planches ; voici que je donne 262 pages et 22 planches. Mes lecteurs s'en plaindront, sans doute, plus encore que les éditeurs ; mais si c'est trop pour eux, c'est loin, à coup sûr, d'être assez pour le sujet, de sorte que je me trouve ballotté entre deux écueils. Il convient donc, pour m'excuser, que je dise en quelques mots les points essentiels qu'il m'importait de traiter et dont la démonstration m'a entraîné si loin hors du cadre qui m'était tracé tout d'abord.

La renaissance carolingienne de la glyptique, si longtemps niée ou méconnue, méritait d'être mise en pleine lumière par les monuments nombreux, nouveaux pour la plupart, que je me trouvais en situation de présenter au lecteur ; il était, en outre, indispensable de la suivre dans son développement et ses transformations postérieures jusqu'en plein XIIe siècle, de déterminer son caractère original et autochtone ou ses emprunts à la glyptique byzantine et sarrasine.

Le parti que j'ai cru pouvoir tirer, pour l'histoire de la glyptique médiévale, des empreintes sigillaires, dés le IXe siècle et sans discontinuité jusqu'au XVe, ne pourra manquer de frapper ceux qui voudront bien prendre la peine de suivre pas à pas ma démonstration nécessairement un peu ardue et technique. Ces fragiles et précieux reliefs en cire, — nous parlons de ceux qui ont été formés à l'aide de sceaux gemmés et non point de ceux qui proviennent de matrices métalliques, — sont loin d'être, aussi souvent qu'on l'a cru et répété, des empreintes d'intailles antiques que le moyen âge aurait recueillies et utilisées. Un très grand nombre de ces sceaux en pierres fines furent, au contraire, gravés au moyen âge : il nous a été possible, par un examen comparatif, de surprendre le graveur, pour ainsi dire sur le fait et dans le secret de l'atelier, même lorsqu'il imite ou copie du mieux qu'il peut une gemme antique. Par ces empreintes, datées par les chartes auxquelles elles sont appendues, s'est révélée à nos yeux une partie de l'œuvre des cristalliers de l'époque romane et du XIIIe siècle, si bien que la logique nous a conduit à leur restituer bon nombre des cristaux gravés dont on faisait honneur à l'art byzantin ou musulman. Ce sont encore les empreintes de sceaux, plus peut-être que le trop petit nombre des monuments originaux parvenus jusqu'à nous, qui nous ont permis de ressaisir quelques épaves de l'œuvre des graveurs français du XIVe siècle, dont la merveilleuse habileté technique est demeurée trop longtemps insoupçonnée. Et sous ce point de vue, il ne sera pas malaisé de constater que nous n'avons fait qu'effleurer, par une énumération rapide d'exemples choisis, un champ de recherches aussi vaste qu'intéressant pour l'histoire de l'art français.

A partir du XVIe siècle, notre étude change d'aspect et de caractère. Les monuments originaux deviennent nombreux : il s'agit d'en déterminer la patrie, d'en rechercher la paternité, d'en caractériser le mérite, et, ce qui est souvent plus difficile encore, d'en certifier l'authenticité.

Graver comme les anciens, les égaler en traitant les mêmes sujets, leur emprunter jusqu'à leur nom, faire passer pour antique une gravure moderne à force d'habileté dans l'imitation : telle était la constante préoccupation des artistes de la Renaissance. Les collectionneurs du temps, leurs protecteurs, les encourageaient dans cette voie, les poussaient même à retravailler les gemmes antiques. Laurent et Pierre de Médicis, par exemple, font retoucher les camées antiques qu'ils jugent convenable de moderniser, rassettar loro pietre, dit Vasari[1]. Par eux, les noms de Phrygillos, Pergamos, Olympios, Onatas, Pyrgotéle, Athénion, Dioscoride, Solon, Aspasius, Alexas, Pamphile, Epitynchanus, Evodus, Tryphon et vingt autres, ont été profanés et prodigués sur des gemmes qui s'étalent dans toutes les grandes collections publiques ou privées, au milieu des rares pierres authentiquement signées. De sorte qu'aujourd'hui, distinguer parmi les gemmes de nos musées un original de ses copies, reconnaître les retouches et les fausses signatures, discerner les sujets modernes inventés d'après la conception antique, telle est la grande difficulté, la grosse affaire. Quand il s'agit d'une médaille, d'une statuette de bronze, d'une inscription, la critique peut faire intervenir, entre autres, certains arguments extrinsèques : l'aspect de vétusté, l'usure qui provient d'un long usage, l'examen de la patine nous sont d'un grand secours, et nous les invoquons chaque jour, par exemple, pour démêler les médaillons de bronze des Padouans de leurs prototypes romains. Mais en glyp-

---

1. VASARI. *Le Vite*, édit. Milanesi, t. V, p. 367.

tique, ces précieux éléments de contrôle font défaut : les gemmes n'ont, en général, ni usure, ni patine, et l'aspect d'une pierre gravée du temps de Pyrgotèle ou de Dioscoride est exactement le même que celui d'une pierre gravée de Valerio Vicentini, de Jacques Guay ou des Pichler. Il faut bien l'avouer : la plus parfaite des copies d'un tableau n'est pas plus difficile à distinguer, quand on n'a pas l'original sous les yeux, que la copie moderne d'une gemme antique. Seules, l'expérience quotidienne, la constante manipulation, l'étude comparative de ces joyaux, viennent en aide à l'antiquaire, en lui révélant, dans un camée ou dans une intaille, ce je ne sais quoi d'indéfinissable qui trahit à ses yeux la modernité du travail.

Mais cette expérience pratique, cette éducation de l'œil doivent se former à la fois par l'étude des gemmes modernes et celle des gemmes de l'antiquité. L'œuvre grandiose et perfide des graveurs de la Renaissance et du XVIIIᵉ siècle doit être mise en pleine lumière aussi bien que celle des Anciens, et c'est pour avoir négligé l'étude des modernes que des critiques distingués, bien que profondément versés dans la connaissance de l'antiquité, ont pris si souvent pour antiques des gemmes qui ne le sont pas, ou réciproquement. L'enquête unilatérale à laquelle ils se sont livrés, était sans doute nécessaire, mais elle est insuffisante. En la reprenant après d'autres, avec plus d'ampleur et une critique plus rigoureuse, M. Furtwaengler a rendu à la science un service immense. Mais il nous faut la contre-partie, et le moment est venu de tâcher de reconstituer l'œuvre de ces artistes qui ont passé leur vie à copier, imiter, pasticher l'antique et dont les archéologues ne parlent que par accident, voire même avec dédain. Ne nous illusionnons pas : c'est seulement lorsque ces Domenico de'Cammei, ces Giovanni delle Corniole, ces Valerio Vicentini, ces Alessandro

Cesati, ces Pier Maria da Pescia, ces Matteo dal Nassaro, ces Sirletti, ces Natter, ces Jacques Guay, ces Costanzi, ces Pichler, ces Jeuffroy, ces Simon et trente autres, auront leur histoire, c'est lorsqu'on aura rassemblé leurs principales œuvres et qu'on connaîtra bien leur manière, leur style, leur originalité individuelle, c'est alors seulement qu'il sera possible, en connaissance de cause et en toute rigueur scientifique, de leur attribuer ou de leur refuser tel camée, telle intaille, telle signature que les critiques actuels, suivant leur hardiesse ou leur timidité, classent tantôt parmi les antiques, tantôt parmi les modernes. Tant que cette contre-enquête n'aura pas été entreprise comme le pendant de celle que vient de nous donner M. Furtwaengler sur les anciens, tant que ce champ d'études modernes, assez étendu pour tenter plusieurs critiques à la fois, n'aura pas été exploré à fond, nous devrons, sur bien des points, si nous voulons être sincères, suspendre notre jugement. L'assurance dogmatique de certains auteurs n'est, bien souvent, que le masque derrière lequel s'abrite l'insuffisance de leur information, et si l'un des graveurs du XVIIIe siècle qui ont le mieux copié l'antique, Laurent Natter, a pu écrire que l'art de graver les pierres fines est, par sa nature même, le plus pénible de tous les arts, nous pouvons ajouter que l'habileté des contrefacteurs en ce genre a fait de la critique des pierres fines la plus délicate et la plus ardue des branches de l'archéologie.

Telles sont les raisons qui nous ont porté à attirer spécialement les regards sur la glyptique moderne, à montrer, par l'exemple, la nécessité de reconstituer l'histoire des artistes et le tableau de leurs œuvres principales. Mais là encore, on constatera que nous n'avons tenté qu'un essai très incomplet et que, même en nous limitant à la France, nous avons dû nous borner à de simples indications : heureux serions-nous, si par cet aperçu sommaire nous réussissions à suggérer à quelque chercheur critique, l'idée de s'engager dans cette voie et d'exploiter ce fécond domaine presque encore inexploré.

Nous devions enfin, — et cette partie de notre tâche est peut-être celle qui nous tenait le plus à cœur, — parler de l'école française contemporaine. Elle est peu nombreuse, sans doute, et surtout, trop modeste ; mais combien elle est digne d'encouragements par les efforts persévérants dont elle fait preuve pour relever un art qui brilla à travers l'histoire d'un si vif éclat et, à certaines époques, fut goûté plus que tout autre. Pourquoi donc la faveur du public s'en est-elle détournée ! Loin de moi de caresser présomptueusement la pensée que, peut-être, les quelques pages que j'ai consacrées à ces artistes de haut mérite contribueront à donner un regain de popularité au camée et à l'intaille. Du moins n'est-ce pas, je pense, un vain paradoxe d'exprimer l'opinion que cet art délicat, aristocratique, mériterait bien, pourtant, de partager les hommages que la mode, capricieuse en ses engouements, prodigue aujourd'hui à la médaille et à la plaquette métallique. Du moins aussi, me sera-t-il permis de formuler le vœu que quelques-uns de mes lecteurs bénévoles, comme on disait jadis, daigne dorénavant porter son attention sur ces gemmes gravées en creux ou en relief qui sont exposées, à chaque printemps, dans nos Salons annuels, et devant lesquelles le profanum vulgus passe indifférent et sans comprendre. Ils constateraient qu'il y a là, souvent, des œuvres dignes d'être encouragées ; ils en deviseraient entre eux, ils en chercheraient l'application dans l'industrie d'art, la parure féminine et la bijouterie, ils en achèteraient comme joyaux d'écrin ou d'étagère ; et de là, peut-être, surgiraient quelques Mécènes donnant le ton et l'impulsion à la mode qui, toujours, demande qu'on lui fasse violence. Les membres de la Société de propagation des livres d'art *pour lesquels cet ouvrage est écrit, sont aux premiers rangs de ces protecteurs auxquels je fais appel. Par eux et grâce à leurs encouragements, le* XXe *siècle à son aurore verrait la renaissance de la glyptique, comme le* XIXe *siècle expirant a vu la renaissance de la médaille :* sint Mæcenates, non deerunt, Flacce, Marones.

E. B.

Au Cabinet des Médailles, ce 16 mai 1902.

HISTOIRE

DE LA

GRAVURE SUR GEMMES

EN FRANCE

CHAPITRE PREMIER

La gravure sur pierres fines, en Occident, à l'époque mérovingienne.

La décadence profonde qui frappa, comme un mal incurable, tous les ressorts de la vie sociale en Occident, vers le temps de la chute de l'Empire romain, ne pouvait manquer de sceller de son empreinte fatale, un art aussi délicat et aussi raffiné que la gravure des pierres fines. En effet, tous les monuments de cette époque qui nous sont parvenus en font foi : au ve siècle, on cesse, ou à peu près, de graver *en camée*, c'est-à-dire en relief, les sardonyx multicolores qui, au temps de Constantin et de Julien, incarnaient encore des œuvres dignes de la tradition antique. Le dernier terme de la décadence du camée romain est représenté, à nos yeux, par deux sardoines blondes sur lesquelles se détache

en haut relief la tête casquée de Minerve ou de la déesse Rome
[Pl. I, fig. 1 et 2][1]. Ce ne sont plus, comme on en peut juger,
que de pénibles ébauches, sans style et sans date bien précise,
tristes et éloquents témoins d'un art impuissant non seulement
à créer, mais à imiter. Nous citerons encore, en fait de camées
occidentaux des bas temps romains, deux têtes grossières, en cornaline, dont les traits et la chevelure sont incisés avec autant
de rudesse que d'inexpérience technique [Pl. I, fig. 3 et 4][2]; et
enfin, une petite sardoine à deux couches du musée de Madrid,
sur laquelle est gravée en relief l'inscription suivante :

```
OS NON C
OMINVE
TIS ES EO
```

(*os non cominuetis es eo*)[3]

Ce texte, emprunté à l'Évangile de saint Jean racontant que
les jambes du Christ mis en croix ne furent pas rompues par
les bourreaux, était réputé investi d'une vertu prophylactique;
on croyait qu'il préservait de la torture. Edmond Le Blant attribue au vi[e] siècle cette petite gemme latine dont le caractère
magique nous initie déjà au rôle superstitieux des camées antiques à travers tout le moyen âge. Il rappelle, par sa forme rectangulaire, sa facture et jusqu'à ses minuscules proportions, les
nombreux camées grecs, sans types, gravés en Orient à cette
même époque, avec des formules magiques ou votives, des
devises pieuses ou amoureuses, et qui, suspendus à des colliers,
servaient d'amulettes populaires[4].

---

1. E. Babelon, *Catalogue des camées antiques et modernes de la Bibliothèque Nationale*,
n°s 29 et 30.

2. E. Babelon, *Catalogue*, n°s 321 et 322.

3. Pour *Os non comminuetis ex eo* (S. Joann., XIX, 36). Edmond Le Blant, *750 inscriptions de pierres gravées*, p. 130, n° 338.

4. Edmond Le Blant, *op. cit.*, p. 75 et suiv.; E. Babelon, *op. cit*, p. 187.

Quant aux cachets *en intaille*, c'est-à-dire gravés en creux, si l'industrie les produit toujours en abondance sur la cornaline, le jaspe, l'hématite, le cristal de roche, ils ne nous offrent plus que des types vulgaires, lourdement imités des anciens, tels que la Fortune, l'Abondance, la Paix, la Victoire, des quadrupèdes, des insectes, des oiseaux, des poissons. Il n'y a plus de portraits. Le dernier que nous puissions citer remonte aux premières années du vᵉ siècle : c'est le saphir du Cabinet impérial de Vienne qui servit de sceau au roi des Wisigoths, Alaric, mort en 410 [**Pl. I, fig. 5**]. Cette belle gemme, dans laquelle se reflète, pour la dernière fois, le génie antique, représente le buste royal, de face, dans le costume que donnent les monnaies aux successeurs de Théodose. Autour du buste est gravée la légende : **ALARICVS REX GOTHORVM** [1]. Par la forme, la technique, la matière, la disposition de la figure et de la légende, c'est l'œuvre d'un artiste romain. Mais Alaric, qui affichait comme les autres barbares, la prétention d'entrer de force dans la civilisation romaine, est antérieur d'un siècle à Clovis. Dans cet intervalle, la décadence irrémédiable ne fit que s'accentuer chaque jour davantage, et les graveurs des cachets sur gemmes en arrivèrent à se montrer à peine à la hauteur des graveurs des sceaux métalliques et des coins monétaires contemporains. On peut apprécier la décrépitude générale en mettant en parallèle, par exemple, le saphir d'Alaric avec le sceau en or (non en pierre fine) de Childéric Iᵉʳ [2] qui, pourtant, représente aussi le buste royal, de face,

---

1. Le sceau d'Alaric appartint d'abord à un certain Ulrich, comte de Montfort, mort en 1574. Il passa dans la célèbre collection Ambras, d'où il a ensuite été transféré au Cabinet impérial de Vienne. Voyez Millin, *Magasin encyclopédique*, 1811, t. III, p. 265 ; Hermann Rollet, dans Bruno Bucher, *Geschichte der technischen Künste*, t. I, p. 326; E. von Sacken, dans le *Jahrbuch der Kunsthistorischen Sammlungen des a. h. Kaiserhauses in Wien*, t. II, p. 33 à 35, et pl. III, fig. 1.

2. L'abbé Cochet, *Le tombeau de Childéric Iᵉʳ*, p. 369; M. Prou, *La Gaule mérovingienne*, p. 34, fig. 25 ; M. Deloche, *Les anneaux sigillaires*, p. 189 ; C. Barrière-Flavy, *Les*

à mi-corps, avec des ornements semblables, suivant les mêmes traditions et les mêmes conceptions esthétiques (ci-contre, fig. 1).

Fig. 1. — Sceau en or du roi Childéric Ier.

J'ai remarqué, au musée de Bonn, une grosse bague en cristal de roche, trouvée à Hausweiler dans une tombe du ve ou du vi^e siècle ; au chaton de cet anneau de pierre est gravée une Vénus armée, debout, de profil, s'appuyant sur un cippe et tenant son casque à la main. C'est une imitation pénible et incorrecte de la Vénus armée, type classique souvent traité à la bonne époque, aussi bien dans la grande sculpture que dans la gravure des gemmes et des coins monétaires[1]. Par cet exemple, on peut juger, comme avec les camées dont nous parlions tout à l'heure, de l'inexpérience lamentable où étaient tombés les lithoglyphes, même pour la simple copie des types traditionnels les plus bannaux. Les sujets chrétiens aussi, sont loin de présenter l'intérêt archéologique ou artistique qu'ils offraient à l'époque constantinienne. A la place de types variés, tels que le Bon Pasteur, la barque de Pierre, l'Agneau, l'entrée de Jésus à Jérusalem, Daniel dans la fosse aux lions, les bustes du Christ ou des apôtres Pierre et Paul, dans lesquels on pouvait encore reconnaître certaines qualités de style les rattachant aux anciennes écoles[2], ce ne sont

arts industriels des peuples barbares de la Gaule, t. I, p. 77. Nous rappellerons que le sceau en or de Childéric disparut dans le grand vol dont le Cabinet des Médailles fut l'objet en 1831 ; mais des empreintes prises sur l'original, antérieurement au vol, ont permis d'exécuter une reproduction galvanoplastique d'après laquelle a été faite l'image que nous donnons ici. Je doute de l'authenticité d'une intaille sur chrysolithe qui représente le buste casqué et cuirassé de Romulus Augustule, de face, accompagné de la légende **ROMV-LVS MOMILLVS** (haut. 4 cent.). Cette intaille est reproduite à la p. 8, n° 32, du catalogue d'une vente d'*Antiquités* faite à Paris, par H. Hoffmann, expert, le 30 mai 1888.

1. Comparez Chabouillet, *Catal. des camées*, etc., n° 1552 à 1574.

2. Voir les gemmes chrétiennes réunies dans L. Perret, *Les catacombes de Rome*, t. IV, pl. XVI ; Chabouillet, *Catalogue*, n°s 2165 et suiv. ; E. Le Blant, dans le *Bulletin archéol. de*

plus guère que des pastiches des types monétaires contemporains les plus vulgaires, des croix, des couronnes, des palmes,
des monogrammes analogues à ceux qui figurent sur les anneaux
à chatons métalliques ou sur certaines monnaies franques, bur-
gondes ou ostrogothes.

L'usage qui s'introduit, dès le commencement de la période
barbare, d'inscrire le nom du possesseur d'un anneau sigillaire,
non plus sur la pierre elle-même, mais sur la sertissure métallique qui en forme l'encadrement, est une preuve palpable de
l'impuissance technique des graveurs de ce temps, car, à l'époque
romaine et comme nous le constatons encore sur le sceau
d'Alaric, le nom des propriétaires des cachets était gravé, presque
toujours, sur la gemme elle-même. Quand saint Avit († 525),
à Vienne, en Dauphiné, c'est-à-dire dans une des contrées où
s'étaient le mieux conservées les traditions romaines, donne des
instructions pour la fabrication de son anneau épiscopal, il
ordonne que la gemme du chaton, une prime d'émeraude (*ver-
nans lapis*), porte seulement en gravure le monogramme de son
nom; le nom entier de l'évêque devra être inscrit sur le cadre en
or dans lequel la pierre sera enchâssée [1].

l'*Atheneum français*, 1856, p. 9 et suiv., et pl. I ; le même, *Les inscriptions chrétiennes de la
Gaule*, t. I, p. 156, note ; p. 370, n⁰ 9 ; pp. 420 à 422 ; le même, *Rev. archéol.*, 1883, I,
p. 300, et pl. XII, fig. 1 et 4 ; le même, *750 inscriptions de pierres gravées*, p. 121 ; C. W.
King, *Antique gems and rings*, t. II, p. 24 et suiv. ; C. Roach Smith, *Collectanea antiqua*,
t. II, 1852, p. 122 ; Drury Fortnum, dans l'*Archaeological Journal*, 1885, t. XLII, p. 159 ;
J. B. de Rossi, *Bulletin d'archéologie chrétienne*, éd. franç., 1870, p. 77 et pl. IV, fig. 13 ;
Martigny, *Dictionn. des antiq. chrét.*, p. 648, 655, 751 ; F. X. Kraus, *Realencyclop. d.
christ. Alterthums*, v⁰ *Steine* ; Garrucci, *Storia della arte cristiana*, t. VI, p. 477 et 478 ; Ed.
von Sacken, dans le *Jahrbuch der Kunsthistorischen Sammlungen des a. d. Kaiserhauses in
Wien*, t. II, 1884, p. 35 et pl. III, fig. 2 et 3 ; E. Babelon, *Bulletin de la Société des
Antiquaires de France*, 1896, p. 194 ; 1897, p. 274 ; 1898, p. 376. Un grand nombre de ces
gemmes sont de travail oriental.

1. S. Avit, *Epist.* LXXVIII, éd. Migne (*Patrol. lat.*, t. LIX, p. 280) ; cf. Edm. Le
Blant, *Les inscript. chrét. de la Gaule*, t. II, p. 50 ; Max Deloche, dans la *Rev. archéol.*,
1884, I, p. 145, et 1886, II, p. 313 ; le même, *Les anneaux sigillaires*, p. XLVII.

Les bagues de l'époque mérovingienne parvenues jusqu'à nos
jours, permettent de se faire une idée exacte de ce que devait

Fig. 2. — Cachet du méde-
cin Donobertus.

être le sceau de saint Avit. Parmi les plus
remarquables est celle du médecin Donobertus
(ci-contre, fig. 2) : c'est une cornaline de la
basse époque romaine dont le sujet, très barbare, est la Fortune debout. Sur le rebord
métallique qui forme l'encadrement de la
gemme, on lit : + DONOBERTVS FEET MDICMT
(*Donobertus fecit medicamentum*)[1]. Un autre
anneau mérovingien, trouvé près de Saintes,
est formé d'une sardoine romaine sur laquelle
sont gravés deux chevaux à l'abreuvoir ; sur
la sertissure métallique, le nom du possesseur : CRODOLENO[2]. Citons encore le cachet
de Leodenus (ci-contre, fig. 3), dont le chaton
est un grenat intaillé d'une colombe, le nom

du possesseur étant sur
la monture : + LEODENVS
VIVA DO (*Leodenus vivat (in)*
Deo)[3]. Quant au mono-
gramme du nom de saint
Avit, nous pouvons présu-
mer qu'il était gravé sur la
gemme, comme l'est un

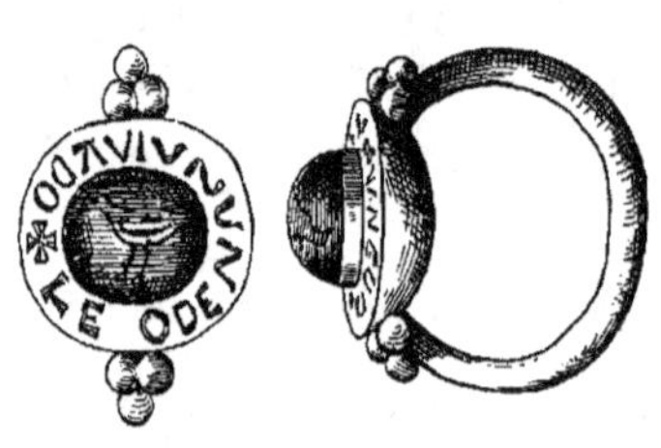

Fig. 3. — Cachet de Leodenus.

autre monogramme sur une cornaline contemporaine où l'on

<hr>

1. Trouvé à Saint-Chamont (Corrèze), cet anneau a fait partie de la collection de
M. Deloche. M. Deloche, *Rev. archéol.*, N.S. t. XL, p. 19-20 ; le même, *Les anneaux*
sigillaires, p. 239 ; Lecoy de la Marche, *Les Sceaux*, p. 18 ; E. Babelon, *La gravure en*
pierres fines, p. 268.

2. Au Cabinet des Médailles ; cf. M. Deloche, *Les anneaux sigillaires*, p. 274.

3. M. Deloche, *Les anneaux sigillaires*, p. 143 ; E. Babelon, *La gravure en pierres fines*,
p. 209.

voit une colombe, une palme et une couronne entourant un groupe de lettres dont il est impossible de donner la clef [**Pl. I, fig. 6**][1].

La bague dite de saint Arnoul, évêque de Metz (614-626), conservée dans le trésor de la cathédrale de cette ville, a, au chaton, une intaille qui paraît bien être des temps mérovingiens ; le sujet, dans tous les cas, en est chrétien (ci-contre, fig. 4). C'est une agate blonde sur laquelle est gravée une nasse où s'engage un poisson ; deux autres poissons, à droite et à gauche, se dirigent du côté de l'instrument de pêche qui symbolise l'Église chrétienne [2]. Le travail est si grossier et les poissons sont dessinés avec tant d'inexpérience que certains auteurs ont prétendu y voir trois langoustes ou même trois pommes de pin. Une vieille légende racontait que cet anneau, jeté dans la Moselle, fut retrouvé, comme celui de Polycrate, dans le ventre d'un poisson.

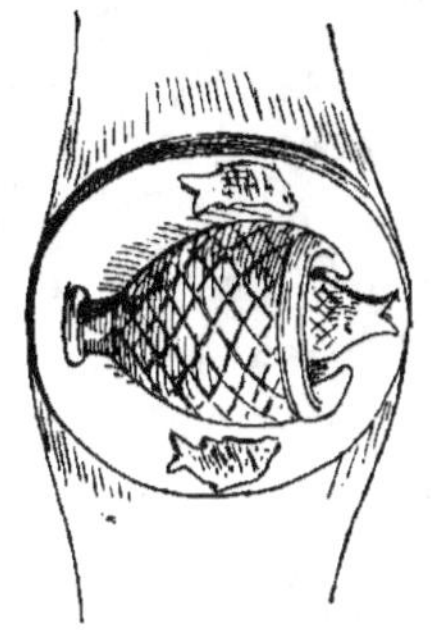

Fig. 4. — Cachet de saint Arnoul, évêque de Metz.

C'est peut-être vers le même temps qu'il faut classer deux intailles chrétiennes données par Edmond Le Blant au Cabinet des Médailles. L'une, sur jaspe rouge, représente Jésus ou un apôtre tenant une longue croix et bénissant [**Pl. I, fig. 7**] ; l'autre, une cornaline, a pour type une ancre entre une larve et une écrevisse [**Pl. I, fig. 8**].

Saint Éloi, qui mourut en 659, avait, dit-on, un sceau en cristal de roche, avec une monture en argent doré, qui fut conservé dans le trésor de la cathédrale de Noyon jusqu'à la Révo-

---

1. Chabouillet, *Catalogue*, n° 2167 ; E. Babelon, *La gravure en pierres fines*, p. 186.

2. Ch. Abel, dans les *Mémoires lus à la Sorbonne, en 1865 (Archéologie)*, p. 289 et suiv., 295 à 297 ; Edm. Le Blant, *Les inscriptions chrétiennes de la Gaule*, t. I, p. 420 à 422 ; M. Deloche, *Étude sur les anneaux sigillaires*, p. 85 à 87.

lution, mais nous ne savons pas quel était le sujet gravé sur la gemme ni même quel degré de confiance mérite cette tradition [1].

Au VIIe siècle appartient une cornaline sur laquelle sont figurés deux personnages qui soutiennent entre eux une croix, haussée sur un long pied [2] **[Pl. I, fig. 9]**. Des monnaies mérovingiennes au même type [3], des bas-reliefs des musées de Narbonne [4] et de Dijon [5], permettent de dater cette dernière intaille avec une certaine précision. La glyptique orientale, à la même époque, c'est-à-dire au temps de la dynastie d'Héraclius, n'enfantait pas de meilleures productions [6].

Le musée de Saint-Germain possède une remarquable fibule trouvée dans une sépulture mérovingienne de Charnay (Côte-d'Or); elle se compose essentiellement d'une croix en mosaïque cloisonnée, au centre de laquelle est serti un camée [7] **[Pl. I, fig. 10]**. C'est un onyx à trois couches, représentant une tête humaine de profil, à cheveux longs et lisses, rejetés sur le cou et retenus par un bandeau. La barbarie du travail est telle qu'on ne saurait même dire s'il s'agit d'une tête d'homme ou d'une tête

1. Paul Lacroix, *Histoire de l'orfèvrerie-joaillerie*, p. 15.

2. Intaille donnée au Cabinet des Médailles par le Dr E. Poncet, de Lyon, en 1897. *Bull. de la Soc. des Antiq. de France*, 1897, p. 275.

3. M. Prou, *Catal. des monnaies méroving.*, pl. VII, fig. 24 et pl. X, fig. 9.

4. M. Prou, *La Gaule mérovingienne*, p. 15, fig. 8.

5. Trouvé à Cramans, canton de Villers-Farlay (Jura). Chabeuf, *Revue de l'art chrétien*, 1896, p. 487.

6. Voyez, entre autres, une intaille orientale du Cabinet de La Haye, qui représente l'entrée de Jésus à Jérusalem (*Bull. de la Soc. des Antiq. de France*, 1896, p. 194); une autre intaille, du Cabinet des Médailles, ayant les bustes des apôtres Pierre et Paul, avec le nom **ANOYBIⲰN** (*Bulletin* cité, 1898, p. 376); enfin, une troisième, en cristal de roche, où figure une Victoire tenant un globe crucigère; cette dernière a été trouvée en Chypre par M. C. Enlart qui en a fait don au Cabinet des Médailles (*Bulletin* cité, 1897, p. 274).

7. H. Baudot, dans les *Mémoires de la commission archéol. de la Côte-d'Or*, t. V, 1857-1860, p. 167 et pl. XII, fig. 1 (en couleurs); M. Prou, *La Gaule mérovingienne*, p. 39, fig. 28. Je dois la photographie reproduite sur notre pl. I, fig. 10, à l'obligeance de M. S. Reinach.

de femme. Que ce camée remonte à une époque antérieure à sa monture ou qu'il en soit contemporain, il n'a plus de style et l'on doit reconnaître en lui, comme dans les têtes de Minerve citées plus haut, un échantillon d'une industrie barbare à laquelle le terme d'art ne saurait vraiment plus s'appliquer.

C'est à peine, également, si nous osons faire rentrer dans l'art du lithoglyphe les boucles de ceinturon, les prismes polygonaux et les sphères ou boules en cristal de roche, quelques-unes en calcédoine, sans autres ornements que des cercles intaillés sur leur surface, qu'on a découverts dans un certain nombre de sépultures

Fig. 5. — Boule en cristal de roche de Childéric Ier.

barbares, sur les bords du Rhin et de la Meuse, en Bourgogne, dans la Charente, en Normandie et jusqu'en Danemark et en Angleterre [1]. Une de ces boules s'est rencontrée dans le tombeau du roi Childéric (ci-contre, fig. 5) [2]. L'armature métallique dont plusieurs sont encore enveloppées — notamment celles des musées d'Arras, de Namur et de Mayence (ci-après, fig. 6 et 7) [3], — démontre que ces objets étaient suspendus sur la poitrine à titre d'ornement décoratif, comme la *bulla* et les camées des Romains. Celle du musée de Namur, trouvée à

1. L. Lindenschmidt, *Die Alterthümer unserer heidnischen Vorzeit*, t. II, Heft XII, pl. VI, fig. 6 et 12; Bryan Faussett et Roach Smith, *Inventorium sepulcrale*, p. XXVII et 42; M. Prou, *La Gaule mérovingienne*, p. 28.

2. L'abbé Cochet, *Le tombeau de Childéric Ier*, p. 299 et suiv.

3. D'après L. Lindenschmidt, t. II, Heft XII, pl. V, fig. 6, et l'abbé Cochet, *op. cit.*, p. 302 (du musée d'Arras).

Rognée, formait la pendeloque centrale d'un collier de verroteries, dans une sépulture de femme. Une autre enfin, recueillie dans une tombe barbare, à Aarslev, près Odense en Danemark, porte, gravée sur son pourtour, une formule magique, ΑΒΛΑΘΑΝΑΛΒΑ, qu'on retrouve fréquemment sur les intailles et autres monuments

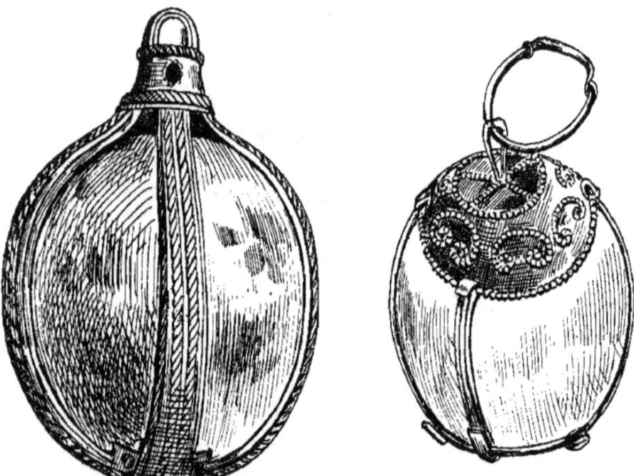

Fig 6 et 7. — Boules en cristal de roche des musées d'Arras et de Mayence.

gnostiques si répandus dans le moyen âge occidental [1]. Il en est qui affectent la forme de larme allongée ou la forme ovoïde; les plus grosses ont un diamètre de 53 millimètres [2]. Les prismes polygonaux dont nous reproduisons un échantillon du musée de Mayence (ci-contre, fig. 8) [3], sont percés d'un trou qui permettait

---

1. Heinrich Willers, *Die römischen Bronzeeimer von Hemmoor*, p. 58 (Hanovre, 1901, in-4°).

2. L. Lindenschmidt et M. C. Barrière-Flavy ont donné l'énumération de la plupart des boules en cristal connues jusqu'ici. Barrière-Flavy, *Les arts industriels des peuples barbares*, t. I, p. 220.

3. D'après L. Lindenschmidt, *op. cit.*, t. III, Heft X, pl. VI, fig. 10; voyez un autre spécimen trouvé dans une tombe mérovingienne, à Sainte-Sabine (Côte-d'Or), dans les *Mémoires de la commission des Antiquités de la Côte-d'Or*, t. V, p. 282.

de les enfiler dans un collier. Quant aux boucles de ceinturon
en cristal de roche, avec ardillon
métallique, plusieurs ont été trouvées dans des tombeaux de la
région rhénane (ci-après, fig. 9, 10
et 11) [1]; il y a peu d'années la
nécropole mérovingienne de Her-
pes (Charente) en a fourni une
remarquable, avec un ardillon de
fer incrusté d'or et de trois pierres
dures; elle accompagnait les armes
décorées de verroteries, qui com-

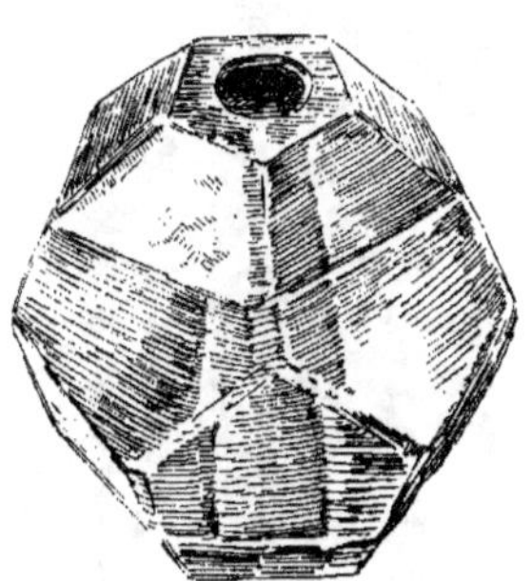

Fig. 8. — Prisme en cristal de roche du
musée de Mayence.

plétaient les vêtements de parade mortuaire d'un guerrier de
haut rang [2].

Par une conséquence toute naturelle, tandis que la glyptique
était ainsi à peu près abandonnée, on vit se développer à son
détriment, dès les derniers siècles de l'empire d'Occident, un art
qui, bien que n'étant pas nouveau, eut une tendance à la remplacer, parce que ses produits étaient d'une exécution technique
plus facile, tout en répondant aux mêmes usages décoratifs :
c'est la verrerie et la gravure sur verre, qui furent particulièrement
florissantes sur les bords du Rhin et dans toute l'Austrasie, depuis
le IVe siècle jusqu'aux temps carolingiens. Incapables, ou à
peu près, d'intailler un sujet sur l'onyx ou le cristal, les artisans
de l'époque franque durent se borner à recourir au procédé de la
falsification ou de l'imitation des gemmes en pâte de verre. « Les
Barbares, dit justement M. A. Béquet, avaient gagné, dans leurs
rapports avec les Romains, un goût prononcé pour les pierres

---

1. D'après Lindenschmidt, *op. cit.*, t. III, Heft X, pl. VI, n° 1, 2 et 3 ; C. Barrière-
Flavy, *op. cit.*, t. I, p. 144.

2. Ph. Delamain, *Bulletin de la Société des Antiquaires de France*, 1896, p. 354 ; C. Barrière-Flavy, *op. cit.*, t. I, p. 143. Cette boucle en cristal de roche fait maintenant partie de
la riche collection de M. Ernest Guilhou, au château de Laclau (Basses-Pyrénées).

précieuses. Lorsqu'ils ne pouvaient pas s'en procurer, ils les remplaçaient par des pâtes de verre qu'ils coloraient à l'aide d'oxydes
métalliques, afin de leur donner l'aspect de pierres précieuses. Ils
imitèrent ainsi l'émeraude, le grenat, le saphir..... [1] ». Des sur-

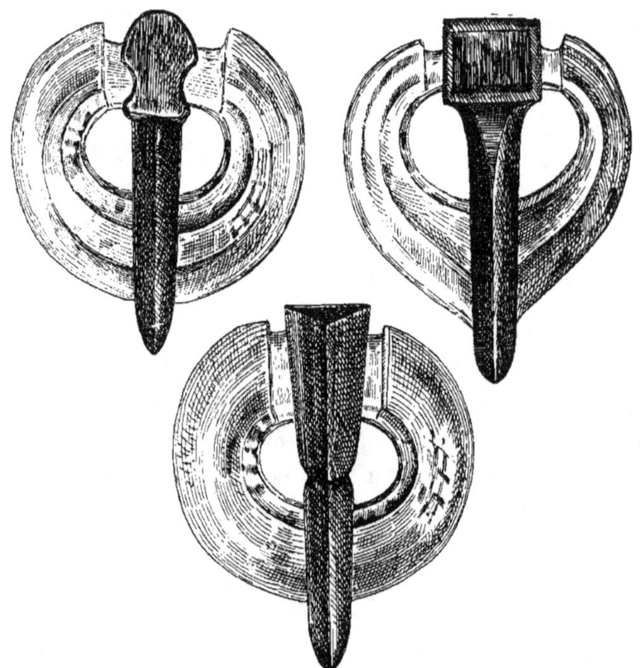

Fig. 9, 10 et 11. — Boucles de ceinturons en cristal de roche. Musée de Mayence.

moulages en pâte de verre, pris sur de véritables gemmes, leur
fournissaient des reproductions fidèles et durables des camées et
des intailles antiques [2]. En cela encore ils ne firent qu'imiter les
Anciens chez lesquels les fausses gemmes en pâte de verre étaient

1. A. Béquet, dans les *Annales de la Société archéologique de Namur*, t. XX, p. 210.
2. C. Barrière-Flavy, *op. cit.*, t. I, p. 96; A. Béquet, *loc. cit.*, p. 213.

déjà très répandues. Je n'en veux citer qu'un exemple significatif, emprunté au riche musée de Namur : c'est un faux camée en verre bleu foncé, opaque, trouvé en 1883 à Wancennes, près Beauraing, dans un tombeau de l'époque romaine. Il représente une tête de Méduse de face, de bon style, sertie en fibule dans une monture circulaire ornée, qui porte l'inscription barbare : **PERSEVS CONCIDERAD CAPVD GORGONIS** [1]. Nous vérifions ainsi que la tête de Gorgone ou de Méduse était, dès l'antiquité, investie du rôle magique et talismanique qu'elle conservera sur les camées et les intailles durant tout le moyen âge [2].

Il y a, au musée Carnavalet, à Paris, un collier trouvé dans une tombe mérovingienne, qui est composé de perles en pâtes vitreuses de diverses couleurs, avec une pendeloque centrale formée d'un camée de même matière. Ce faux camée, de couleur brune, obtenu par le procédé du surmoulage, représente une tête de femme, probablement une tête de Méduse, de face, avec une abondante chevelure ; le style en est barbare, les parties les plus saillantes ont été usées par un frottement prolongé.

Les Barbares occidentaux savaient aussi fabriquer de faux camées en verre filé. Le Trésor de l'abbaye de

Fig. 12. — Camée en verre filé. Châsse du Trésor de Saint-Maurice d'Agaune.

Saint-Maurice en Valais possède une châsse mérovingienne dont la paroi principale est ornée d'un camée, de style fort gros-

---

1. Alfred Béquet, dans les *Annales de la Société archéologique de Namur*, t. XVI, 1883, p. 370. M. Béquet a bien voulu revoir pour nous et corriger la lecture du texte de cette curieuse inscription.

2. E. Le Blant, *750 inscriptions de pierres gravées*, p. 5.

sier, qui est, non pas en pierre dure, mais en verre filé et glacé au feu [**Pl. I, fig. 11** [1]]. Le verrier qui l'a fabriqué a été assez habile pour imiter les trois couches superposées d'une agate. On connaît un certain nombre d'autres échantillons de faux camées du même genre [2], mais nous n'avons point à insister sur cette technique dont les procédés ne rentrent pas dans la gravure des pierres fines.

Quant aux verres gravés à la meule ou au touret, on en connaît aujourd'hui une série considérable ; les noms mêmes de plusieurs verriers de ce temps nous sont parvenus [3]. Parmi leurs œuvres les plus intéressantes, nous remarquerons : la coupe trouvée à Cologne, qui représente Prométhée créant l'homme [4] ; celles de Trèves et de Boulogne-sur-Mer où figure le sacrifice d'Abraham ; celles d'Abbeville, de Vermand, de Podgoritza, sur lesquelles sont gravées des scènes bibliques ou chrétiennes [5]. Il convenait de les rappeler ici, à cause de l'analogie de leurs

1. F. de Mély, dans le *Bulletin archéol. du Comité des travaux historiques*, 1890, p. 380 ; Ed. Aubert, *Le Trésor de Saint-Maurice d'Agaune*, pl. XI-XII ; Ém. Molinier, *Hist. gén. des arts appliqués à l'industrie*, t. IV : *L'orfèvrerie religieuse et civile*, p. 24. Notre pl. I, fig. 11, reproduit en phototypie la belle aquarelle d'Edouard Aubert. Le camée que nous donnons isolément dans le texte (fig. 12), dans les dimensions de l'original, est reproduit d'après une photographie de la châsse que M. F. de Mély nous a obligeamment communiquée.

2. E. Babelon, *Catal. des Camées*, p. 92, n° 187. En Égypte, le filage du verre fut, à l'époque romaine, un procédé couramment appliqué.

3. Sur les verres gravés des ive, v[e] et vi[e] siècles, on peut consulter surtout : J.-B. de Rossi, *Bulletin d'archéol. chrét.*, éd. franç., 1864, p. 81 et suiv. ; 1872, p. 182 ; 1873, p. 152 ; 1874, p. 173 ; 1877, p. 86 ; 1878, p. 156 ; Héron de Villefosse, dans la *Revue archéol.*, 1874, I, p. 281 ; R. Mowat, même recueil, 1882, I, p. 280 à 300 ; W. Frœhner, *La verrerie antique*, p. 94 à 101 ; Ed. Le Blant, *Nouveau recueil des inscriptions chrétiennes de la Gaule* (1892), p. 53, 58, 68, 105, 106 ; Gerspach, *L'art de la verrerie*, p. 76 et 119 ; J. Pilloy, dans la *Gazette archéologique*, t. IX, 1884, p. 224 et pl. 32 et 33 ; Pérate, *L'archéologie chrétienne*, p. 348 et suiv. ; M. Prou, *La Gaule mérov.*, p. 196. Voyez la liste des noms de verriers donnée par M. W. Frœhner, *La verrerie antique*, p. 123 et suiv.

4. V. Duruy, *Hist. des Romains*, t. VII, p. 237.

5. Albert Dumont, *Bulletin de la Soc. des Antiq. de France*, 1873, p. 71 ; Edm. Le Blant, *Sarcophages d'Arles*, p. xxviii et pl. XXXV ; J. Pilloy, *Études sur les verres francs à emblèmes chrétiens*, dans ses *Études sur d'anciens lieux de sépulture dans l'Aisne*, t. III, p. 67.

formes et des sujets qui les décorent, avec les intailles sur cristal de roche dont nous parlerons bientôt.

Mais s'ils furent fort inhabiles à graver les diverses variétés du quartz hyalin ou opaque, les Barbares se rendaient bien compte de l'infériorité de leurs fausses gemmes de verre par rapport aux gemmes gravées par les anciens Grecs et Romains. Tout en laissant presque s'éteindre dans leurs mains trop rudes le flambeau des arts qui, d'ailleurs, leur avait été transmis à demi épuisé et languissant, ils tombèrent, mus à la fois par l'instinct de la cupidité et la recherche d'un luxe raffiné, dans une admiration naïve à la vue de ces agates irisées, de ces coupes d'or et d'argent constellées de camées et d'intailles, de ces vases murrhins aux reliefs chatoyants, merveilles enfantées par le génie de ces Romains qu'ils avaient subjugués, qu'ils remplaçaient et qu'ils aspiraient à égaler. Ils les recueillirent curieusement, comme des talismans, comme les joyaux les plus riches dont on pût se parer, les ex-voto les plus agréables à Dieu et aux saints.

Au surplus, ils n'eurent qu'à entrer dans la tradition romaine pour leur attribuer le rôle d'ornements personnels et d'amulettes ou pour les faire concourir à la décoration des produits de l'orfèvrerie. Saint Éloi et ses émules n'innovent rien quand ils enchâssent les intailles, les cabochons, les camées grecs et romains, au chaton de leurs bagues, sur les parois de leurs calices, de leurs patènes, de leurs croix, sur les ais de leurs sacramentaires ou de leurs évangéliaires. Les Romains l'avaient fait avant eux, et puis, l'exemple imposant des empereurs byzantins n'était-il pas là, sous leurs yeux, avec son prestige si envié ? Voilà pourquoi de nombreuses bagues de l'époque mérovingiennes ont, au chaton, une ancienne intaille romaine représentant un sujet païen [1] ; pourquoi le roi goth Amalaric (✝ 530)

1. M. Deloche, *Étude sur les anneaux sigillaires*, p. XIX ; C. Barrière-Flavy, *Les arts industriels des peuples barbares de la Gaule*, t. I, p. 96 ; A. Béquet, *Les bagues franques et*

possède des joyaux, des vases et des coffrets enrichis de pierres précieuses [1] ; pourquoi le Franc Childebert donne à l'église de Saint-Germain-des-Prés une croix d'or constellée de gemmes [2] ; pourquoi Brunehaut, lors de son mariage avec Sigebert, en 566, dédie à Saint-Étienne d'Auxerre, un calice en agate (*ex lapide onychino*), monté en or, sur lequel était gravée l'histoire d'Énée,

Fig. 13. — L'Annonciation. Intaille byzantine. Trésor de Guarrazar, à Madrid.

avec une légende explicative en lettres grecques [3] ; pourquoi enfin, parmi les somptueux présents offerts par la reine des Lombards Théodelinde († 625) à l'église de Monza, figure une coupe de calcédoine avec une monture en vermeil rehaussée de pierreries, et un évangéliaire dont les ais sont encore aujourd'hui décorés de camées romains [4]. Dans la partie du fameux trésor wisigoth de Guarrazar qui est conservée au musée de Madrid, se trouve une émeraude gravée qui représente l'Annonciation de la Vierge (ci-contre, fig. 13) [5]. Sertie dans un cadre d'or, cette intaille chrétienne est mêlée à une très grande quantité de gemmes non

mérovingiennes du musée de Namur, dans les *Annales de la Société archéol. de Namur*, t. XX, 1893, p. 212 ; L. Lindenschmidt, *op. cit.*, t. II, Heft XII, pl. 6, fig. 11.

1. Grégoire de Tours, *Hist. Franc.*, III, 10 ; J. Labarte, *Hist. des arts industriels*, t. I, p. 239 et t. III, p. 425.

2. *Acta Sanctorum ordinis S. Benedicti*, t. IV, p. 122.

3. *Histor. episcop. Autissiodor.*, dans Labbe, *Nova biblioth. mss. libr.*, t. I, p. 425 ; cf. J. Labarte, *op. cit.*, t. I, p. 214 et 241.

4. J. Labarte, *op. cit.*, t. I, p. 214, 281, 310 et pl. XXVIII ; Ém. Molinier, *Histoire des arts appliqués à l'industrie*, t. IV : *L'orfèvrerie religieuse*, p. 9 et 92.

5. D'après un moulage que je dois à M. le comte de Valencia. Nous rappellerons que vers la fin de 1858, on trouva, non loin de Tolède, au lieu dit *la Fuente de Guarrazar*, un trésor contenant huit couronnes d'or ainsi que des croix et d'autres bijoux ornés de pierreries en cabochon. L'une de ces couronnes porte le nom du roi Receswinthe († 672). Ce trésor est au musée de Cluny. De nouvelles recherches faites à proximité du même lieu, en 1881, amenèrent la découverte d'une nouvelle couronne portant le nom de Swinthila et d'autres précieux bijoux conservés au musée de Madrid. Ferdinand de Lasteyrie, *Descript. du Trésor de Guarrazar*, Paris, 1860, in-4 ; E. du Sommerard, *Catal. du Musée de*

gravées, et, comme ces dernières, elle fait partie de la décoration de bijoux, parmi lesquels une couronne portant le nom du roi Swinthila qui régna de 621 à 631 [1]. Ces joyaux sont wisigoths; mais l'émeraude gravée, encastrée, sans que l'orfèvre ait voulu attirer spécialement l'attention sur elle, dans le bijou qui est appendu à la croix, appartient, — nous l'avons démontré ailleurs, — à la glyptique byzantine : c'est une pierre apportée d'Orient ou d'Italie en Espagne et adaptée à un bijou par un orfèvre wisigoth [2].

Dans un des tombeaux de la crypte de l'abbaye de Jouarre, qui furent ouverts le 13 octobre 1627, en présence de Marie de Médicis, se trouvaient les restes d'un évêque du VIIe siècle, — saint Ébrégésile, évêque de Meaux, suivant les uns, saint Agilbert, évêque de Paris, suivant d'autres, — et il y avait au doigt du défunt un anneau d'or émaillé orné, au chaton, d'une agate portant gravé en creux un sujet chrétien dont la beauté artistique frappa tous les assistants. Les critiques y reconnurent saint Jérôme ou saint Paul, ermite, agenouillé devant un crucifix et se frappant la poitrine [3]. Un semblable sujet est bien trop

Cluny, 1861, p. 391 et 397; D. José Amador de los Rios, *El arte latino-bizantino en España y las coronas visigodas de Guarrazar*, Madrid, 1861, in-4 ; Franz Bock, *Die Kleinodien der heil. römischen Reiches*, p. 178.

1. La couronne de Swinthila est reproduite dans Bock, *Kleinodien*, pl. XXXVII (en couleurs), et dans Ém. Molinier, *Hist. des arts appliqués à l'industrie*, t. IV : *L'orfèvrerie religieuse et civile*, p. 12.

2. E. Babelon, *La glyptique à l'époque méroving. et carolingienne*, dans les *Comptes rendus de l'Acad. des Inscript. et Belles-Lettres*, 1895, p. 405. Comparez des *Annonciations* byzantines sur des bagues publiées par G. Schlumberger, *Mélanges d'archéologie byzantine*, p. 67 et 169.

3. André de Saussay, *Panoplia episcopalis*, p. 183 et 212 ; Gérard du Bois, *Hist. eccles. Parisiensis*, t. I, p. 205 ; *Nouveau traité de diplomatique des Bénédictins*, t. IV, p. 319 ; *Annales Benedict.*, t. I, p. 456 ; *Acta Sanctorum*, août, t. VI, p. 695 ; Grésy, *Mémoires de la Société des Antiquaires de France*, t. XXVII, p. 205 ; M. Deloche, *Étude sur les anneaux sigillaires*, p. XIX et 83. C'est sans doute la difficulté d'interprétation du sujet et les divergences auxquelles elle a donné lieu, les uns y voyant saint Paul ermite, les autres saint Jérôme, ainsi que l'identification du tombeau, celui de S. Ébrégésile ou d'Agilbert, qui a fait croire à l'existence de deux anneaux représentant l'un saint Paul, l'autre saint Jérôme.

compliqué pour avoir été exécuté par un graveur franc du
VIIe siècle : c'était plutôt une gemme byzantine.

Ainsi, les Barbares se parent avec orgueil des reliques de
la glyptique grecque, romaine, byzantine, et comme les temples
païens d'autrefois, les églises chrétiennes reçoivent en cadeau les
camées et les intailles transformés en pieux ex-voto et utilisés
par les orfèvres barbares dans la décoration des croix, des châsses,
des couronnes, des vases sacrés, des vêtements sacerdotaux, des
manuscrits liturgiques. Nous constaterons bientôt que l'époque
carolingienne, puis les siècles avancés du moyen âge ne firent
que continuer cette tradition et même renchérir sur elle.

CHAPITRE II

La Renaissance carolingienne.

Les preuves abondent de la recherche des monuments de la glyptique antique à l'époque carolingienne.

Parmi les empreintes sigillaires plaquées au bas des diplômes carolingiens, un bon nombre ont été produites à l'aide d'intailles romaines. Des actes des rois Pépin et Carloman sont scellés d'images de cire qui représentent les têtes de Bacchus, de Diane, d'Auguste. Des diplômes de Charlemagne sont scellés avec les têtes de Marc Aurèle, d'autres avec celle de Jupiter Sérapis. Louis le Débonnaire, Pépin, roi d'Aquitaine, Charles le Chauve, l'empereur Lothaire apposent souvent aussi des pierres gravées antiques au bas de leurs actes publics [1].

Dans son célèbre testament de l'an 875, le comte Heccard, fils de Hildebrand, de la descendance fabuleuse de Nibelung, énumère des améthystes et des aigues-marines qui lui ont servi de cachets. Ce sont, pour la plupart au moins, des gemmes antiques et l'on y reconnaît, entre autres sujets gréco-romains, Hercule tuant le lion de Némée (*sigillum de amatixo ubi homo est sculptus qui leonem interficit* [2]). Quelques-uns des camées antiques du Cabinet des

---

1. Lecoy de la Marche, *Les sceaux*, p. 21 et suiv. ; G. Demay, *Inventaire des sceaux de l'Artois et de la Picardie*, Préface, p. III et suiv.

2. A. de Charmasse, *Autun et ses monuments*, p. CXXIV (Autun, 1889, in-12).

Médailles sont encore munis de montures gemmées qui remontent jusqu'aux temps carolingiens : entre autres, une belle tête d'Auguste entourée de perles et de cabochons, qui, avant la Révolution, ornait, dans le Trésor de Saint-Denis, le reliquaire contenant le chef de saint Hilaire [1]. De même, la monture de la célèbre intaille romaine signée d'Evodus, qui représente Julie, fille de Titus, est probablement un travail d'orfèvrerie carolingienne ; cette gemme décorait, à Saint-Denis, le frontispice d'un reliquaire désigné sous le nom d' « Escran de Charlemagne » et, parmi les cabochons disposés en rayons autour d'elle, se trouve un saphir, celui du sommet, qui porte gravés, d'un côté, un dauphin et, sur l'autre face, un monogramme grec dans lequel on reconnaît les mots Ἁγία μήτηρ Θεοῦ Χριστοῦ (ci-après, fig. 14). Il est donc certain que ce saphir est d'origine byzantine, d'où l'on doit conclure que la *Julia Titi* d'Evodus est parvenue en Occident avec sa monture qui, dans ce cas, serait byzantine, ou bien, ce qui est plus probable, que les Occidentaux ont fabriqué cette monture en y intercalant une gemme grecque, comme l'ont fait les orfèvres wisigoths pour la couronne de Swinthila [2].

Une tradition qui remonte jusqu'au moyen âge et qu'il n'y a peut-être pas lieu de repousser comme apocryphe, prétendait que la fameuse coupe de Chosroès II, roi de Perse (590 à 628), dont l'ombilic est formé d'un grand camée sassanide en cristal de roche, fut apportée par les ambassadeurs d'Haroun al Raschid à Charlemagne, et que Charles le Chauve la donna, sous le nom de « Tasse du roi Salomon », au Trésor de l'abbaye de Saint-Denis [3]. Tous ces faits accusent avec la dernière évidence, de la part des Carolingiens, à la fois la passion des gemmes antiques ou orien-

---

1. E. Babelon, *Catalogue des camées*, p. 107, nᵒ 234.

2. L'« escran » de Charlemagne a, d'ailleurs, été restauré au XIVᵉ siècle. Em. Molinier, *Hist. gén. des arts appliqués à l'industrie*, t. IV : *L'orfèvrerie religieuse et civile*, p. 77.

3. E. Babelon, *Catalogue des camées*, p. 213, nᵒ 379.

tales et l'activité de leurs relations avec Constantinople, l'Égypte et la Syrie musulmanes [1].

Mais cette recherche des gemmes antiques ou orientales n'est

Fig. 14. — Julie, fille de Titus. — Monture carolingienne.

pas, à notre point de vue, la seule caractéristique de la période carolingienne.

Au milieu du IXe siècle, sous les successeurs de Charlemagne, nous assistons soudain à une véritable renaissance de la glyp-

_____

1. Em. Molinier, *Hist. gén. des arts appliqués à l'industrie*, t. IV : *L'Orfèvrerie religieuse et civile*, p. 71.

tique, ou plus précisément, de la gravure en creux sur le cristal de roche et sur le jaspe, car nous ne connaissons pas d'autres variétés du quartz hyalin ou opaque qui aient été gravées à cette époque. La source ordinaire des grandes sardonyx multicolores, c'est-à-dire l'Égypte et les régions reculées de l'Asie, était depuis longtemps tarie pour les graveurs de l'Occident de l'Europe, tandis que les filons quartzeux des Alpes et des Carpathes continuaient à mettre les plus beaux blocs de jaspe et de cristal à portée de leur main.

Il est vraisemblable qu'il n'y avait pas que des antiques dans le nombre des vases et phylactères de cristal, qu'énumère Everard, comte de Frioul, gendre de Louis le Débonnaire, dans son testament [1]. Au temps des fils de Charlemagne, le Trésor de l'abbaye de Saint-Denis était déjà riche de vases en pierres fines (*calicem ex smaragdo; vascula murina auro et gemmis parata* [2]) ainsi qu'en autres précieux objets d'onyx ou de cristal qui, en partie sans doute, étaient de travail occidental, comme le joyau, décoré d'un disque de cristal, que se fit exécuter, vers le même temps, le roi anglo-saxon Alfred le Grand (849-901) [3].

Mais nous pouvons apporter, pour reconstituer l'histoire de la glyptique carolingienne, autre chose que des conjectures vraisemblables : il nous en est parvenu quelques beaux échantillons.

Les plus importantes des intailles des ixe et xe siècles, ont des types iconographiques qui reproduisent les effigies plus ou moins conventionnelles des rois ou des empereurs de cette époque,

---

1. *Testamentum Everardi*, dans Miraeus, *Opera diplomatica*, t. I, p. 19 ; Em. Molinier, *Hist. gén. des arts appliqués à l'industrie*, t. IV : *L'orfèvrerie religieuse et civile*, p. 89-90.

2. Léopold Delisle, *Instructions adressées par le comité des travaux historiques. Littérature latine*, p. 8 ; Em. Molinier, *op. cit.*, p. 79.

3. Cette dernière pièce d'orfèvrerie qui porte le nom du roi Alfred le Grand est conservée à Oxford, dans l'Ashmolean Museum. Em. Molinier, *op. cit.*, t. IV, p. 92 ; H. Shaw, *Dress and decorations*, t. I, pl. I. Sur les arts industriels chez les Anglo-Saxons, à l'époque carolingienne, voyez Alfred Darcel, *Notice des émaux et de l'orfèvrerie du musée du Louvre* (1883, in-8°), p. 381.

rapprochées de celles des empereurs romains. Il y a aussi des sujets religieux tels que la Crucifixion, le Baptême du Christ, les Apôtres, des scènes bibliques ou évangéliques, des légendes de saints.

L'intaille célèbre du Trésor d'Aix-la-Chapelle, sur laquelle est gravé en creux un buste royal entouré de la légende : + XPE ADIVVA HLOTHARIVM REG(*em*) est un cristal de roche, de forme lenticulaire (42 millimètres sur 36), qui a dû servir de sceau [Pl. II, fig. 1]. Elle décore présentement, avec des cabochons et des camées antiques, une croix reliquaire en or, que la tradition désigne comme un don de l'empereur Lothaire au Trésor d'Aix-la-Chapelle [1]. Mais l'inscription que nous avons reproduite prouve qu'il ne saurait être, en réalité, question de ce prince qui, associé à l'empire par son père, Louis le Débonnaire, dès 817, a toujours porté le titre d'*imperator* et jamais celui de *rex* seul, même après qu'il eut ajouté à son titre impérial celui de roi d'Italie [2].

Il s'agit, au contraire, de Lothaire II, roi de Lotharingie, de 855 à 869 [3]. L'habile graveur de cette intaille s'est inspiré d'un portrait impérial de la meilleure époque romaine. Le buste, imberbe, de profil, a les épaules couvertes du *paludamentum* romain, agrafé sur la poitrine ; la tête est laurée. Les lettres de la légende sont gra-

1. Les PP. Cahier et Martin, *Mélanges d'archéologie*, t. I, pl. xxxi ; Aus'M Weerth, *Kunstdenkmäler der christlichen Mittelalt. in den Rheinlanden*, pl. XXXIX ; Franz Bock, *Karl's des grossen Pfalzkapelle*, p. 35, pl. nº 2 ; J. Labarte, *Hist. des arts industriels*, t. I, p. 199 et suiv. et pl. XXIV *bis*, fig. 2 ; E. Babelon, *La gravure en pierres fines*, p. 232 ; Em. Molinier, *Hist. gén. des arts*, etc., t. IV, p. 124.

2. Aug. Longnon, *Atlas historique de la France*, texte explicatif, 2e livr., p. 67 ; A. Giry, *Manuel de diplomatique*, p. 723.

3. On ne saurait adopter l'opinion contraire, soutenue par J. Labarte, suivi par A. Bequet (*Annales de la Société archéol. de Namur*, t. XVIII, 1889, 1re liv. p. 12 et suiv.), sous prétexte que Lothaire II prend le titre de *rex Francorum*, tandis qu'il fut simplement roi de Lotharingie. En effet, c'est même seulement après l'acquisition de la Lotharingie, en 911, qu'un autre prince carolingien, Charles le Simple, ajouta à ses titres celui de *rex Francorum* (A. Giry, *ob. cit.*, p. 725).

vées avec assurance et fermeté : elles sont manifestement contemporaines de la gravure du buste. Le style excellent de l'ouvrage révèle un artiste qui sut s'inspirer de l'antique, comme les graveurs de certains coins monétaires de Charlemagne, de Louis le Débonnaire et de leurs premiers successeurs.

Le chef-d'œuvre de la glyptique carolingienne est le grand disque en cristal de roche sur lequel se déroule, en scènes juxtaposées, l'histoire de la chaste Suzanne : il mesure 113 millimètres de diamètre [Pl. II, fig. 2, et ci-contre, fig. 15] [1]. Conservé dans l'abbaye de Waulsort-sur-Meuse, près de Dinant, jusqu'à la Révolution, il entra, après avoir passé en diverses mains, au Musée britannique, seulement en 1857 [2]. Quarante figures, formant huit épisodes de la légende de Suzanne, sont intaillées sur cette énorme lentille et accompagnées de légendes explicatives empruntées au texte de la Bible : *Surrexerunt senes* (les deux vieillards se montrent à la vierge dans un jardin clos par un treillis) ; *Occurrerunt servi* (les serviteurs ayant entendu des cris sortent de leur maison et se dirigent à pas précipités du côté du jardin) ; *Mittite ad Susanam* (les vieillards, dans la maison de Joachim, demandent au peuple qui les accuse, qu'on fasse comparaître la jeune fille) ; *Miserunt manus* (Suzanne comparaît devant le juge et, en présence du peuple, les vieillards lèvent les mains pour l'accuser ;

---

1. La ténuité des lettres des longues inscriptions de l'intaille de Waulsort empêche qu'elles puissent être bien rendues par la phototypie ; c'est pour cette raison que nous donnons ce précieux monument à la fois sur notre planche et en un dessin sommaire, à la plume.

2. *Voyage littéraire de deux religieux bénédictins*, t. II (1724, in-4), p. 132 ; Ch. de Linas, *Orfèvrerie mérovingienne, Les œuvres de saint Éloi*, p. 48 ; A. Béquet, dans les *Annales de la Société archéologique de Namur*, t. XVIII, 1ʳᵉ livr. 1889. Le Musée britannique acheta ce splendide joyau à la vente de la collection Bernal en 1857 (n° 1295 du Catalogue de vente, Londres, in-8) ; cf. A. Darcel, dans la *Gazette des Beaux-Arts*, t. XIX, 1865, p. 130 ; J. Labarte, *Hist. des arts industriels*, t. I, p. 199 et suiv. ; E. Babelon, *La gravure en pierres fines*, p. 231 ; le même, *Compte rendu des séances de l'Acad. des Inscript. et Belles-Lettres*, 1895, p. 410.

malgré ses protestations elle est condamnée); *Cumque ducerent ad mortem* (tandis qu'on entraîne la malheureuse pour lui faire subir le dernier supplice, Daniel intervient); *Inveterate dierum malorum* (le prophète invective l'un des misérables qu'il traite de pécheur

Fig. 15. — Intaille du roi Lothaire, à l'abbaye de Waulsort-sur-Meuse.

endurci); *Recte mentitus es* (Daniel le convainc d'imposture devant tout le peuple rassemblé); *Feceruntque eis sicut male egerant* (le peuple lapide les vieillards, leur infligeant la peine à laquelle Suzanne avait été condamnée); *Et salvatus est sanguis innoxius in die ista* (et le sang innocent fut sauvé en ce jour, et de là le triomphe de la jeune fille en présence du roi). La dernière inscription gravée au-dessus du médaillon central est celle-ci :

LOTHARIVS REX ᶠRANC.[F]IERI IVSSIT

(Lothaire, roi des Francs, a fait exécuter) [1].

Par là, nous sommes certains que ce curieux monument est carolingien : il a été exécuté sur l'ordre du roi de Lotharingie Lothaire II (864-869). Au moyen âge, sans prendre garde à l'anachronisme, on considérait ce joyau comme l'œuvre de saint Éloi, et la Chronique de l'abbaye de Waulsort lui fait jouer un rôle essentiel dans la fondation de ce monastère : il fut porté sur la poitrine comme un talisman, par un clerc de l'église de Reims, puis par Gilbert de Florennes, l'un des ennemis les plus acharnés de Charles III le Simple. Quant au choix de la légende de Suzanne fait par le roi Lothaire pour être gravé, il n'étonnera pas ceux qui se rappellent jusqu'à quel point furent populaires les épisodes du livre de Daniel, dès les premiers siècles du christianisme. L'art chrétien les a reproduits à satiété; nous rappellerons seulement, ici, une coupe en verre gravé, du ve siècle, à laquelle nous avons déjà fait allusion, et dont le sujet est emprunté à la même légende ainsi qu'à d'autres épisodes de l'Ancien et du Nouveau Testament [2]. Et ainsi éclate le lien étroit qui rattache la gravure sur verre à la glyptique, l'une n'étant que l'imitation ou même la contrefaçon de l'autre.

---

1. Le graveur carolingien avait, par inadvertance, oublié la lettre **F** du mot **FRANC**; il l'a ajoutée, après coup, au-dessus de la lettre **R**.

2. Gerspach, *La verrerie*, p. 76. Il faut aussi rapprocher l'intaille de l'abbaye de Waulsort des dessins du célèbre psautier d'Utrecht, dont les compositions symboliques sont du même temps, formées de petites figures analogues et inspirées du même sentiment artistique. *Latin Psalter in the University Library of Utrecht, photographed and produced in fac simile, by the permanent, autotype process of Spencer, Sawyer, Bird and C*° (Londres, 1873, in-4); P. Durrieu, dans les *Mélanges Julien Havet*, p. 639.

Le musée de Rouen possède une plaque en cristal de roche sur laquelle est gravé le Baptême du Christ : c'est aussi une œuvre du ixe siècle [**Pl. II, fig. 3**] [1]. Le Sauveur a l'aspect d'un adolescent, debout, la tête environnée du nimbe crucigère, vêtu d'une longue tunique, les mains ramenées sur les genoux. Il est plongé jusqu'à la poitrine dans les eaux du Jourdain, représentées par des ondulations symétriques en forme de cône. A côté du Christ, saint Jean-Baptiste, tenant sa houlette de berger et posant la main sur la tête du Christ; l'ange apporte un linge. Au-dessus de la tête du Christ, le Saint-Esprit, sous l'aspect d'une colombe. La scène est dominée par la Main bénissante et rayonnante, symbole de Dieu le Père, et par deux anges qui tiennent des draperies pour couvrir les épaules du Christ à sa sortie du fleuve. Sur le pourtour, enfin, d'élégants rinceaux.

Il suffit de comparer le style de cette gravure avec l'intaille de Waulsort pour se convaincre qu'on est en présence de deux œuvres contemporaines. Même attitude des personnages, mêmes mouvements donnés aux gestes et aux draperies ; même profondeur des traits de la gravure. Cette impression se fortifie encore, si possible, lorsqu'on rapproche la scène figurée sur l'intaille de Rouen, d'autres représentations du Baptême du Christ, de l'époque carolingienne. Par exemple, un ivoire célèbre de Munich, [2] et une miniature d'un *Graduel* de l'abbaye de Prum, conservé à la Bibliothèque Nationale [3].

---

1. Dimensions de l'original : haut. 85 millim. ; larg. 71 millim.

2. Le P. Cahier, *Nouveaux mélanges d'archéologie*, t. II, p. 56.

3. Bibl. Nat., ms. latin 9448, fol. 26 v°; cf. Didron, *Iconogr. chrétienne, Histoire de Dieu*, p. 210. Comparez aussi le Baptême du Christ du *Codex Egberti*, dans F. X. Kraus, *Die Miniaturen des Codex Egberti*, pl. XVIII (1884, in-4). D'autres monuments, en particulier un vitrail de la cathédrale de Chartres, au xiiie siècle, représentent encore le Baptême du Christ comme notre intaille (Lassus et Didron, *Monogr. de la cathédrale de Chartres*, Atlas, pl. LI, D); cf. Eug. Grésy, dans les *Mémoires de la Soc. des Antiquaires de France*, t. XXI, 1852, p. 175 à 178.

Les mêmes caractères de style et de technique distinguent la gravure d'un remarquable cristal de roche qui fait partie de la collection Wasset, à l'École des Beaux-Arts, et représente saint Paul debout, tenant la croix, entouré de la légende SCS PAVLVS APSL [Pl. II, fig. 4] [1]. Les lettres extrêmement ténuës de cette inscription rappellent celles du disque de Waulsort, et cette comparaison seule suffirait à nous fixer sur la date de l'intaille Wasset. Mais d'autres éléments de rapprochement, comme le costume et la disposition des draperies, la pose des pieds, les proportions du corps, ne permettent aucune hésitation à cet égard.

Depuis peu d'années, le Cabinet des Médailles possède un remarquable cristal de roche carolingien qui représente une Crucifixion [2] [Pl. III, fig. 1]. Le Christ est étendu sur la croix, les bras dans une position presque horizontale, la tête entourée du nimbe crucigère ; la croix n'est indiquée que par un trait léger qui en souligne les contours. Au-dessus de la tête du Sauveur on lit, en lettres d'une singulière gracilité, l'inscription latine :

IHS NA

ZAREN

REX IV

(Jesus Nazarenus, rex Judeorum)

Le soldat Longin perce de sa lance la poitrine du Christ, tandis qu'un autre soldat, Stephaton, hisse au bout de sa lance l'éponge imbibée de vinaigre. La Mère du Sauveur et saint Jean contemplent la scène, que dominent les bustes du Soleil et de la Lune.

---

1. Je dois le moulage reproduit sur notre planche à l'obligeance de mon confrère, M. Eug. Müntz.

2. Dimensions : haut. 60 mill. ; larg. 53 millim., monture comprise. Il faut comparer les Crucifixions sur cristal de roche dont nous allons parler à celles des ivoires carolingiens. Ém. Molinier, *Hist. gén. des arts appliqués à l'industrie*, t. I, p. 137 et suiv.

La gravure de cette intaille est d'un travail remarquable :
dans les bras et dans le torse du Christ, on surprend une
recherche d'exactitude anatomique qui indique un artiste expé-
rimenté et scrupuleux, se servant du touret avec la sûreté que
donne une longue pratique. Le rapprochement de cette gemme
avec celle de l'histoire de Suzanne ne laisse aucune incertitude
sur l'époque où elle doit prendre rang. Non seulement le style
de la gravure est le même, mais les costumes et la pose des personnages sont identiques. Sur l'une et l'autre intaille, les lettres
des inscriptions ont la même forme et sont gravées avec une
pointe fine et légère qui n'a fait, pour ainsi dire, qu'effleurer
délicatement et dépolir la surface du cristal.

Il faut en rapprocher deux autres Crucifixions carolingiennes,
conservées l'une dans le Trésor de Conques, en Rouergue, l'autre
au Musée britannique. L'intaille de Conques [**Pl. III, fig. 2**] se
trouve enchâssée dans le dossier du fauteuil de la célèbre statuette de sainte Foy, œuvre d'orfèvrerie qui, à la vérité, a subi
de nombreux remaniements à travers le moyen âge, mais dont le
premier état remontait au IXe siècle, c'est-à-dire au temps où le
corps de sainte Foy fut transféré dans l'abbaye de Conques [1].

La Crucifixion du Musée britannique [**Pl. III, fig. 3**] est de
dimensions plus grandes que celle de Conques, mais le sujet y
est traité d'une manière presque identique. On dirait que l'intaille de Conques n'est que la réduction et l'abrégé de celle du
Musée britannique. Le Christ est drapé de la même façon ; ses
bras et ses jambes sont fixés sur la croix exactement à la même

---

1. A. Darcel, *Le Trésor de Conques*, p. 49 et planche annexée ; J. Labarte, *Hist. des
arts industriels*, t. I, p. 199 et suiv. et pl. XXIV *bis*, fig. 7 ; Ém. Molinier, *Hist. gén.
des arts appliqués à l'industrie*, t. IV : *L'orfèvrerie religieuse et civile*, p. 112 et pl. IV ; l'abbé
Bouillet et L. Servières, *Sainte Foy, vierge et martyre*, p. 174 (Rodez, 1900, in-4). Je dois
le moulage de l'intaille de Conques à l'obligeance de M. l'abbé A. Bouillet. Voyez, ci-
après, la photographie de la statue.

place. La Vierge et saint Jean, de chaque côté de la croix, sont dans la même attitude ; le serpent aussi est enroulé de la même manière et le corps du reptile est pareillement constellé de pustules destinées à le rendre plus hideux. La croix enfin est ornée, de distance en distance, du même nombre de globules qui en rehaussent les contours. S'il y a quelques légères différences, telles que l'interversion des bustes du Soleil et de la Lune, et la suppression, dans l'intaille la plus petite, du vase qui est dans le champ et des deux anges placés sur les bras de la croix, ces variantes ne sauraient faire méconnaître le lien qui unit étroitement ces deux monuments, et il n'y a aucune témérité à les attribuer à la même école, sinon au même artiste. L'un et l'autre, dirons-nous encore, ne sauraient s'éloigner beaucoup des gemmes que nous avons citées plus haut. Leur style, leur technique, bien que d'une infériorité sensible, offrent encore assez d'éléments de rapprochement pour qu'on puisse les classer au ixe siècle avancé ou peut-être au xe siècle [1].

Le Musée britannique a la bonne fortune de posséder encore une autre Crucifixion sur cristal de roche qui, celle-ci, est de dimensions extraordinaires, car elle mesure 155 millimètres sur 103 [**Pl. III, fig. 4**]. Nous y retrouvons le Christ en croix, la Vierge et saint Jean, les bustes du Soleil et de la Lune, cette fois dans un nimbe, et portant des torches allumées, enfin le serpent enroulé au pied de la croix. C'est la même composition que sur les intailles précédentes. Toutefois, si certains détails sont, au point de vue de la technique, traités avec un soin particulier, — comme le visage du Christ, dont l'expression douloureuse est remarquable, — il faut reconnaître que l'exécution de la gravure est médiocre, le dessin des figures disproportionné et mala-

---

1. Dimensions de l'intaille du Musée britannique : haut. 78 millim., larg. 61 millim. ; dimensions de l'intaille de Conques : haut. 43 millim., larg. 38 millim.

droit. Comparée aux autres intailles que nous venons de passer en revue, c'est une œuvre d'imitation postérieure. Sans nul doute, cette grande gemme se rattache aux monuments qui précèdent par le sujet et la technique, par le style, si médiocre qu'il soit, enfin par la matière elle-même ; mais elle s'y rattache comme une copie inhabile et lointaine dérive de son modèle.

Au South Kensington Museum, enfin, se trouve un grand et somptueux triptyque, dit de la Vraie Croix, en métal repoussé, travail rhénan du xiie siècle, sur la feuille centrale duquel est enchâssée une Crucifixion en intaille sur cristal de roche. Par l'examen de la photographie qui m'en a été libéralement accordée, et que nous reproduisons à la page 44, on verra que cette Crucifixion, plus ancienne que le triptyque, est encore une œuvre qui se rattache étroitement à celles que nous avons reproduites.

Tous les monuments carolingiens ou de tradition carolingienne que nous venons de passer en revue sont présentement conservés dans des collections publiques : on peut les étudier en nature et se former, à leur endroit, une opinion fondée sur leur examen direct. Mais il en est un certain nombre d'autres dont l'existence ne nous est révélée que par des empreintes parvenues jusqu'à nous à travers les âges, sous la forme de sceaux en cire attachés aux diplômes carolingiens ; il en est, enfin, qui ne nous sont connus que par des images, plus ou moins fidèles, qu'on trouve dans les ouvrages des antiquaires des derniers siècles : les originaux sont détruits ou perdus.

Les *empreintes sigillaires* des diplômes carolingiens doivent être partagées en deux classes : celles qui sont produites par des intailles remontant à l'antiquité, et nous en avons cité tout à l'heure quelques exemples ; celles qui ont été faites au moyen de pierres gravées contemporaines, comme nous allons l'établir [1].

1. G. Demay, *Inventaires des sceaux de l'Artois et de la Picardie*, Préface, p. VI et suiv.

Sur un sceau de Louis le Débonnaire plaqué sur un diplôme de l'an 816, on voit un buste impérial, lauré, la poitrine couverte du paludamentum. Les traits du personnage se rapprochent assez de ceux de l'empereur Commode jeune [**Pl. IV, fig. 1**]. Autour de la gemme, sur le cadre métallique, la légende circulaire :

+ XPE PROTEGE HLDVOVVICVM IMPERATORE(*m*) [1].

Il est possible de prouver que la gemme qui a produit cette empreinte n'était pas antique, mais de travail carolingien. En effet, son style la place à côté de l'intaille du roi Lothaire, conservée à Aix-la-Chapelle et dont nous avons parlé tout à l'heure [**Pl. II, fig. 1**] : l'une et l'autre sont inspirées de gemmes romaines que le lithoglyphe carolingien s'est efforcé de copier ou d'imiter. Si, à l'époque carolingienne, on a gravé le sceau de Lothaire, le même temps a été, tout aussi bien, capable de produire celui de Louis le Débonnaire. En outre, la confrontation de ce dernier avec les portraits antiques de Commode fera aisément ressortir des différences qui ne sont pas seulement de la nature de celles qu'on remarque entre des portraits contemporains, exécutés par des artistes divers, mais des différences imputables à l'inspiration ou au génie d'un autre âge, analogues, par exemple, à celles qu'on signale dans les œuvres de la Renaissance italienne qui imitent le mieux l'antique. Si le graveur carolingien s'est donné pour tâche d'imiter l'effigie de Commode, c'est peut-être que Louis le Débonnaire avait certains traits de ressemblance avec cet empereur romain, car les graveurs des coins monétaires se sont également inspirés du même portrait [2]. Nul besoin d'insister sur l'importance de cette coïncidence entre l'effigie du sceau de Louis

---

1. G. Demay, *op. cit.*, Préface, p. XXI, n° 297.
2. E. Gariel, *Monnaies royales de France, sous la race carolingienne*, t. II, pl. XVI, n°s 59 et suiv.; M. Prou, *Catal. des monnaies carolingiennes de la Bibliothèque nation.*, pl. XX, n° 900; pl. XXII, n° 984; pl. XXIII, n° 1070, etc.

le Débonnaire et celle des deniers contemporains : elle ne saurait être le produit du hasard.

Mais ce n'est pas tout. Le sceau de Louis le Débonnaire que
nous venons d'examiner a, sans doute, été brisé à un certain
moment, car nous allons constater qu'on fut obligé de le remplacer. Il existe, en effet, aux Archives de Chaumont (Haute-Marne)
un diplôme de ce prince, daté du 19 août 834, sur lequel est plaqué un sceau qui reproduit une effigie impériale très voisine de
celle du sceau de l'an 816 [1] [**Pl. IV, fig. 2**] ; mais, — point essentiel à constater, — ce n'est pas la même. Il y a, dans la physionomie et dans les détails, des différences caractéristiques qu'un
examen comparatif révèlera à tout œil exercé. D'où découle la
conclusion rigoureuse qu'un lithoglyphe carolingien a été chargé
de graver, sur une gemme nouvelle, une effigie pareille, autant
que possible, à celle qui était sur le premier sceau. Cette observation se trouve encore corroborée par la légende gravée sur le
cadre métallique, car elle diffère de la précédente :

+ XPE PROTEGE HLVDOVVICVM IMP

(**IMP** *au lieu de* **IMPERATORE***m*).

Nous sommes ainsi amenés à reconnaître que Louis le Débonnaire eut successivement deux sceaux dont les matrices étaient
des gemmes gravées par des artistes de son temps, qui se sont
efforcés de copier l'effigie romaine de Commode.

Des conclusions non moins rigoureuses résultent de l'examen
simultané des quatre empreintes sigillaires suivantes :

a. Un diplôme de Charles le Chauve, de l'an 843, est scellé de
l'empreinte d'une pierre gravée qui représente un buste impérial
de profil, lauré, le paludamentum sur la poitrine et ressemblant

---

1. Alphonse Roserot, *Notice sur les sceaux carolingiens des Archives de la Haute-Marne*,
n° 9 et pl. fig. 1 (in-8°, 1892).

de très près aux types sigillaires de Louis le Débonnaire cités précédemment [**Pl. IV, fig. 3**] [1].

b. Un diplôme de Charles le Chauve, de l'an 877, est scellé de l'empreinte d'une pierre gravée qui représente un buste impérial dont la physionomie, différente de celle des bustes précédents, n'est pourtant pas sans rapport avec eux [**Pl. IV, fig. 4**] [2].

c. Un diplôme de Carloman, du 8 août 882, est scellé de l'empreinte d'une pierre gravée qui représente un buste impérial aussi apparenté aux précédents [**Pl. IV, fig. 5**] [3].

d. Un diplôme de Charles III le Simple, de l'an 951, est scellé également de l'empreinte d'un buste impérial étroitement apparenté à ceux que nous venons d'énumérer [**Pl. IV, fig. 6**] [4].

Les légendes de ces sceaux, gravées sur le cercle de métal, diffèrent et portent les noms respectifs des princes signataires des diplômes. Quiconque voudra se livrer à l'étude comparative que nous avons faite, constatera que les gemmes de ces sceaux sont des copies ou des imitations, plus ou moins habiles, les unes des autres. De plus, leur prototype originaire est, sans conteste, le type impérial des sceaux de Louis le Débonnaire, à effigies *commodiennes*, dont nous avons parlé plus haut. On ne saurait le nier : des lithoglyphes chargés de la fabrication de ces sceaux royaux, dans le cours des IXe et Xe siècles, ont copié un prototype unique, en l'altérant graduellement, suivant leur génie propre. Les monnaies contemporaines nous offrent la même effigie impériale qui, à chaque émission nouvelle, fait de même et parallèlement un pas de plus dans la voie de la décadence. Comment donc, en présence de cette parenté indiscutable des types monétaires avec les types sigillaires, et en présence aussi des

<hr>

1. G. Demay, *op. cit.*, p. XXII, n° 305.
2. G. Demay, *op. cit.*, p. XXII, n° 306.
3. Alp. Roserot, *op. cit.*, p. 10 et pl. n° 5.
4. G. Demay, *op. cit.*, p. XXII, n° 307.

altérations graduelles de l'archétype originaire de ces sceaux, pourrait-on encore soutenir que ceux-ci ont été produits par des gemmes de l'antiquité ? Ne serait-il pas insensé de soutenir qu'à la même époque on a pu trouver un aussi grand nombre de gemmes antiques du même style, de même grandeur et reproduisant des types aussi voisins les uns des autres ? Non; un simple coup d'œil jeté sur notre planche IV le prouve sans réplique : ces gemmes sigillaires ne sont pas antiques, mais bien carolingiennes.

Plusieurs des diplômes de l'empereur Charles le Gros, conservés aussi aux Archives de Chaumont, et datés des années 886 et 887, vont nous permettre de porter nos investigations sur un autre type sigillaire [1]. On a cru, par suite d'un examen superficiel, que ces diplômes étaient scellés d'un même sceau, formé d'une gemme antique à l'effigie de Caracalla ou, peut-être, de Géta [**Pl. IV, fig. 7 et 8**]. Ici, comme pour les sceaux de Louis le Débonnaire, une observation minutieuse ne permet pas de douter qu'il s'agisse de deux matrices distinctes, l'une étant la copie, non tout à fait adéquate, de l'autre et l'ayant sans doute remplacée. Cette constatation positive, fondée sur l'analyse comparative des deux types sigillaires, suffirait à elle seule, pour établir l'origine carolingienne et nullement antique de ces portraits modernisés de Caracalla ou Géta. Mais cette origine se trouve encore confirmée par une remarque non moins évidente : c'est que la légende **KAROLVS IMPERATOR**, était gravée sur la gemme elle-même et non, comme d'ordinaire, sur la monture. Pour chacun des sceaux, buste et légende sont de la même main, et l'hypothèse de deux gemmes antiques sur lesquelles on aurait gravé le nom de Charles le Gros doit être écartée : nous avons déjà fait une remarque analogue au sujet du cristal de roche de la croix-reliquaire d'Aix-la-Chapelle.

---

1. A. Roserot, *op. cit.*, p. 10-11, n°s 3 et 4 de la planche.

C'est encore sur un diplôme des Archives de Chaumont que nous ferons une nouvelle expérience. Il s'agit, cette fois, d'un acte du roi Lothaire, fils de Louis IV d'Outre-mer, daté du 30 août 967, sur lequel est plaqué un sceau formé d'une pierre gravée du style le plus barbare. Il représente un buste de face, avec de longs cheveux retombant de chaque côté de la tête [Pl. V, fig. 1] [1]. A cause de cette longue chevelure et de la disposition du visage, représenté de face, on a pensé qu'il s'agissait peut-être d'une pierre gravée mérovingienne servant de sceau en plein xe siècle : hypothèse aussi inutile qu'invraisemblable. Pourquoi ne serions-nous pas en présence d'une œuvre du xe siècle même, c'est-à-dire contemporaine du prince qui l'employait à sceller les actes de sa chancellerie ? La barbarie même du travail appelle cette conclusion, car nous voyons en elle le reflet direct des bouleversements politiques qui ruinèrent la France au milieu du xe siècle et qui, par contre-coup, bénéficièrent à l'empire germanique, comme nous le constaterons bientôt.

Les antiquaires des siècles derniers ont souvent connu et fait dessiner des sceaux ou d'autres gemmes qui ne sont pas parvenus jusqu'à nous et dont il ne nous reste ainsi qu'une image plus ou moins fidèle. La glyptique carolingienne aurait à s'enrichir amplement d'une révision attentive des travaux de ces vieux auteurs.

C'est ainsi qu'il existait autrefois, dans le Trésor de la cathédrale du Mans, un monument fort intéressant, aujourd'hui perdu, qui nous semble rentrer dans la glyptique carolingienne. D'après le dessin que Gruter en a donné [2] et que nous reproduisons ci-

---

1. A. Roserot, *op. cit.*, p. 11-12 et n° 6 de la planche ; un surmoulage de ce sceau est au musée sigillographique des Archives nationales ; il a été reproduit plusieurs fois. II. Bordier, dans la *Revue archéolog.*, 1858, I, p. 173-177 et pl. 333, n° 1 ; *Archives nationales. Collect. des sceaux. Supplément*, n° 24 : G. Demay, *Inventaire des sceaux de l'Artois et de la Picardie*. Préface, p. XXIII, n° 343 et planche ; Lecoy de la Marche, *Les sceaux*, p. 29.

2. Gruter, *Inscript. romanar. Corpus*, p. 1158 ; Combrouse, *Monnaies royales de France*,

contre (fig. 16), c'était une plaque elliptique sur laquelle était
gravé le tableau suivant : Au centre, une porte flanquée de deux
tours ; de chaque côté, un personnage,
vêtu du pallium, étend le bras vers la
porte ; en haut, la Main divine émergeant
d'un nuage et désignée par le mot DEX
(*dextera*). Au-dessous de la porte qui symbolise une ville, on lit CAENOM (*Cænomanni*).
Derrière les deux personnages, leurs noms,
GERBA et PROTA : les saints Gervais et

Fig. 16. — Ancienne gemme
du Mans.

Protais, patrons de la ville du Mans, dont les images se trouvent déjà sur les monnaies mérovingiennes [1]. En rapprochant
le dessin de cette curieuse gemme des intailles que nous avons
étudiées, en examinant la disposition du sujet et tous les éléments de la composition, je présume qu'il s'agit d'une intaille
de l'époque carolingienne ou romane.

Le P. Garrucci a reproduit dans son recueil des monuments
chrétiens, une gemme de l'ancien musée Vettori, qui représente
le martyre de saint Laurent, tel qu'il figure sur d'autres monuments des premiers siècles du christianisme et du haut moyen
âge [2] (ci-après, fig. 17). C'est une intaille carolingienne plutôt

1843, pl. XLI, n° 4 ; Duchalais, dans la *Revue numismatique*, 1840, p. 123 ; Edm. Le
Blant, *Nouveau recueil des inscriptions chrétiennes de la Gaule* (1892), p. 24 et suiv. (où l'on
trouvera toute la bibliographie antérieure) ; R. Garrucci, *Storia della arte cristiana*, t. VI,
pl. 478, n° 40 ; F. X. Kraus, *Real Encyclopädie christl. Alterthums*, t. II, p. 789. La
gemme dont il s'agit ici, reproduite pour la première fois par Gruter, est aujourd'hui
perdue. Eugène Hucher, dans son *Essai sur les monnaies du Maine*, publié à la suite de la
Géographie ancienne du diocèse du Mans, par Cauvin (1845, in-4°), p. 691, a donné l'image
d'un contre-sceau de Pierre Gougeul (mieux que Pierre de Longueil), évêque du Mans de
1309 à 1326, qui représente les saints Gervais et Protais, et a, ainsi, quelque lointaine analogie avec la gemme de Gruter. Chose étonnante, ce contre-sceau est aussi perdu et on ne
le connaît que par le dessin de Hucher (je dois ce renseignement à l'obligeance de
M. Robert Triger).

  1. M. Prou, *Catal. des monnaies méroving. de la Bibl. nat.*, pl. VII, n° 24.

  2. Garrucci, *Storia della arte cristiana*, pl. 478, fig. 43.

que byzantine, autant qu'on en peut juger par le médiocre dessin qui, seul, nous en a gardé le souvenir.

N'y a-t-il pas lieu également de considérer comme carolingienne

Fig. 17. — Ancienne gemme
du musée Vettori.

ou romane une intaille qui, au XVIIIe siècle, appartenait à l'abbé Fauvel, et représentait le sacrifice d'Abraham ? Montfaucon l'a publiée comme gnostique, en croyant y reconnaître quelques informes caractères grecs (ci-contre, fig. 18)[1]. Mais la présence même d'une formule gnostique en grec ne serait pas une preuve absolue et déterminante pour l'attribution de cette gemme à l'art byzantin : nous savons que le moyen âge occidental a souvent copié et imité les gemmes talismaniques et magiques qui lui venaient d'Orient.

Il semble, en revanche, qu'on doive plutôt considérer comme byzantine une gemme, aussi publiée par Montfaucon, qui figure l'Ascension du Sauveur, en présence des douze Apôtres[2]. Mais comment se prononcer avec assurance en présence des médiocres

Fig. 18. — Ancienne gemme
de Fauvel.

croquis qui nous conservent le souvenir de ces monuments perdus ?

Quoi qu'il en soit, il était bon de signaler ces curieuses gemmes qui sont loin de mériter le dédain dont elles ont si bien été l'ob-

---

1. Montfaucon, *Antiquité expliquée*, Suppl., t. II, p. 213 et pl. 55, nº 6 ; Garrucci, *Storia della arte cristiana*, t. VI, pl. 492, nº 11.

2. Montfaucon, *Antiquité expliquée*, t. II, pl. CLXXIV ; Garrucci, *Storia della arte cristiana*, t. VI, pl. 478, fig. 32. Les pl. 478, 479 et 492 du recueil de Garrucci contiennent encore la reproduction d'autres gemmes byzantines.

jet qu'elles sont perdues ou, du moins, égarées. Les vieux livres, les archives, les musées de nos villes de province, les trésors d'églises, les collections des curieux des derniers siècles, telles sont les cachettes où dorment, encore ignorés, la plupart des éléments de l'histoire de la glyptique carolingienne et des premiers temps de la féodalité.

Il n'y a pas lieu de faire honneur à l'art byzantin des monuments énumérés dans ce chapitre, en dehors de ceux au sujet desquels nous venons d'indiquer nos hésitations forcées. Ils sont bien réellement, quoi qu'en ait dit Jules Labarte et son école, de travail occidental. Tout le prouve : d'abord la mention qu'on lit sur celui qui représente l'histoire de Suzanne : *Lotharius rex fieri jussit*; les effigies sigillaires que nous avons comparées; les légendes des sceaux de Lothaire II, roi de Lotharingie, et de Charles le Gros, gravées directement sur la gemme et de la main du même artiste qui a exécuté les portraits impériaux qu'elles entourent; la langue des inscriptions qui est le latin et non le grec; la forme des lettres qui n'ont rien de byzantin : aucun trait, dans ces caractères, d'une belle écriture majuscule, ne trahit une main qui aurait été plus habituée à tracer des caractères grecs ; le costume des personnages, l'analogie des compositions avec les miniatures des manuscrits carolingiens, le lieu de provenance, enfin, de ces intailles dont aucune n'est d'origine orientale ou byzantine.

Une lettre de Servais Loup, abbé de Ferrières, montre la gravure des pierres fines en pleine activité en France, au milieu de ixe siècle. Loup de Ferrières écrit, vers 850, à Charles le Chauve pour lui annoncer qu'il lui envoie des gemmes gravées et polies par son orfèvre ; il prie même le prince de donner son avis sur la gravure, parce que l'artiste serait honoré de recevoir les félicitations royales : *Misi praeterea celsitudini vestrae gemmas quas dudum opifex noster exculpendas et poliendas acceperat :*

quarum formam atque nitorem si approbaveritis, memorato artifici gratulabor [1].

Ce texte précieux est à peu près le seul, pour l'époque qui nous occupe, où il soit fait nettement allusion à la gravure des pierres fines (*gemmas exculpendas*). On s'attendrait pourtant à recueillir des renseignements sur la glyptique, dans l'histoire de ces moines artistes auxquels nous devons les beaux manuscrits, les travaux d'orfèvrerie, les émaux, les ivoires et les autres monuments d'art de l'époque carolingienne. Il n'en est rien : c'est en vain, par exemple, qu'on lit, avec la curiosité d'un chercheur, l'histoire de ce moine de Saint-Gall, Tutilon ou Tuotilo, mort vers 908. Nous y apprenons bien que Tutilon voyagea longtemps et dans tous pays pour développer son expérience et ses connaissances artistiques ; qu'il exécuta, comme d'autres de ses confrères de la même abbaye, des peintures, des miniatures, des ouvrages d'orfèvrerie et de bijouterie ; qu'il sculpta de merveilleuses tablettes d'ivoire ; qu'il fut *cælatura elegans*, suivant les termes mêmes de son épitaphe [2]. Mais on ne nous dit quoi que ce soit de la gravure des gemmes qu'il n'a pourtant pas dû laisser à l'écart de sa compétence universelle. Il n'y a presque rien non plus à tirer du fameux traité didactique : *De coloribus et artibus Romanorum*, attribué au moine Héraclius [3]. L'auteur, qui écrivait en Italie, vers la fin du xe siècle, « à une époque, dit-il lui-même, où Rome était livrée à de honteux désordres, où les bonnes études, les arts et les mœurs étaient tombés dans un égal mépris », décrit longuement la

---

1. *B. S. Lupi Ferrariensis epistolae*, Epist. xcvi (Patrologie Migne, t. cxix, p. 571) ; lettre lxxxvii de l'édition Desdevises du Désert, p. 161-162.

2. Mabillon, *Acta ordinis S. Benedicti*, t. III, p. 339 et suiv. ; Ém. Molinier, *Hist. gén. des arts appliqués à l'industrie*, t. I, *Les Ivoires*, p. 128 et suiv. ; t. IV, *L'orfèvrerie*, p. 95.

3. Albert Ilg, *Heraclius von den Farben und Künsten der Römer*. Vienne, 1873, in-8° ; Arthur Giry, *Notice sur un traité du moyen âge intitulé : De coloribus et artibus Romanorum*, dans le xxxve fasc. de la *Bibliothèque de l'École des Hautes Études* (*Mélanges Duruy*), p. 209.

fabrication du verre et des pâtes de verre. Il a même un chapitre sur la manière de tailler le cristal de roche, et un autre intitulé : *Quomodo sculpuntur preciosi lapides, poliunturque et splendifican-*
tur. Mais en le lisant, on se rend compte aisément que cette description est plus littéraire que pratique, et que l'auteur, dans le
but d'instruire les graveurs, ses contemporains, s'inspire exclusivement des textes antiques qu'il a sous les yeux, surtout de Pline
le Naturaliste. S'il déplore amèrement la disparition du génie
artistique des Romains :

> *Jam decus ingenii quod plebs romana probatur*
> *Decidit, ut periit sapientum cura senatum,*

il ne dit rien de l'effort tenté de son temps par les princes carolingiens pour raviver cette flamme antique.

D'où est venue cette renaissance carolingienne, et sous quelle
influence s'est-elle manifestée? Il faut, pour répondre à cette
question, rappeler les cristalliers de l'époque mérovingienne et
surtout, peut-être, l'école rhénane des verriers des IVe, V^e et
VIe siècles. Ces verriers et ces cristalliers avaient laissé dans le
pays des Francs Austrasiens, comme le feu sous la cendre, des
traditions artistiques qui sommeillèrent jusqu'au jour où le
souffle puissant de Charlemagne vint les ranimer. Ils nouèrent
alors avec les Byzantins des rapports qui réchauffèrent leur
talent, stimulèrent leur ambition d'imiter ou même d'égaler les
modèles qui leur parvenaient d'Orient.

Les historiens contemporains nous fournissent d'abondants
détails sur les relations suivies que les princes carolingiens
entretenaient avec la cour de Byzance. Les présents apportés par
les ambassadeurs orientaux : ceux, en particulier, qu'offrirent à
Charlemagne les ambassadeurs d'Haroun-al-Raschid ; ceux qu'apportèrent à Lothaire les envoyés de l'impératrice Théodora : voilà
des faits qui durent avoir une influence directe sur l'épanouisse-

ment artistique de la glyptique rhénane. Non seulement les princes carolingiens attiraient à leur cour les artistes de Constantinople, mais l'émigration de ces derniers en Occident fut encore favorisée, dès la première moitié du v111e siècle, par les persécutions des empereurs iconoclastes qui forcèrent nombre d'artistes à prendre le chemin de l'exil [1].

Pour nous, s'il y eut, soudain, en Occident, au IXe siècle, des graveurs en état de produire les œuvres remarquables que nous venons d'étudier, c'est qu'ils furent instruits dans leur art par des Byzantins. Ce ne sont pas seulement les relations historiques qui permettent de l'affirmer, c'est l'étude même des monuments byzantins du IXe siècle. On y trouve des représentations analogues, des sujets pareils à ceux de nos intailles, tels que la Crucifixion et le Baptême du Christ [2]. Descendons jusqu'à l'analyse et comparons, par exemple, les personnages du

Fig. 19. — Intaille byzantine.

disque de Waulsort avec ceux d'une intaille byzantine du Cabinet des Médailles [3] (ci-contre, fig. 19), et nous reconnaîtrons les mêmes gestes, les mêmes draperies, le même sentiment, la même conception esthétique traduite seulement, il est vrai, avec une plus grande habileté technique.

1. Alfred Darcel, *Notice des émaux et de l'orfèvrerie du Louvre*, p. 384.

2. Voyez notamment un *Baptême du Christ*, byzantin, de l'ancienne collection du baron J. Pichon, publié par G. Schlumberger, *Mélanges d'archéologie byzantine*, p. 67.

3. E. Babelon, *Catalogue des camées*, etc., p. 182, n° 338. Cette intaille se trouve gravée au revers d'un camée. Comparez aussi les sculptures en ivoire d'un coffret byzantin du musée Kircher (G. Schlumberger, dans les *Monuments Piot*, t. VI, pl. XVIII) et celles d'une plaque d'ivoire formant couverture d'évangéliaire dans le Trésor de l'église de Quedlimbourg (Marquet de Vasselot, dans la *Gazette des Beaux-Arts*, t. XX, octobre 1898, pl. à la p. 310).

Aussi, au lieu de chercher, pour l'époque carolingienne, à démontrer que certaines œuvres trouvées en Occident, ont été apportées de Constantinople ; au lieu de vouloir isoler la part de l'influence byzantine sur l'école artistique dite école rhénane et en particulier sur la glyptique occidentale, il serait plus juste et plus conforme à la réalité des faits de reconnaître qu'il n'y a pas deux arts différents se développant côte à côte et suivant leur génie propre, l'un en Orient, l'autre en Occident, mais un seul mouvement artistique dont les divers foyers, à Constantinople, en Italie, sur les bords du Rhin, communiquaient entre eux, d'où leur parenté d'inspiration, de technique et de style. Il n'y a pas dualité, parallélisme ou concurrence de deux arts; il n'y a qu'un art qui se développe avec plus d'intensité peut-être à Byzance et dans le sud de l'Italie que dans le nord de la péninsule, en France et dans la région rhénane; mais il est partout le même, procédant de la même inspiration, ayant recours à la même technique, traitant les mêmes sujets. Tout tend à le prouver aujourd'hui : l'étude des monuments d'architecture de l'Italie méridionale, celle des ivoires et des émaux, celle des miniatures, des peintures murales, des mosaïques, aussi bien que celle de la glyptique des gemmes.

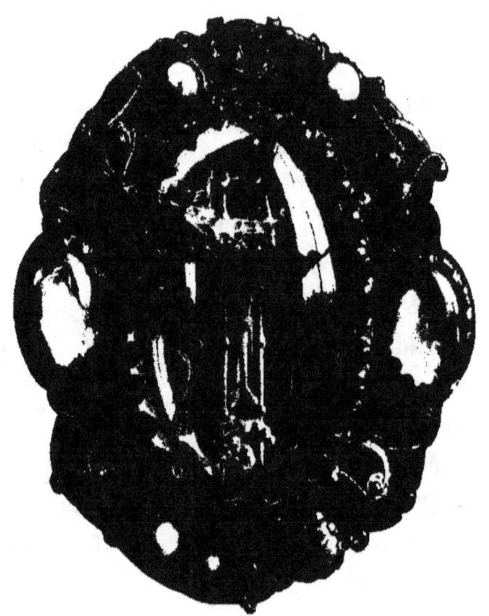

Fig. 20. — Crucifixion en cristal de roche du Triptyque
de la Vraie Croix, au South Kensington Museum.

(Voyez p. 31.)

CHAPITRE III

L'époque de Bernward et de Suger.

Deux hommes personnifient, pour la France et l'empire germanique, le mouvement artistique des temps héroïques de la féodalité : ce sont saint Bernward, évêque de Hildesheim, mort en 1022, et Suger, abbé de Saint-Denis, le ministre des rois Louis VI et Louis VII, qui mourut en 1152. Par le rôle qu'ils ont joué à plus d'un siècle de distance, ils forment, l'un au commencement, l'autre à la fin de cette ténébreuse et intéressante époque, le trait d'union qui rattache, dans les arts industriels, l'école byzantino-carolingienne à l'école gothique du xiii⁰ siècle.

Tandis que l'empire démembré des petits-fils de Charlemagne était déchiré par les guerres et les bouleversements sociaux qui accompagnèrent l'enfantement de la féodalité, le secret de la gravure des gemmes et les autres arts mineurs trouvaient un asile inviolé à l'ombre des cloîtres, véritables villas industrielles, où ils attendirent pour s'épanouir de nouveau l'aurore de temps plus tranquilles.

Ces heureux jours brillèrent pour les pays rhénans et pour la Germanie dès le règne des Othons et de saint Henri, à partir du moment où Othon Iᵉʳ le Grand, proclamé empereur en 962, devint le maître de presque toute l'Italie et fit épouser à son fils qui devait être Othon II, une princesse grecque, Théophanie, fille de Romain II. Des relations plus suivies et plus intimes qu'elles ne l'avaient jamais été, entre les artistes rhénans et ceux de Constantinople et de l'Italie, furent la conséquence directe de ces événements politiques et provoquèrent le remarquable mouvement artistique dont le principal acteur fut l'évêque Bernward.

Figure étrange pour nos idées modernes, ce prélat, à la fois architecte, peintre, sculpteur, fondeur en bronze, émailleur, orfèvre, miniaturiste, mosaïste, joaillier, ivoirier, et, sans doute graveur de gemmes, est, comme l'avait été saint Éloi sous les Mérovingiens, la personnification de l'Église artiste et gardienne des arts en Occident, en un temps où la rudesse des mœurs et la perpétuité des guerres et des invasions avaient provoqué une recrudescence de barbarie. Son maître dans les arts fut un homme de la cour des Othons, son parent le chanoine Thangmar, et comme il jouit lui-même de la protection de l'impératrice Théophanie, on pressent, rien qu'à ce détail, qu'il dut subir directement l'influence byzantine.

Non plus que les relations d'ateliers, les modèles orientaux ne lui manquèrent. Il alla, à plusieurs reprises, en chercher en Italie ; d'ailleurs, comme au temps de Charlemagne, les ambassadeurs byzantins et musulmans se présentaient à la cour des Othons, presque chaque année, porteurs de joyaux et de coupes d'onyx ou gemmées. Outre les ambassades officielles, c'étaient les incessants voyages des pèlerins, précurseurs des croisades, ainsi que les relations commerciales avec l'Orient, qui déversaient en Occident le trop-plein des richesses artistiques de la Sicile, de Constantinople, de la Syrie ou de l'Égypte. Telles furent, sans conteste, les sources multiples auxquelles s'inspira l'évêque Bernward, le chef de la grande école des arts rhénans et germaniques au moyen âge. Sa ville épiscopale, si curieuse à visiter de nos jours, est encore remplie de son nom et des monuments dus à son fécond génie. Outre ces œuvres de toute sorte, qui parlent à nos yeux émerveillés, mais dont nous n'avons point à nous occuper ici, étrangères qu'elles sont à la glyptique, son rôle d'artiste nous a été exposé par un chroniqueur contemporain, Thangmar [1]. Nous lisons dans le récit de ce moine saxon que Bernward exécuta de ses mains, entre autres merveilles, plusieurs calices en onyx et en cristal : *Bernwardus fecit... calices nichilominus plures, et unum ex onichino, alterum vero cristallinum mirâ industriâ composuit* [2]. Il en avait fait un autre en verre, ce qui nous montre, encore une fois, la joaillerie et l'orfèvrerie associées et vivant côte à côte dans le même atelier avec la gravure du verre et, sans doute aussi, celle des gemmes.

Bernward n'était point isolé : il ne fut que le premier d'une pléiade, le maître d'une école active et féconde ; car, il faut bien le dire, les œuvres dont la tradition lui fait honneur, en Allemagne, en particulier à Hildesheim, sont si nombreuses et de genres si variés, qu'il est de toute vraisemblance qu'on lui attribue la paternité de la plupart des ouvrages de son temps ou au moins des ateliers qu'il avait installés autour de son église et que remplissaient ses élèves, au nombre desquels, saint Godehard, son successeur sur le trône épiscopal, figura parmi les plus habiles [3].

Qui sait si Bernward ne fut point le maître de ce Foulques, moine de l'abbaye de Saint-Hubert, en Belgique, qui, dans les premières années du xiᵉ siècle, passait pour très expert dans l'art de graver les pierres, peut-être les pierres fines (*in incisionibus lapidum*)? Foulques fut en même temps graveur sur bois et enlu-

---

1. Thangmarus, *Vita Bernwardi, episcopi Hildesheimensis*, dans Pertz, *Monumenta germaniæ historica. Scriptores*, t. IV.

2. Thangmarus, dans Pertz, *loc. cit.*, p. 761 (chap. VIII) ; cf. J. Labarte, *Hist. des arts industriels*, t. III, p. 416. Les mots *fecit* et *composuit* employés par le chroniqueur provoquent nos scrupules ; ils signifient seulement, sans doute, que Bernward monta, comme orfèvre, des coupes d'onyx et de cristal. Dans l'édition de la chronique de Thangmar donnée en 1707, le mot *composuit* est remplacé par *apposuit* (Leibnitz, *Scriptores rerum Brunswicarum*, ch. VII, p. 445. Hanovre, 1707) ; cf. E. Babelon, dans le *Bulletin de la Société des Antiquaires de France*, 1897, p. 262.

3. Ém. Molinier, *Hist. gén. des arts*, etc., t. IV, p. 126.

mineur de lettres capitales dans les manuscrits [1] : c'est là, malheureusement, tout ce que nous savons sur son compte.

A ses côtés et parmi ses émules, artistes en tous genres, qui peuplaient les ateliers monastiques de ce temps, nous énumérerons : Hugues de Montierender, Richard, abbé de Saint-Viton de Verdun, Bégon, abbé de Conques en Rouergue, Jean l'Italien, protégé d'Othon III, qui travailla à Aix-la-Chapelle et à Liège; enfin les sculpteurs, orfèvres, émailleurs, verriers, peintres, ivoiriers, enlumineurs des abbayes de Reichenau, de Saint-Gall, de Saint-Emmeran de Ratisbonne, de Fulda, d'Essen, de Metz, de Trèves, de Verdun, de Conques, tous moines voyageurs que se prêtaient les églises et les couvents, suivant qu'ici ou là on avait besoin de la spécialité où chacun d'eux était réputé sans rival. Gravèrent-ils les pierres fines? Nous ne pouvons que le soupçonner devant le silence des textes qui, pourtant, remarquons-le, vantent leur habileté dans tous les procédés mécaniques et toutes les branches de l'art.

Il est bien regrettable aussi que le Traité que le moine Théophile écrivit un peu plus tard, dans la première moitié du XIIᵉ siècle, sur les divers arts pratiqués de son temps, passe à peu près sous silence la sigillographie et la gravure sur pierres fines [2]. A l'encontre d'Héraclius, Théophile qui vécut dans les pays

1. *Fulconem præcentorem post eum in illuminationibus capitalium litterarum et incisionibus lignorum et lapidum* (voyez *Cantatorium sancti Huberti*, ou *Histoire de l'abbaye de Saint-Hubert*, depuis environ 687 jusqu'à 1106, dans les *Monuments pour servir à l'histoire des provinces de Namur, de Hainaut et de Luxembourg*, publiés par le baron de Reiffenberg, t. VII, p. 246 (Bruxelles, 1847, in-4º). Il nous semble que si le moine Foulques eût été simplement tailleur de pierres ou graveur d'inscriptions sur pierres, funéraires ou autres, le chroniqueur eût employé une autre expression que celle d'*incisor lapidum*.

2. Théophile. *Diversarum artium schedula*, publié par Ch. de l'Escalopier (Paris, 1843, in-4º); cf. Alfred Darcel. *Notice des émaux et de l'orfèvrerie au musée du Louvre*, édit. de 1883, p. 394 : A. Giry, *Notice sur un traité du moyen âge*, etc., dans le XXXVᵉ fasc. de la *Biblioth. de l'École des Hautes Études* (*Mélanges V. Duruy*), p. 224 et suiv.; Ém. Molinier, *Hist. gén. des arts*, etc., t. IV. p. 141.

rhénans, décrit les procédés techniques réellement appliqués
autour de lui, sinon par lui-même ; il se réclame des Grecs, c'est-à-
dire des Byzantins, qui sont ainsi proclamés les maîtres des artistes
occidentaux. Il indique la manière de sertir les vases en pierres
fines dans des montures métalliques, ainsi que le procédé pour
enchâsser des pierres précieuses sur les croix, les livres liturgiques, la bordure des vêtements sacerdotaux. Il n'est question
de la gravure des gemmes que dans une allusion trop discrète
qui nous apprend simplement qu'elle existait en Occident et
allait de pair avec la sculpture de l'ivoire (*gemmarum ossiumve scalp-
tura*) [1]. C'est à peine si nous osons citer encore le passage suivant qui a bien trait à la fabrication des boules de cristal, mais
qui n'est qu'une interpolation postérieure : *Si nodos facere volueris
ex christallo qui baculis episcoporum vel caudae labris possunt imponi,
hoc modo perforabis eos...* [2] Nous connaissons de nombreuses boules
de cristal exécutées du IXe au XIIe siècle et qui, percées de trous,
étaient destinées à orner des reliquaires ou divers ustensiles liturgiques. La *cathedra* sur laquelle est assise la statuette de sainte
Foy, à Conques, nous en offre quatre beaux échantillons (ci-après,
fig. 21).

Une grande et belle plaque de reliure en vermeil, conservée au
musée d'Utrecht, comprend, parmi les éléments de sa décoration,
deux camées de travail barbare qui ne sont que de grossières
imitations de camées antiques : on doit, suivant toute vraisemblance, en placer la gravure au Xe ou XIe siècle, c'est-à-dire vers
le temps où la plaque elle-même a été exécutée [3].

1. Page 8 de l'édition de l'Escalopier.

2. Ce passage est reproduit dans l'édition anglaise du *Traité* de Théophile, par Robert
Hendrie (Londres, 1847, in-8o), p. 386, livre III, ch. XCIV. Cf. Victor Gay, *Glossaire
archéol.*, v° Cristal, p. 498-499.

3. Ém. Molinier, *Hist. gén. des arts appliqués à l'industrie*, t. IV : *L'orfèvrerie religieuse et
civile*, p. 155, fig.

E. BABELON. — *Histoire de la gravure sur gemmes.*   4

De la même époque il nous est encore parvenu une intaille, d'un travail et d'un style fort supérieurs, qui atteste bien, comme le dit Théophile, que la gravure des gemmes et celle de l'ivoire marchaient côte à côte et se donnant la main : c'est une remarquable matrice de sceau en agate-calcédoine blonde, avec taches rouges, translucide, conservée au musée de Lyon [1] [**Pl. V, fig. 2**]. Ce sceau ecclésiastique, de forme ovale et d'une épaisseur d'environ 7 millimètres, représente un évêque ou un abbé assis, de face, sur un trône, tenant d'une main un livre ouvert et de l'autre une crosse en *tau* ; il est imberbe, tonsuré, et sa chasuble descend en pointe jusqu'à ses pieds. Nous rapprocherons ce précieux monument d'un autre sceau, celui-ci en ivoire et provenant de l'abbaye de Saint-Servais de Maëstricht, comme l'indique la légende **+ SCS SERVATIVS EPS** [2]. Le style de ces deux matrices les classe à l'époque où l'on faisait encore couramment usage de grands sceaux en pierres fines et en ivoire, à côté des sceaux en cuivre qui, dès le xie siècle même, tendent à se substituer aux sceaux en une autre matière.

Qu'on juge, par ce qui précède, jusqu'à quel point sont rares et obscurs les témoignages relatifs à la gravure du cristal de roche et des autres gemmes, au début de la période féodale ! Ils suffisent toutefois pour que nous soyons autorisés à affirmer que l'ancienne Lotharingie n'avait pas cessé d'être le principal foyer de cet art et des industries mécaniques en Occident. Ainsi s'explique-t-on pour quels motifs Suger, au commencement du xiie siècle, fait venir de cette contrée, sinon des graveurs de gemmes, — ce que l'histoire ne nous dit point, — du moins

---

1. J'en dois l'empreinte à l'obligeance de M. Paul Dissard, conservateur du musée archéologique de Lyon.

2. Il a été vendu à l'hôtel Drouot, à Paris, le 24 novembre 1877. Voyez le journal *L'Art*, n^o du 18 novembre 1877, t. XI, p. 166 ; E. Babelon, *Bulletin de la Société des antiquaires de France*, 1897, p. 260, fig.

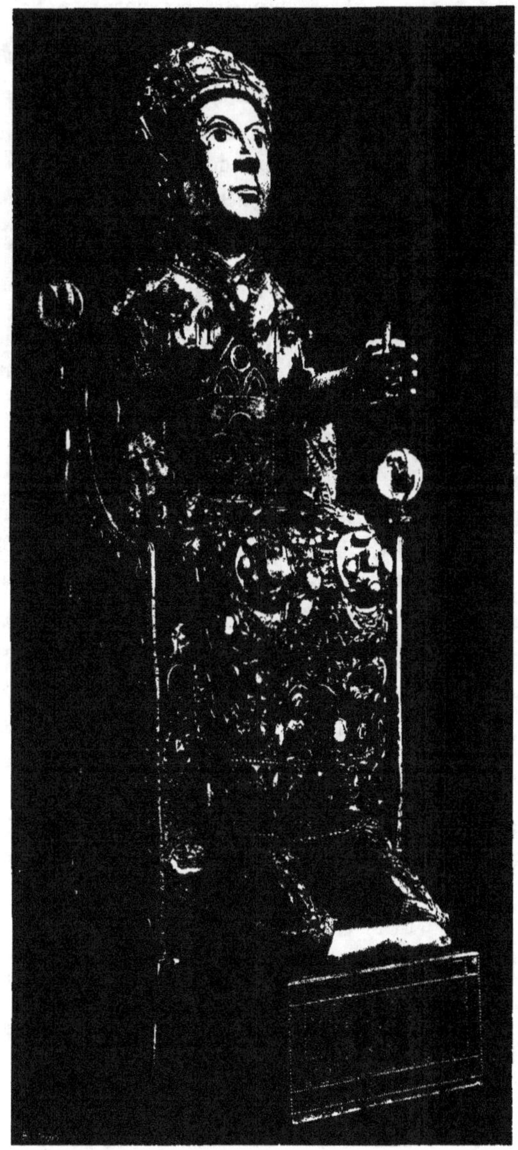

Fig. 21. — La statuette de sainte Foy, au Trésor de Conques (Aveyron).

toute une pléiade d'orfèvres-émailleurs (*plures aurifabros Lotharingos*), qu'il charge d'enchâsser dans des montures d'or ou d'argent doré, les gemmes et les beaux vases en pierres fines, dont il voulait enrichir le Trésor de l'abbaye de Saint-Denis [1].

Suger ne faisait en cela que marcher sur les traces de l'évêque Bernward et de bien d'autres prélats ou barons qui, s'inspirant de l'exemple des princes carolingiens, continuaient à enrichir les trésors des églises des produits de la glyptique et de l'orfèvrerie diaprée de gemmes et d'émaux. Avant lui, le roi Robert le Pieux avait fait exécuter par le moine Odoram des châsses d'or et d'argent rehaussées de pierreries, qu'il donna au monastère de Saint-Pierre-le-Vif, à Sens [2]; Burchard, comte de Melun, dans les premières années du XIe siècle, avait offert un vase précieux en aigue marine à l'église Saint-Maur-des-Fossés [3]; l'empereur Henri II (✝ 1025), vers le même temps, avait donné à l'église Saint-Viton de Verdun, un calice en onyx, orné d'une monture d'or [4]; saint Dominique de Silos, fondateur du monastère de ce nom, en 1041, lui laissa un calice et une patène sur lesquels sont enchâssés un camée et une intaille antiques entourés de cabochons [5]. Des origines analogues ont été reconnues à plusieurs des reliquaires de Saint-Maurice en Valais [6]; de Conques, dont le Trésor fut si merveilleusement doté par l'abbé Bégon III [7]; de Quedlimbourg en Saxe, dont l'abbaye fut fondée par Othon Ier le Grand, en 936. [8]

---

1. *Œuvres de Suger*, éd. Lecoy de La Marche, p. 196.

2. G. Julliot et M. Prou, *Geoffroy de Courlon, Le livre des reliques*, p. 80.

3. *Vita Burchardi*, dans Duchesne, *Hist. franç. script.*, t. IV, p. 122 ; cf. J. Labarte, *Hist. des arts industriels*, t. I, p. 214.

4. Bertarius, *Gesta episcop. Virdun.*, dans Pertz, *Monum. german. histor.*, t. VI, p. 49 ; cf. J. Labarte, *op. cit.*, t. III, p. 416.

5. Dom M. Férotin, *Hist. de l'abbaye de Silos*, p. 40 et 338 et pl. IV et V.

6. Ed. Aubert, *Le trésor de Saint-Maurice d'Agaune*, p. 162, 167, 179.

7. Em. Molinier, *Hist. gén. des arts*, etc., t. IV, p. 114.

8. Le trésor de Quedlimbourg renferme, entre autres, un coffret reliquaire en ivoire,

Le Trésor de Saint-Denis, de son côté, avait été enrichi par les princes carolingiens, et malgré les prélèvements qu'y fit le roi Eudes [1], il s'enorgueillissait encore, au commencement du XIIᵉ siècle, d'un nombre considérable de coupes en agate, de livres, de reliquaires et d'ustensiles incrustés de pierreries. Mais l'abbé Suger contribua plus que tout autre, à accroître les richesses de cet incomparable Trésor dont quelques épaves sont venues échouer, à l'époque de la Révolution, au Cabinet des Médailles et au Musée du Louvre. On prend plaisir à lire dans le chapitre *De son administration*, le récit que fait Suger lui-même de l'ardeur avec laquelle il poursuit jusqu'en Sicile les camées, les coupes de sardonyx et les autres produits de la glyptique antique, byzantine ou orientale [2]. Non seulement il provoque les libéralités de Roger II, roi de Sicile, ou de Thibaut, comte de Champagne, mais il fait appel aux artistes les plus en vogue de son temps, dans tous les pays, surtout en Lorraine, pour leur faire fabriquer de riches montures destinées à ces coupes, des reliquaires, des croix, des couvertures de livres et autres objets liturgiques, dans lesquels des camées ou des intailles sont enchâssés. Un des camées antiques que Suger fit ainsi entourer d'une monture d'orfèvrerie, se trouve aujourd'hui dans la cathédrale d'Aoste [3]. La coupe de Ptolémée, au Cabinet des Médailles, et des gondoles en sardonyx conservées dans le même musée, furent enrichies, par les soins de Suger, de montures en or émaillé, et données par lui au Trésor

du Xᵉ siècle, dit Coffret d'Othon Iᵉʳ, sur l'une des faces duquel est encastrée une grande améthyste antique représentant une tête de Bacchus en demi-ronde bosse. J. Marquet de Vasselot, dans les *Monuments Piot*, t. VI, p. 181 et pl. XVI.

1. L. Delisle, *Instructions adressées par le Comité des travaux historiques; Littérature latine*, 1890, p. 8 ; É. Molinier, *Hist. générale des arts appliqués à l'industrie*, t. IV. *L'orfèvrerie*, p. 79.

2. Cf. J. Labarte, *Hist. des arts industriels*, t. I, p. 205 et 215 ; Ém. Molinier, *op. cit.*, t. IV, p. 165 et suiv.

3. *Gazette des Beaux-Arts*, t. XXII (1880, 2ᵉ part.), p. 80.

de l'abbaye de Saint-Denis qui nous les a ainsi transmises à travers les âges [1].

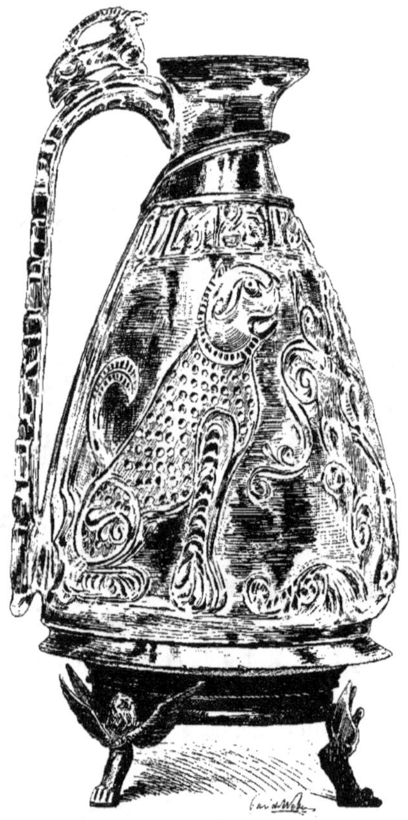

Fig. 22. — Aiguière du Trésor de Saint-Marc, de Venise.

Ces quelques épaves parvenues jusqu'à nos jours permettent d'établir que les coupes et les gemmes gravées dans les ateliers

1. E. Babelon, *Catalogue des camées antiques et modernes de la Bibliothèque Nationale*, nᵒˢ 368, 373 et 374.

musulmans d'Alexandrie, du Caire, de Tyr, ou de Damas, et apportées en Occident par les pèlerins, les marchands, les ambas-

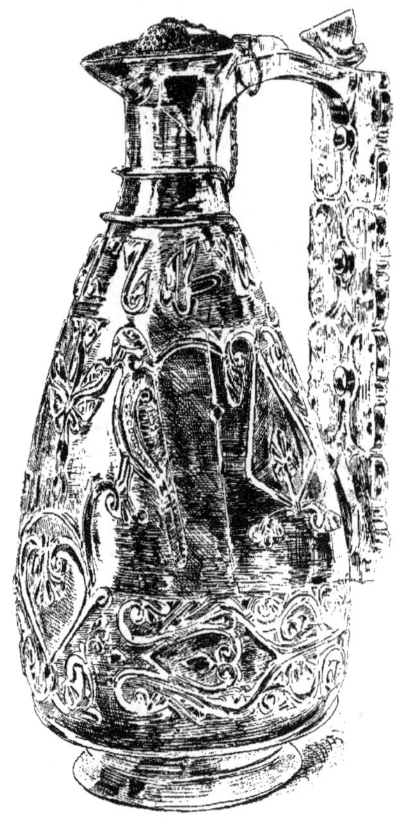

Fig. 23. — Aiguière du Musée du Louvre.

sadeurs, ont, aussi bien que les gemmes byzantines, servi de modèles aux artistes normands de la Sicile et à ceux des bords du Rhin ou de la Meuse.

En veut-on des preuves palpables? L'aiguière du Trésor de

Saint-Marc, à Venise, qui porte, gravé en relief sur le cristal, le nom du khalife fatimite El-Aziz-Billah, est bien d'origine sarrasine, et elle a été gravée au Caire vers la fin du xᵉ siècle [1] (page 54, fig. 22). Or, il existe au Musée du Louvre une autre aiguière, aussi en cristal de roche, qui a la même forme, des ornements à peu près semblables, et tout près du col une inscription arabe de même style [2] (page 55, fig. 23). Il semblerait donc, à première vue, que l'aiguière du Louvre fût, comme celle de Saint-Marc, d'origine musulmane. Mais quand on y regarde de près, on constate que la gravure des ornements est d'un travail plus sec, plus incisif, plus rude; les contours sont moins arrondis, moins purs; dans l'inscription coufique, il se trouve un mot que les orientalistes déclarent indéchiffrable et gravé par un copiste qui ne comprenait pas ce qu'il transcrivait : *Bénédiction et ... à son possesseur*. N'avons-nous pas, en plein xɪɪᵉ siècle, dans l'architecture romane, notamment dans un linteau du portail Saint-Pierre de Rèdes (Hérault), dans un vantail de la Voulte-Chilhac (Haute-Loire) et dans un chapiteau de Saint-Guilhem du Désert, des frises de pierre qui ne sont pas autre chose que la copie ou l'imitation d'inscriptions arabes ornementales [3]? Les Normands d'Italie ne frappent-ils pas des monnaies à légendes arabes? Quoi d'étonnant, dès lors, à ce que les cristalliers aient eu recours à des

---

1. A. de Longpérier, *Œuvres*, t. I, p. 453; reproduite dans G. Schlumberger, *Un empereur byzantin au Xᵉ siècle, Nicéphore Phocas*, p. 237 ; Pasini, *Il Tesoro di San Marco*, pl. LII ; Ém. Molinier, *Le trésor de Saint-Marc de Venise*, p. 38 et 97, nᵒ 107. Dans le voyage de Nassiri Khosrou, en 1042, on lit la mention suivante qui montre la gravure du cristal de roche en grand honneur en Orient, à cette époque : « 1042. — J'ai remarqué (au Caire) du cristal de roche de toute beauté et artistement travaillé par des ouvriers pleins de goût. Il avait été apporté du Maghreb, mais on disait que récemment on en avait reçu de la mer de Qoulzoum d'une qualité bien plus belle et plus transparente que celui du Maghreb » (*Voyage de Nassiri Khosrou*, p. 149).

2. Reproduite dans G. Schlumberger, *L'Épopée byzantine à la fin du Xᵉ siècle*, t. I, p. 145; Barbet de Jouy, *Gemmes et joyaux de la Couronne*, pl. IX.

3. C. Enlart, *Manuel d'archéologie française*, t. I, p. 351-352.

procédés d'imitation que les monnayeurs et les architectes mettaient en pratique? La buire qui nous occupe fut donnée par Roger II, roi de Sicile, au comte de Champagne, Thibaud, et celui-ci l'offrit à Suger qui la déposa dans le Trésor de Saint-Denis. De sorte qu'il devient très probable, eu égard à toutes ces considérations, que l'aiguière du Louvre, travail d'imitation, fut gravée en Sicile par un artiste à la solde des princes normands [1].

Dans sa belle description du Trésor de Saint-Marc, de Venise, le chanoine Antonio Pasini a voulu classer comme œuvre byzantine une grande aiguière en cristal de

1. A. de Longpérier, *Œuvres*, publiées par G. Schlumberger, t. I, p. 544.

Fig. 24. — Aiguière du Trésor de Saint-Marc, de Venise.

roche décorée de figures gravées en relief, parmi lesquelles on distingue un bélier couché, des fleurons et des enroulements, qui sont du même style que la décoration du vase d'El-Aziz Billah et du vase du Louvre [1] (ci-dessus, fig. 24). Si cette aiguière vient de l'Orient, elle est sûrement arabe et non byzantine, comme M. Molinier l'a démontré en faisant le rapprochement que nous venons d'indiquer. Le même Trésor contient encore d'autres vases en cristal de roche, décorés de fleurons et d'enroulements du même style et suivant le même principe; ils n'ont rien de byzantin [2]; l'un d'eux même a une inscription arabe gravée en relief. Mais tous ces vases sont-ils bien d'origine sarrasine et ne faut-il pas voir, dans quelques-uns au moins, comme dans l'aiguière du Louvre, des imitations de la cristallerie arabe, exécutées en Italie, chez les Normands de la Pouille et de la Sicile dont les monnaies portent aussi des légendes coufiques?

A Conques, en Rouergue, dans le tombeau de sainte Foy, on a découvert, il y a peu d'années, un fragment d'un gobelet en cristal de roche dont la panse est décorée d'enroulements, de losanges et d'élégants rinceaux en relief [3] [**Pl. IV, fig. 9**]. Comparez ce fragment aux aiguières du Louvre et de Venise dont nous venons de parler, et vous serez frappé de la similitude de la technique et des ornements. Ici encore, nous sommes, vraisemblablement, en présence d'une copie exécutée en Occident d'après un modèle oriental. N'avons-nous pas vu, d'ailleurs, par l'étude des sceaux carolingiens et des Crucifixions sur cristal de roche, jusqu'à quel degré, dès le IXᵉ siècle, les graveurs de

1. A. Pasini, *Il tesoro di san Marco*, pl. LI, fig. 115 ; Ém. Molinier, *Le trésor de Saint-Marc de Venise*, p. 39.

2. Pasini, *op. cit.*, pl. XL. fig. 79, 80, 81 ; pl. L, A, fig. 114.

3. J'en dois la photographie reproduite sur notre pl. IV, à l'obligeance de M. l'abbé A. Bouillet. Le gobelet pouvait avoir dix centimètres de diamètre à son bord supérieur ; le fragment retrouvé mesure 10 centimètres de haut. A. Bouillet et L. Servières, *Sainte Foy, vierge et martyre*. p. 193-194.

gemmes francs et rhénans poussaient le génie de l'imitation,
nous dirions aujourd'hui la manie de la contrefaçon?

Un remarquable calice du Musée du Louvre, en cristal de roche,
se compose de deux parties rapprochées par une monture métallique : la coupe proprement dite et le pied [1] (ci-contre, fig. 25). Le pied est probablement de travail oriental ; il suffit pour s'en persuader de comparer les gazelles qui y sont gravées en relief avec la gazelle qui orne l'anse de l'aiguière du Trésor de Saint-Marc au nom du khalife El-Aziz-Billah. Mais la coupe elle-même, ornée d'enroulements élégants, avec des

Fig. 25. — Calice en cristal de roche.
Musée du Louvre.

globules et des étoiles en creux, est d'un autre style et ne paraît
pas orientale. Il est donc probable qu'un cristallier, à la solde
de Suger, a été chargé de l'exécuter pour l'adapter au pied venu

1. Barbet de Jouy, *Gemmes et joyaux de la Couronne*, pl. IV.

de Syrie ou d'Égypte. De semblables assemblages, adaptations
et modifications de formes, véritables trucages d'ateliers, ont
d'autant moins lieu de nous surprendre qu'ils sont, pour ainsi
dire, la loi des arts industriels au moyen âge, et qu'il n'est pas

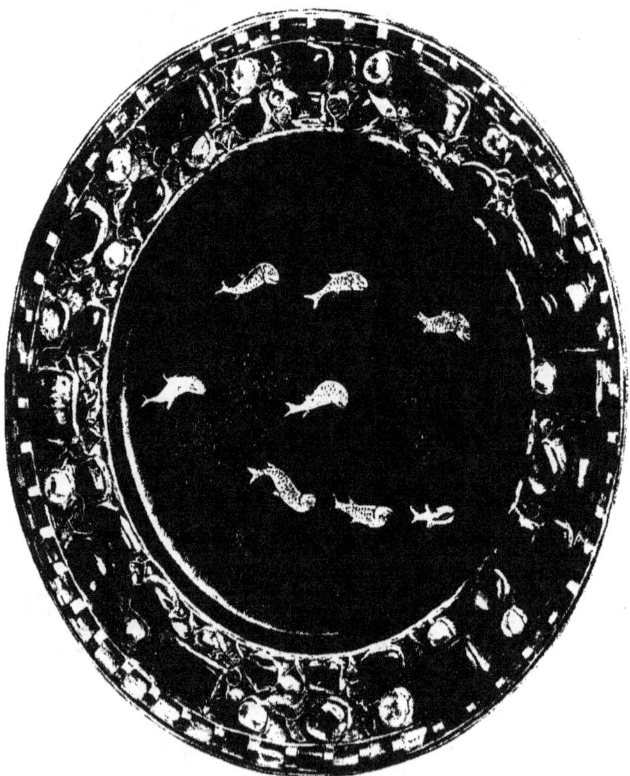

Fig. 26. — Soucoupe en serpentine. Musée du Louvre.

un ouvrage d'orfèvrerie de ce temps qui n'offre les traces d'additions et de rapiécetages du même genre et où l'on ne retrouve la
main de toutes les générations : la statuette gemmée de sainte
Foy, à Conques, en est le plus bel exemple.

La soucoupe de serpentine qui, du Trésor de Saint-Denis, est passée au Musée du Louvre, est-elle une œuvre occidentale et seulement imitée de l'Orient, ou bien faut-il la considérer directement comme un travail arabe ou byzantin ? (ci-contre, fig. 26). Le style des poissons qui la décorent a autorisé ces trois hypothèses [1]. On sait que cette soucoupe a été, pendant quelque temps, annexée comme patène au canthare de Ptolémée (du Cabinet des Médailles) transformé en calice par Suger [2].

De même, la précieuse aiguière d'Aliénor, en cristal de roche, que Suger fit sertir dans une riche monture, est-elle de travail occidental, byzantin ou arabe? c'est ce qui nous paraît bien difficile à déterminer, en dépit des affirmations de certains critiques [3].

Oserons-nous être plus affirmatif en ce qui concerne quelques autres monuments du même temps, tels que des joyaux des musées de Breslau et de Nuremberg, et plusieurs des reliquaires du Trésor de Quedlimbourg? « C'est du xe au xiie siècle, dit M. J. Marquet de Vasselot, qu'ont dû être exécutés plusieurs objets *orientaux* en cristal de roche, transformés en reliquaires que possède le Trésor. Le plus important est un flacon dont le pied a disparu, et qui est percé, dans le sens de la hauteur, de trois trous parallèles [**Pl. IV, fig. 10**] [4]. Il se compose de deux oiseaux

---

1. Ch. de Linas, *Les origines de l'orfèvrerie cloisonnée*, t. I, p. 257 et 259 ; Alfred Darcel et Molinier, *Notice des émaux et de l'orfèvrerie*, Supplément, p. 554, D, 927. La monture est, bien entendu, occidentale. Ém. Molinier, *Hist. gén. des arts appliqués à l'industrie*, t. IV : *L'orfèvrerie*, p. 89 ; *Revue de l'art ancien et moderne*, 3e année, t. V, 10 janvier 1899, p. 65-66 (suivant M. Molinier, c'est une œuvre orientale avec une monture carolingienne).

2. E. Babelon, *Catalogue des Camées*, etc., p. 206.

3. J. Labarte, *Hist. des arts industriels*, pl. XLV et XLVI ; Darcel et Molinier, *op. cit.*, p. 556, D, 931 ; Barbet de Jouy, *op. cit.*, pl. V ; Ém. Molinier, *Hist. gén. des arts*, etc., t. IV, p. 166 et 168.

4. Je dois la photographie reproduite sur notre planche IV, fig. 10, à l'obligeance de M. J. Marquet de Vasselot. Le flacon mesure 0 m. 170 en hauteur et 0 m. 108 en largeur.

adossés, séparés par des feuillages stylisés. Sa monture en argent semble être du XIIIe siècle..... Signalons encore parmi les cristaux de Quedlimbourg, un autre vase en forme de mitre, couvert d'ornements stylisés (haut. o m. 092; larg. o m. 077), et muni, au XIVe siècle, d'une monture en argent; on lit sur cette monture une inscription en lettres capitales, énumérant les reliques qu'il contient[1] » (ci-contre, fig. 27). Ce sont là, suivant nous, de remarquables échantillons de la glyptique rhénane copiant des modèles orientaux au XIe ou XIIe siècle. Il faut en rapprocher non seulement les monuments que nous avons cités plus haut, mais encore, entre autres, un flacon en cristal de roche conservé dans le Trésor de l'église de Sainte-Ursule, à Cologne[2]. Ce flacon a la forme d'un lion fantastique, accroupi,

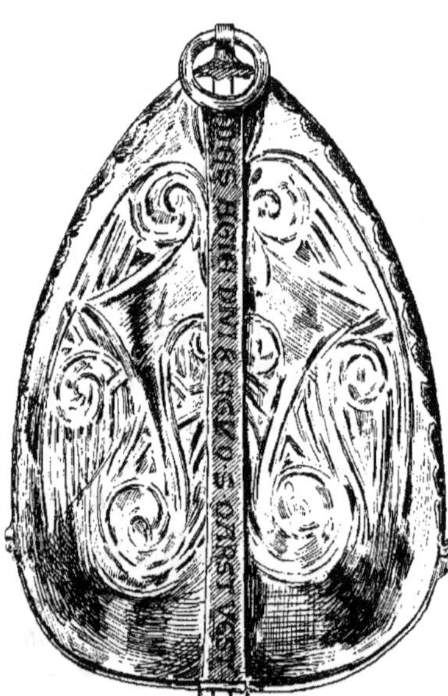

Fig. 27. — Reliquaire en cristal de roche.
Trésor de Quedlimbourg.

---

1. J. Marquet de Vasselot, dans la *Gazette des Beaux-Arts*, t. XX, octobre 1898, p. 312-313. Les cristaux nombreux et de toute époque du Trésor de Quedlimbourg sont reproduits dans un album de lithographies sans planches, dont voici le titre : Steuerwaldt und Virgin, *Die Mittelalterlichen Kunstchätze im Zittergewolbe der Schlosskirche zu Quedlimburg*, 1855, in-8.

2. Franz Bock. *Das heilige Köln*. pl. VIII, fig. 30.

stylisé à l'orientale; il est surmonté d'une tour carrée, travail d'orfèvrerie d'époque postérieure (ci-contre, fig. 28)[1].
Un lion, aussi d'aspect oriental
et hiératique, est gravé en relief sur le pommeau en cristal
de roche qui surmonte le fameux sceptre des rois de Hongrie; il est entouré d'une riche
monture d'or filigrané et de
perles d'or suspendues par des
chaînettes (ci-contre, fig. 29)[2].

Fig. 28. — Reliquaire en cristal de roche
de l'église Sainte-Ursule à Cologne.

Sans doute, les anciennes tapis-
series et miniatures de la
Perse ont des lions et des
oiseaux pareils aux reliquaires
de Quedlimbourg et de Cologne, mais est-ce à dire pour
cela que tous nos cristaux de
roche soient persans ou arabes?
L'Orient musulman était, sans
conteste, à cette époque, la
source féconde et inspiratrice
où les cristalliers de l'Occident
allaient puiser et servilement
chercher des modèles, de même
que leurs pères de la période
carolingienne s'étaient mis à
l'école des Byzantins. Mais,

Fig. 29. — Pommeau du sceptre des rois
de Hongrie. Cristal de roche.

1. D'après Franz Bock, *Das heilige Köln*, pl. VIII, fig. 30.

2. Franz Bock, *Die Kleinodien des heil-römischen Reiches deutscher Nation*, p. 71, et
pl. XV, fig. 22 (Vienne, 1864, fol. max.).

à moins de nier l'existence même des cristalliers occidentaux, ce qui serait un non-sens historique après ce que nous apprennent

Fig. 30. — Saint Pierre. Intaille de la collection Victor Gay.

les empreintes sigillaires, il faut bien admettre qu'un certain nombre de leurs ouvrages sont arrivés jusqu'à nous et leur faire honneur de ceux qui paraissent être des imitations de prototypes musulmans.

Un érudit qui avait consacré sa vie à l'étude des arts mineurs au moyen âge, Victor Gay, a publié une pierre gravée de sa collection, sous cette rubrique : « Intaille occidentale du XIᵉ siècle, appartenant à l'auteur » [1]. Cette gemme représente saint Pierre de face, vêtu des ornements pontificaux et tenant la clef du Paradis (ci-contre, fig. 30). N'est-ce pas plutôt une gemme byzantine ?

Parmi les 226 intailles ou camées qui décorent les parois de la célèbre châsse des Rois Mages à la cathédrale de Cologne, il en est un, de forme carrée (3 centim. de haut), qui représente le buste de Jésus-Christ, de style byzantin, avec le nimbe crucigère, tenant l'Évangile et bénissant (ci-contre, fig. 31). Le chanoine Franz Bock considère ce camée comme un travail occidental du XIIᵉ siècle, c'est-à-dire contemporain de la châsse [2].

Fig. 31. — Camée de la châsse des Rois Mages. Cologne.

Citons encore, en fait de cristaux gravés des XIᵉ ou XIIᵉ siècles, un pommeau de dague de la collection Victor Gay et un étui

1. Victor Gay, *Glossaire archéologique*, t. I, p. 258.
2. Franz Bock, *Das heilige Köln. Domschätze*, p. 27 et pl. XII, fig. 44 d. Cf. Ém. Molinier, *op. cit.*, t. IV, p. 152.

appartenant à M. L. Carrand [1] (ci-contre, fig. 32 et 33). L'un et l'autre sont décorés d'enroulements en relief, analogues à ceux des monuments cités tout à l'heure. Mais sont-ils orientaux ou occidentaux? Nous penchons pour cette dernière solution.

Du moins, ces incertitudes et ces hésitations ont par elles-mêmes leur éloquence : elles démontrent jusqu'à quel point l'art de graver le cristal de roche en Occident s'était imprégné des traditions de style et de technique des ateliers orientaux, puisque ses produits sont presque impossibles à distinguer des importations arabes ou byzantines.

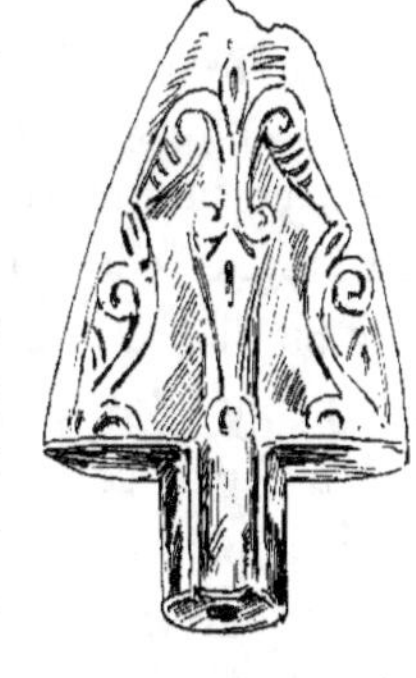

Fig. 32. — Pommeau de dague en cristal de roche. Collection Victor Gay.

Il n'y a pas à demander compte aux chroniqueurs du moyen âge de l'origine de ces précieux monuments en agate et en cristal de roche. Loin de là, leur témoignage ne saurait que nous égarer. La plupart des camées, des intailles, des coupes en pierres fines étant affectés au service du culte chrétien, on imagina pour eux une origine et une appellation chrétiennes. Chaque camée fut censé venir des Lieux saints et passa pour une relique de l'Ancien ou du Nouveau Testament. Les Occidentaux ne firent à ce point de vue encore, qu'imiter les Byzantins qui déjà avaient, de longue date, affublé de faux noms et d'antécédents apocryphes une foule d'intailles et de camées grecs et romains [2].

Fig. 33. — Étui en cristal de roche. Collection L. Carrand.

1. Victor Gay, *Glossaire archéologique*, t. I, p. 498, v⁰ *Cristal*.

2. Édouard Aubert, *Le Trésor de l'abbaye de Saint-Maurice d'Agaune*, p. 160.

E. BABELON. — *Histoire de la gravure sur gemmes.*   5

La légende du voyage de Charlemagne à Constantinople, qui s'accrédita dès le Xᵉ siècle, vint à merveille favoriser cette tendance générale des esprits : il fut bientôt de règle d'admettre que Charlemagne avait rapporté de son pèlerinage la plupart des gemmes, joyaux et reliques dont on ignorait la véritable origine [1]. De même que l'on faisait remonter à Noé la fondation de Rome, aux Troyens celle du royaume de France, et que Virgile, Auguste et la Sibylle prenaient rang dans les légendes relatives à l'établissement du christianisme, tous les objets d'orfèvrerie exécutés avec un art si achevé que les plus habiles artistes se reconnaissaient impuissants à l'égaler, vases précieux ornés de gemmes, bibelots ouvragés, aiguières ou hanaps aux formes étranges, vaisseaux d'or et d'argent, furent réputés l'œuvre du roi Salomon, le grand architecte magicien, constructeur du temple de Jérusalem, devenu le type de la Sapience et de l'habileté technique [2].

Pour ces motifs, il serait imprudent d'adopter, sans les plus expresses réserves, les traditions de Saint-Denis relatives à plusieurs des plus importants joyaux et camées conservés jadis dans le Trésor de cette abbaye : par exemple, celle qui prétend que la Coupe de Ptolémée fut offerte par Charles le Chauve ou Charles le Simple ; nous devons constater seulement que cette croyance

---

1. Rappelons, à cette occasion, la grande améthyste antique du Cabinet des médailles, représentant Caracalla avec le paludamentum, qui se trouvait enchâssée au pied du Christ en croix, sur la couverture en vermeil, ornée de pierreries, d'un évangéliaire du XIᵉ siècle que le roi Charles V donna à la Sainte-Chapelle en 1379. Cet évangéliaire fut transporté, sous la Révolution, à la Bibliothèque Nationale, où on le voit encore à présent (*Ms. lat.*, nº 8851). Un graveur byzantin avait ajouté une petite croix sur l'épaule de Caracalla transformé en saint Pierre, et devant le visage, l'inscription **O ΠΕΤΡΟϹ**, qui ne laisse subsister aucun doute sur cette affectation nouvelle. E. Babelon, *Le Cabinet des Antiques à la Bibliothèque Nationale*, p. 138. Dans le Trésor d'Aix-la-Chapelle se trouve une croix sur laquelle est enchâssée une intaille antique représentant les Trois Grâces avec l'inscription : **ΠΟΡΦΥΡΙϹ ΕΥΧΑΡΙϹ ΤΑϹ ΧΑΡΙΤΑϹ**. Scheins, *Kunstschätze der Münsterkirche zu Aachen*, p. 3.

2. Sur l'Œuvre Salemon (*opus Salomonis*), voyez A. de Longpérier, *Œuvres*, publiées par G. Schlumberger, t. I, p. 445 et suiv.

était déjà répandue au temps de Suger qui fit graver sur le précieux vase une inscription rappelant cette donation ; elle était ainsi conçue :

> *Hoc vas, Christe, tibi, mente dicavit*
> *Tertius in Francos regmine Karlus* [1].

Faut-il aussi enregistrer avec le même scepticisme la tradition relative au beau camée représentant Germanicus en Ganymède [2], que les moines de Toul prétendaient avoir été rapporté d'Orient par le cardinal Humbert, en 1049? La grande et belle aiguière romaine de sardonyx désignée sous le nom de *Vase de Mantoue*, au musée de Brunswick, était considérée comme un des vases du temple de Salomon. Le *sacro Catino* de Gênes, belle coupe en verre coloré qui passe pour avoir été prise en 1100 par les Croisés dans la grande mosquée de Césarée, avait été offert, racontait-on, à Salomon par la reine de Saba et avait figuré sur la table de la sainte Cène : il était présenté à ce titre à la vénération des fidèles [3]. L'aiguière célèbre de l'abbaye de Saint-Maurice d'Agaune, a été désignée sous le nom de *Vase de saint Martin*, parce qu'on disait qu'elle avait servi à l'apôtre de la Gaule [4]. Ces grands monuments de la glyptique furent ainsi préservés de la ruine par la superstition.

Quant aux intailles de petite dimension, un grand nombre d'entre elles continuaient à circuler de main en main, comme sceaux, amulettes, pendants de colliers. Le musée de Chartres possède une bague en électrum trouvée, il y a peu d'années, dans une tombe ecclésiastique du XIIe siècle ; au chaton est encastrée une gemme, probablement antique, qui a pour symboles gravés

---

1. E. Babelon, *Catal. des Camées antiques et modernes de la Bibliothèque Nationale*, p. 205.
2. E. Babelon, *Catalogue*, n° 265.
3. Ch. Schefer, dans l'*Album archéologique des musées de province*, dirigé par R. de Lasteyrie, t. I, p. 26 ; W. Frœhner, *La verrerie*, p. 48.
4. Édouard Aubert, *Le Trésor de Saint-Maurice d'Agaune*, p. 156.

en creux le croissant lunaire et trois étoiles : le caractère astrologique de cet anneau n'est pas douteux. L'intaille qui servit de sceau à Servais, abbé de Montmorel, vers la fin du XIe siècle, et que nous connaissons par son empreinte au bas d'une charte [**Pl. VI, fig. 22**], était un travail contemporain, représentant la rencontre de trois personnages, dont le style et l'attitude rappellent les gemmes médiévales étudiées plus haut [1].

La bague trouvée dans le tombeau d'Adhémar, évêque d'Angoulême (1070 à 1101) a une agate intaillée d'un dauphin autour d'un trident [2]. L'anneau épiscopal d'Ulger, évêque d'Angers (1125-1149) a, au chaton, une intaille antique représentant une fourmi [3]. L'originalité de cette bague consiste dans son caractère magique ; sur la monture du chaton ainsi que sur le jonc de l'anneau, on lit de longues formules cabalistiques qu'on pourrait être étonné de trouver au doigt d'un évêque, si nous ne savions qu'à l'imitation des Byzantins, les gens du moyen âge occidental attribuèrent aux gemmes antiques, surtout aux pierres gnostiques, le rôle de talisman et d'amulettes.

Par une anomalie singulière, le haut moyen âge qui, somme toute, ne sut qu'imparfaitement s'approprier les procédés techniques de la gravure en pierres fines que lui avait légués l'antiquité, recueillit avidement et sans en rien perdre, ce qu'il aurait pu, sans inconvénient, laisser tomber en désuétude : c'est ce caractère magique et surnaturel des camées et des intailles. La tradition populaire surnagea au milieu de toutes les révolutions et, avec elle, les livres

---

1. G. Demay, *Inventaire des sceaux de l'Artois et de la Picardie*, p. XVI, nᵒ 186.

2. J. B. de Rossi, dans le *Bulletin d'archéologie chrétienne*, éd. franc., 1870, p. 62.

3. Urseau, dans le *Bulletin archéologique du Comité des travaux historiques*, 1896, p. 519; F. de Mély, dans les *Comptes rendus des séances de l'Acad. des Inscript. et Belles-Lettres*, 1898, p. 218. D'autres anneaux magiques ont été signalés, notamment dans Caylus, *Recueil d'antiquités*, t. VI, p. 404 et pl. 130 ; C. W. King, *Early christian numismatics and other antiquarian tracts*, p. 120 et suiv. (Londres, 1873, in-8); J.-A. Blanchet, dans le *Bulletin de la Société des Antiquaires de France*, 1898, p. 246.

dans lesquels les empiriques de l'antiquité avaient consigné les
prétendues vertus des pierres précieuses. Le christianisme s'empa-
rant de cette tradition et autorisant le port des amulettes et des
talismans chrétiens, l'on vit, des siècles durant, les populations se
presser en foule dans les sanctuaires les plus vénérés, pour y toucher
de leurs lèvres ou de leurs mains les gemmes antiques devenues
des panacées infaillibles contre toutes les maladies physiques ou
morales [1]. Parfois, un simple attouchement accompagné de la
récitation d'une formule sacramentelle opère le miracle; d'autres
fois, le mal ne disparaît qu'à la suite d'opérations théurgiques
dont le secret est expliqué dans des livres spéciaux, les *Traités des
pierres*, ou les *Imagines seu sigilla Salomonis*, recueils dérivés des
écrits de Marcellus Empiricus et d'Alexandre de Tralles, et indéfiniment copiés et amplifiés à travers tout le moyen âge.

Parfois aussi, les formules sacramentelles sont empruntées à
l'Evangile, à l'Apocalypse, aux écrits des Pères de l'Église : nous
en avons cité un exemple dès l'époque mérovingienne. Notre
splendide camée romain qui représente Jupiter debout, accompagné de son aigle [2], est environné d'une riche monture couverte
de versets de l'Évangile de saint Jean en lettres niellées ; ces versets avaient un caractère magique et le roi Charles V fit orner de
ce joyau antique la châsse de la Sainte Chemise, à la cathédrale de
Chartres. Un camée byzantin où l'on voit le Christ nimbé, tenant
l'Evangile et bénissant, est serti dans une monture occidentale
en argent, qui porte l'inscription : *Sortilegis vires et fluxum tollo
cruoris*, empruntée à un recueil de recettes en vers latins [3] (ci-
après, fig. 34). On pourrait citer par centaines des exemples des
mêmes superstitions.

Ces remèdes empiriques trouvaient crédit non pas seulement

1. Eug. Müntz, *Hist. de l'art pendant la Renaissance*, t. I, p. 218.
2. E. Babelon, *Catalogue*, n° 1.
3. E. Babelon, *Catalogue*, n° 333.

chez le peuple ignorant et crédule, mais dans les classes élevées de la société. Les auteurs les plus graves, tels que Gerbert, Avicenne, Thomas de Cantimpré, Albert le Grand surtout et même saint Thomas d'Aquin, ont écrit sur les gemmes et leurs propriétés curatives. On croyait que le cristal de roche préservait de la soif; on l'employait liturgiquement le samedi saint pour allumer le feu nouveau et l'on exploitait la propriété qu'il a de garder la fraîcheur et d'arrêter les hémorragies. Le quartz gris, tacheté, appelé *serpentine* avait d'autres vertus [1]; à cause de son nom et de sa couleur on y avait souvent gravé, dès l'antiquité, des serpents;

Fig. 34. — Camée byzantin avec formule magique.

Fig. 35. — Le sceau de saint Servais. Jaspe gravé du Trésor de Maestricht.

et comme le serpent figure dans les armes de la maison de Lusignan, la serpentine est souvent appelée au moyen âge *la pierre de*

---

1. On constate l'emploi talismanique de la serpentine dès l'époque mérovingienne. H. Baudot, dans les *Mémoires de la Commission des Antiquités de la Côte-d'Or*, t. V, p. 204.

Mélusine, et par elle, la fée protectrice de Lusignan opère des miracles [1].

Le jaspe verdâtre avait aussi des vertus qu'on faisait intervenir dans les accouchements et dont on trouvait moyen d'accroître l'efficacité par la représentation de la tête de Méduse entourée de serpents. L'exemple le plus curieux que nous en puissions citer est le sceau dit « de saint Servais », évêque de Tongres, conservé dans le Trésor de la cathédrale de Maestricht et que nous reproduisons d'après C. W. King [2] (ci-contre, fig. 35). C'est un disque en jaspe vert dont les deux faces sont gravées ; il est attaché à un petit autel portatif attribué, par la tradition, au même saint, qui vivait à la fin du IVe siècle. Sur une face, un buste de saint, de style byzantin, tenant une croix ; de l'autre côté, la tête de Gorgone ou de Méduse, avec sept serpents à têtes monstrueuses, qui rayonnent à l'entour [3]. Les légendes sont altérées et en caractères grecs déformés. Cependant, M. W. Frœhner, avec sa perspicacité habituelle, a reconnu, autour de la Méduse, les éléments de la formule : ὑστέρα μελάνη ὡς ὄφις, que l'on rencontre plus ou moins développée sur des monuments gnostiques de nature diverse [4]. Sur l'autre face, il est impossible de tirer de l'inscrip-

1. Dans une *Histoire de Mélusine*, nous lisons : « ... Ensuite Mélusine leur donna à chacun une bague dont les pierres avaient la vertu de les préserver de blessures, de poison et de quelque danger que ce fût, pourvu que la cause pour laquelle ils s'exposeraient fût juste, et qu'ils n'eussent dans le cœur aucun dessein de surprise et de trahison. » *Histoire de Mélusine, tirée des Chroniques du Poitou et qui sont d'origine à l'ancienne maison de Lusignan*. Paris, 1798, in-18.

2. C. W. King, *Antique gems and rings*, t. I, p. 394.

3. Comparez notamment une pierre gnostique au même type de Gorgone, dans King, *op. cit.*, t. II, pl. IX, fig. 3 ; cf. ci-dessus, p. 13.

4. W. Frœhner, *Kritische Analekten*, p. 44 (extrait du *Philologus*, 1884, Suppl., Heft 1). M. Frœhner cite deux autres monuments gnostiques avec la même formule. L'un est un onyx de la collection du peintre Rubens, sur laquelle il déchiffre : ὑστέρα (*vulva, matrix*) μελάνη μελανουμένη, ὡς ὄφις εἰλύεται καὶ ὡς λέων βρυχᾶται καὶ ὡς ἀρνίον κοιμοῦ. L'autre est une plaque d'émail qui porte : ὑστέρα μελάνη μελανουμένη, ὡς ὄφις εἰλύεται καὶ ὡς δράκων συρίζεις.

tion autre chose que les éléments de ὁ ἅγιος....? Ce curieux monument est considéré comme byzantin et attribué au ve ou vi^e siècle. Mais ne serait-il pas possible d'y reconnaître simplement une imitation occidentale d'une gemme byzantine? Les gemmes gnostiques à légendes grecques ont souvent été copiées par des graveurs occidentaux, à l'usage des physiciens, rebouteurs et guérisseurs empiriques de toute espèce. La forme onciale de certains caractères, l'altération manifeste de la plupart des autres, l'incorrection des légendes trahissent, de la part du graveur, l'ignorance du grec : il a copié maladroitement et sans comprendre. Dès lors, ne pourrait-on reconnaître à ces symptômes un graveur occidental interprétant un modèle byzantin?

La grande préoccupation des gens du moyen âge, de distinguer les pierres vraies d'avec leurs imitations en pâte de verre, venait surtout de ce qu'ils attribuaient aux gemmes des vertus magiques, des propriétés extraordinaires dont les pâtes vitreuses étaient naturellement dépourvues. Ce souci, qui se fait jour dans les *Lapidaires*, éclate en particulier au xiie siècle, en tête du poème de Gautier d'Arras sur l'empereur Héraclius dont le nom était rapproché de celui qu'on donnait à la pierre de touche (ἡρακλεία λίθος). D'après ce conte, l'empereur de Rome fait apporter sur le marché toutes les pierres que possèdent les bourgeois de la ville et demande à l'enfant Héracle de se prononcer sur leur authenticité. L'enfant les déclare toutes fausses, sauf une seule, d'apparence médiocre et à laquelle on n'attachait aucune propriété théurgique. L'empereur furieux ordonne de jeter l'enfant dans le Tibre, en lui attachant la pierre au cou ; mais celle-ci fait miraculeusement surnager l'enfant et le sauve ; la science du jeune Héracle est alors reconnue et les vertus magiques de sa gemme proclamées à son de trompe [1].

1. A. Giry, *Notice sur un traité du Moyen âge*, etc., dans le XXXVe fasc. de la Bibl. de l'École des Hautes-Études, p. 221.

CHAPITRE IV

Les cristalliers du XIIIe siècle.

La croisade de l'an 1204, dirigée sur Constantinople, grâce à
l'astucieuse influence des Vénitiens, fait époque dans l'histoire
de la glyptique en Occident, à cause de la grande quantité de
gemmes antiques, byzantines ou orientales qu'elle déversa tout
d'un coup sur la France et les autres nations qui y prirent part.
On sait avec quelle avidité les Croisés se ruèrent sur les richesses
et objets d'art accumulés depuis des siècles, dans les églises et
les palais de la capitale de l'empire d'Orient. Villehardouin, qui
assistait à ce brigandage et reçut sa part de butin, dit que dans
le palais de Bucoléon, on mit la main sur un tel trésor qu'il ne
sait comment en donner l'idée : « il y en avait tant, dit-il, que
c'était sans fin ni mesure [1] » ; et au palais de Blaquerne, « le
butin fut si grand que nul ne vous en saurait dire le compte,
d'or et d'argent, de vaisselle et de pierres précieuses, de satins et
de draps de soie, et d'habillements de vair et de gris et d'hermine,
et de tous les riches biens qui jamais furent trouvés sur terre [2]. »
Les Latins rentrèrent dans leurs foyers, gorgés de richesses, les
mains pleines de gemmes, de joyaux gemmés, de vases précieux
et de bijoux ; aussi, est-ce surtout à partir du XIIIe siècle que les

1. *Geoffroy de Ville-Hardouin*, éd. Natalis de Wailly, p. 147, § 249.
2. *Ville-Hardouin*, p. 147, § 250.

trésors des églises deviennent si riches que leur préservation nécessite la rédaction d'inventaires détaillés.

C'est à la suite de la croisade de 1204 que le trésor de Saint-Marc de Venise s'enrichit de la plupart des joyaux qui font encore aujourd'hui sa gloire [1]; que les cathédrales de Trèves [2] et de Bourges [3], les églises de Lyon [4] et bien d'autres reçurent en ex-voto les camées et les intailles que les soldats du Christ avaient rapportés tout ennoblis de pieuses et fantastiques origines. C'est ainsi, par exemple, que le fameux onyx de Schaffouse vint dans le trésor de cette ville et fut enrichi par Louis de Frobourg d'une monture d'or émaillé [5]; que le *Numisma Caroli* fut rapporté à Corbie par Robert de Clari [6]; que la cathédrale de Beauvais reçut un bassin de cristal orné d'une inscription grecque empruntée au récit évangélique de la Cène [7]. Les autres croisades apportèrent en France le sceptre romain en agate qui devint le bâton cantoral de la Sainte-Chapelle [8], le Grand Camée de la Sainte-Chapelle [9], le grand Camée de Saint-Sernin de Toulouse qui, au temps des guerres de Religion, émigra dans la collection impériale de Vienne [10], enfin cent autres chefs-d'œuvre de la glyptique antique que le moyen âge chrétien prit à cœur d'environner de somptueuses montures d'orfèvrerie gemmée. Aussi, est-ce égale-

---

1. Antonio Pasini, *Il tesoro di san Marco in Venezia*; Em. Molinier, *Le trésor de la basilique de Saint-Marc de Venise*, p. 24.

2. L. Palustre et Barbier de Montault, *Le trésor de Trèves*, un vol. in-4°.

3. J.-A. Blanchet, *Les camées de la cathédrale de Bourges*, dans les *Mémoires de la Société des Antiquaires de France*, t. XXIV, p. 253 et suiv.

4. Léopold Niepce, *Archéologie lyonnaise*, t. I, p. 80, et t. III, p. 5 et suiv.

5. J.-J. Oeri, *Der Onyx von Schaffhausen*, 1882, in-4°.

6. E. Babelon, *Catalogue*, Introd., p. LXXII et LXXVI.

7. E. Babelon, *op. cit.*, p. LV et LXXVI.

8. E. Babelon, *op. cit.*, p. LXXVI et n° 309.

9. E. Babelon, *op. cit.*, p. LXXVI et n° 264.

10. F. de Mély, *Le grand camée de Vienne*, dans la *Gazette archéologique*, t. XI, 1886, p. 244.

ment au commencement du xiiie siècle que le terme de *camée* pour désigner une gemme gravée, fait son apparition. Ce mot nouveau affecte, dans tout le cours du moyen âge les formes et les orthographes les plus variées : *camabieu, camabeu, camabu, gamabut, camoyu, camabiu, chamayeu, chamabou, chamab, camabier, camaieul, camayeul, kameuz, camaut, camoyu, camaeu, calmabieu, camayeu, camaïeu*, etc.; dans les textes latins du même temps, on a : *camabutus, camabotus, camabelus, camabolus, camaynus, camaeus*, etc.

Nombre d'érudits, dès le xvie siècle, ont cherché à expliquer par le grec, le latin, l'hébreu, l'arabe, ce terme, dont le sens était, aux xiiie et xive siècles, il ne faut pas l'oublier, une gemme gravée *soit en relief, soit en creux* [1], tandis qu'aujourd'hui il désigne seulement les gemmes gravées *en relief*. Nous nous garderons de rapporter toutes les hypothèses proposées. Au lieu de rattacher, comme le font nos dictionnaires, le mot *camabieu* à une forme hypothétique du bas-latin, *camateum* qui serait formée sur le grec καμάτεύειν, *travailler*, je croirais plutôt que *camabieu, camayeul, camabolus* vient du grec κειμήλιον, qui signifie proprement *un joyau*. Pour les Grecs de Constantinople, les camées et les intailles étaient les joyaux par excellence; la chambre où l'on conservait les κειμήλια s'appelait κειμηλιάρχιον, et le préposé à la garde des joyaux impériaux, qui comprenaient surtout des camées et des intailles, était le κειμηλιάρχος.

N'est-ce point le grand pillage des κειμήλια des palais et des églises de Constantinople, en 1204, qui a rendu cette expression populaire parmi les Latins ? N'est-il pas légitime de supposer que ceux-ci, rentrant dans leurs patries respectives, chargés de ces κειμήλια, en auront, dans leur prononciation barbare, défiguré le nom grec, dont ils continuèrent pourtant à se servir, parce que

---

1. J. Guiffrey, *Les inventaires de Jean, duc de Berry*, t. I, Introd., p. cxxi.

leur langue ne leur offrait pas d'expression équivalente? Est-il téméraire, au surplus, de conjecturer, au point de vue philologique, que, entre χειμήλιον et *camaieul* ou *camahieu*, il nous manque probablement une forme intermédiaire, soit dans le grec du xiiiᵉ siècle, soit dans l'un des dialectes parlés par les Croisés de l'an 1204? Le vénitien du moyen âge, par exemple, avait des particularités qui autorisent notre hypothèse, et le rôle joué, à cette époque, en Orient, par les Vénitiens, nous porterait à présumer, que c'est par l'intermédiaire de leur langage que le mot χειμήλιον a été altéré et s'est répandu en Occident [1].

Ce ne furent pas seulement les objets du culte religieux qu'on décora de camées et d'intailles. Le luxe privé aussi s'en para avec profusion et il suffit de parcourir les Inventaires des xiiiᵉ et xivᵉ siècles, pour y relever la mention, maintes fois répétée, d'armes, coffrets, livres, bagues, ustensiles de table ou de toilette, joyaux et vaisselle, incrustés de gemmes antiques. Plus encore que par le passé, on enchâsse des camées sur les meubles, les coffrets, les ais des manuscrits, les harnachements des chevaux, les heaumes ou les casques, les armes de luxe des chevaliers :

> *Et li hiaume de convoitise*
> *Où il ot maint pierre assise*
> *Safirs, rubis et camahiers.*
>
> (En 1280, Renart le Nouvel [2].)

Un semblable engouement pour les camées et les intailles devait nécessairement provoquer, chez les artistes du moyen âge,

---

1. Au point de vue philologique, la seule objection qu'on puisse faire à l'étymologie que nous proposons, c'est que la syllabe *ca* du mot *camahieu*, *camaieul*, ne saurait guère dériver de la syllabe χει de χειμήλιον. Cependant, par exemple, le mot français *chaland* vient du grec χελάνδιον: bas latin *chelandium* (Du Cange, *Gloss.*, vᵒ *Chelandium*). Pour la terminaison *ieu, ieul*, nous citerons aussi au moins un exemple analogue, l'ancien mot *tonlieu*, formé du latin *tenoleum*.

2. Cité dans V. Gay, *Glossaire*, vᵒ *Camahieu*.

l'ambition de tailler et de graver des gemmes analogues à celles qui arrivaient d'Orient. A Paris, il existait, déjà organisée au commencement du XIIIᵉ siècle, une corporation de cristalliers et de lapidaires dont les origines se rattachaient aux graveurs de cristal de roche dont nous avons étudié les principales œuvres dans le précédent chapitre. Les statuts de cette corporation sont insérés dans le *Livre des métiers* d'Étienne Boileau [1]. La profession de cristallier consistait dans la taille du cristal et des autres pierres fines, quartz hyalins, translucides ou opaques, agates, rubis, émeraudes et toutes les variétés du jaspe. On en fabriquait des joyaux, des cabochons, des coupes, des flacons sur lesquels on gravait des ornements géométriques ou même des sujets historiés, en relief ou en creux. Le titre XXX du *Livre des métiers* contient les statuts de la Corporation, sous cette rubrique : « Cist titres parole des Cristaliers et des Perriers de pierres natureus. » En marge, une annotation nous apprend que : « l'an 1293, furent establiz *gardes du mestier*, Loranz Clers et [...] de Haye. Le jeudi devant la Pentecôte 1304, ce fut Guillaume Le Perrier... Le vendredi après la Saint-Denis 1306, furent Hugues Le Perrier et Samson Le Perrier *maistres du mestier*. » Ces prud'hommes choisis parmi les cristalliers les plus en renom étaient à la nomination du prévôt de Paris [2]. Le *Livre de la taille*, en 1292, mentionne à Paris, 18 cristalliers, 13 pierriers et 14 voirriers [3].

Les cristalliers de Paris tenaient surtout à honneur de se distinguer des *pierriers de voirre* ou *voirriniers*, c'est-à-dire des verriers dont la spécialité était de fondre et de teindre le verre et les pâtes

---

1. *Le livre des métiers*, d'Etienne Boileau, publié par R. de Lespinasse et Fr. Bonnardot (*Histoire générale de Paris*), Introd., p. XLI.

2. R. de Lespinasse et Fr. Bonnardot, *op. cit.*, p. 61-63.

3. R. de Lespinasse, *Les métiers et corporations de la ville de Paris*, XIVᵉ-XVIIIᵉ siècle, t. II, p. 81, note 4. Voir à la p. 81 et suiv. du même ouvrage, les règlements de la corporation des cristalliers, à partir du XIVᵉ siècle.

de verre, et de fabriquer des pierres précieuses artificielles. Les
statuts des cristalliers leur défendent d'imiter le cristal et les
autres pierres précieuses avec du verre. Il est, en effet, fréquemment question, dans les documents du moyen âge, de « pierres
de voirre, vouarre vers, esmeraudes de vouarre, rubis de vouarre,
vairre teint en manière d'agathe, etc. ». Il paraît que l'on pouvait
facilement se laisser tromper par la ressemblance de ces pâtes avec
les véritables gemmes : « Auculnes foys, dit *Le Propriétaire des
choses*, les faulces pierres sont si semblables aux vreyes, que ceux
qui myeulx si cognoissent y sont bien souvent déceulx [1]. »

Comme dans l'antiquité, les faux camées en pâte de verre servaient aux mêmes usages que les véritables camées en pierres
fines. C'est ce que nous prouve, entre autres, ce passage du Registre
de la corporation des orfèvres de Paris, en 1381 : « Un marchant
forain, nommé Balthasar, avoit un porte-paix fait de dehors du
païs, ouquel avoit plusieurs pierres comme camaieux et autres
pierres ; ouquel porte-paix ledit Balthasar fit mettre un camaieu
de verre par un orfèvre [2]. »

C'est surtout à cause des confusions que pouvaient amener ces
pâtes vitreuses que les cristalliers de Paris introduisirent des
changements dans les règlements de leur corporation, dès 1331.
Deux siècles et demi plus tard, en 1584, de nouveaux statuts
portent que « les cristalliers s'appelleront désormais *lapidaires,
tailleurs, graveurs en camées et pierres fines* [3] ».

Par la nature même de leur spécialité, les cristalliers avaient
des relations suivies avec les orfèvres qu'ils chargeaient de monter leurs ouvrages. Le *Dictionnaire de Jehan de Garlande* (1218 à

1. L. de Laborde, *Glossaire des émaux*, p. 442.
2. *Registre de la corporation des orfèvres de Paris*, n° 36, dans L. Fagniez, *Études sur l'industrie*, p. 305.
3. R. de Lespinasse, *loc. cit.*

1229) remarque en effet que les orfèvres parisiens enchâssent des pierres fines au chaton des bagues [1].

Les trésors d'églises et les musées publics possèdent un certain nombre des œuvres des cristalliers des XIIIe, XIVe et XVe siècles, qui ont réussi à traverser les périodes de guerres et de révolutions. On en voit de beaux échantillons à Florence, à Naples et dans les autres musées d'Italie, à Munich, à Vienne, à Nuremberg, à Madrid, à Londres même et dans la Galerie d'Apollon au musée du Louvre [2]. Ce sont des coupes et des nefs de toutes formes, avec montures en or ou en vermeil, hanaps, burettes, drageoirs, salières, calices, ciboires, girandoles, custodes, monstrances, baisers de paix, chandeliers sur lesquels, malheureusement, aucun nom d'artiste n'est inscrit. Les sacristies en détiennent qui, parfois, servent encore aux cérémonies du culte. Les châsses nombreuses fabriquées à travers tout le moyen âge par les émailleurs et les orfèvres, ont souvent des cristaux, des émeraudes, des sardoines, des rubis enchâssés sur leurs parois. L'habitacle des reliques est généralement fermé par des demi-lunes, des cylindres ou des lentilles en cristal de roche qui permettent de voir l'intérieur.

Mais nous ne saurions faire rentrer ces grands monuments dans le cadre restreint du présent ouvrage; ils relèvent de l'histoire de l'orfèvrerie-joaillerie et de la taille des cristaux, bien plutôt que de la gravure des camées à plusieurs couches et des cachets. Nous les laisserons donc de côté pour ne nous occuper que des camées et des intailles proprement dits, c'est-à-dire de ces gemmes précieuses et de petites dimensions, à sujets gravés en relief ou en creux, qui, comme dans l'antiquité, entraient dans la parure

---

1. H. Géraud, *Paris sous Philippe le Bel*, p. 594 (dans la *Coll. des documents inédits sur l'histoire de France*).

2. Voyez notamment : Barbet de Jouy, *Les gemmes et joyaux de la couronne*, pl. XIII (drageoir de cristal de roche).

corporelle, étaient embâtés, à titre décoratif, sur les plus riches produits de l'orfèvrerie ou servaient de cachets sigillaires.

Suivant la définition qu'ils se sont eux-mêmes donnée, c'est à ces

Fig. 36. — Intaille sur saphir. Coll. de M. le baron Roger de Sivry.

artistes cristalliers et graveurs qu'on doit un beau saphir qui, de la collection Crignon de Montigny, est passé dans celle de M. le baron Roger de Sivry[1] (fig. 36); il représente en creux un buste royal, de face, que son style autorise à placer vers le temps de saint Louis ou de Philippe le Bel. Nous leur sommes aussi redevables d'un remarquable camée en sardonyx, de la collection impériale de Vienne, qui a pour type Samson brisant la mâchoire d'un lion [**Pl. V, fig. 3**], sujet en haut et vigoureux relief, traité avec la naïveté des sculptures de nos cathédrales des XIIe et XIIIe siècles[2]. Le camée est attribué avec raison à cette époque, et M. E. de Sacken insiste à la fois sur sa parenté de style et de composition avec les sculptures romanes et sur son absolu contraste avec l'art byzantin. Qu'il soit d'origine allemande, rhénane ou française, c'est une œuvre occidentale, affranchie, au point de vue de l'inspiration et de la technique, des traditions séculaires de l'Orient qui, nous l'avons constaté, se sont tyranniquement imposées aux lithoglyphes jusqu'en plein XIIe siècle.

Victor Gay considérait comme un camée italien du XIIIe siècle, une gemme de sa collection sur laquelle est gravé en relief un ange, vu de profil, un livre à la main; derrière lui, la main divine émergeant d'un nuage (ci-après, fig. 37)[3].

1. W. Frœhner, *Collection de M. de Montigny. Pierres gravées, Catalogue*, n° 665 (Paris, 1887, in-8°).

2. E. von Sacken, dans le *Jahrbuch der Kunsthistorischen Sammlungen des a. h. Kaiserhauses*, t. II, 1884, p. 36 et pl. III, fig. 4.

3. V. Gay, *Glossaire archéologique*, t. I, p. 258, fig. D.

C'est vers la même époque que furent gravés plusieurs des camées du Cabinet des Médailles. L'un, malheureusement détérioré, représente un personnage inconnu, peut-être un saint, les cheveux bouclés sur les joues et sur le cou, à la mode du XIIIe siècle [**Pl. V, fig. 4**] [1]. La gemme est une sardoine à deux couches, brune et blanc d'ivoire. Sur une autre, belle sardonyx à trois couches, on voit Noé buvant le vin dans une coupe, sous un cep de vigne dont il cueille en même temps une grappe [**Pl. V, fig. 5**] [2]. Ce camée chrétien ne saurait remonter à l'antiquité ; on constate sa présence dans l'Inventaire du roi Charles V, en 1380, époque où l'on avait déjà, chose étonnante, oublié le sens du sujet figuré. En effet, il est décrit sous cette forme naïve : « Ung camahieu sur champ blanc, qui pent à double chesnette, et y a ung hermite qui boit à une couppe soubz ung arbre. » [3] Si ce n'est là notre camée, c'en est un autre où figurait la même scène ; son

Fig. 37. — Camée de la collection Victor Gay.

style ne permet pas d'en faire honneur à l'art byzantin, et, d'ailleurs, les sculpteurs, miniaturistes et ivoiriers français des XIIIe et XIVe siècles ont souvent interprété le même épisode biblique.

Jusqu'au XIIIe siècle aussi, sinon même antérieurement, remonte une agate à deux couches sur laquelle on doit, sans doute, reconnaître Jésus enseignant sa doctrine à ses disciples [**Pl. V, fig. 6**] [4]. Les personnages sont de profil, à mi-jambes ; le Sauveur étend la main droite, levant un doigt dans le geste

1. E. Babelon, *Catalogue des camées*, n° 988.
2. E. Babelon, *Catalogue*, n° 393.
3. Jules Labarte, *Inventaire du mobilier de Charles V, roi de France*, p. 315, n° 3022 : E. Babelon, *Catalogue des camées*, etc., p. 224.
4. E. Babelon, *Catalogue*, n° 407.

de la démonstration. L'un de ses disciples est à côté de lui, au second plan : c'est sans doute saint Jean, l'apôtre bien-aimé. Deux autres sont placés en face de leur divin Maître et prêtent une oreille attentive à son discours ; derrière Jésus, se tiennent deux anges musiciens [1].

C'est peut-être un peu plus tard, à cause de son style meilleur, qu'appartient notre camée, sur sardonyx à deux couches, qui représente Moïse et le serpent d'airain [**Pl. V, fig. 7**] [2]. Le législateur des Hébreux, barbu, sa baguette à la main, montre au peuple le serpent d'airain qu'il vient d'ériger au-dessus d'une colonne. Le monstre a plutôt l'aspect du basilic que du serpent, car il a des pattes et des ailes. Sur le sol, on voit ramper trois des serpents de feu envoyés par Jéhovah. Le peuple est représenté par quatorze personnages, parmi lesquels on reconnaît des malades que d'autres soutiennent et qui se sont traînés jusque-là pour obtenir leur guérison ; les visages ont le type juif très caractérisé, ce qui indique de la part de l'artiste la préoccupation de l'exactitude dans le détail. Au-dessus de cette scène, l'inscription hébraïque mise dans la bouche de Moïse par le texte biblique : « Celui qui le regardera, vivra. »

La collection impériale de Vienne renferme, de son côté, plusieurs camées que leur style place dans le moyen âge occidental. L'un représente une tête de chevalier couvert de sa cotte de mailles, que M. de Sacken regarde comme un travail italien du XIIIe siècle [**Pl. V, fig. 8**] [3]. Sur un autre, c'est un roi couronné,

---

1. E. Babelon, *Catalogue des camées*, p. 233.

2. E. Babelon, *Catalogue des camées, etc.*, n° 393, p. 225. Ce camée, qui peut être de travail italien, a appartenu au pape Clément XIV qui en fit présent à Louis XV en 1773, à l'occasion de la suppression de l'Ordre des Jésuites.

3. Ed. von Sacken, dans le *Jahrbuch der Kunsthistorischen Sammlungen des a. h. Kaiserhauses in Wien*, t. II, 1884, p. 37 et pl. III, fig. 5. Comparez, par exemple, la tête coiffée d'un capuchon de mailles qui forme le type du sceau de Robert, chapelain de Notre-Dame de Salins, en 1322. G. Demay, *Inventaire des sceaux de l'Artois et de la Picardie*, p. 268, n° 2514 et planche.

trônant de face, comme sur des monnaies et des sceaux du XIIIᵉ et du XIVᵉ siècles; il a le sceptre en main et les bras du trône sont ornés de têtes de lion; à droite et à gauche, la reine et un jeune prince se tiennent debout [**Pl. V, fig. 9**] [1].

C'est au XIIIᵉ siècle qu'appartient, par son style, une petite intaille du Cabinet des Médailles où l'on voit un buste de la Vierge, nimbé et voilé [**Pl. V, fig. 10**]. Nous ferons remonter jusqu'à la même période une autre intaille de plus grandes proportions, qui représente l'Éducation de la Vierge [**Pl. V, fig. 11**] [2]. Sainte Anne debout, un livre d'une main, donne l'autre main à sa fille. Les deux figures sont de face et nimbées; la Vierge a de plus, une couronne, comme les figures royales des monnaies de la seconde moitié du XIIIᵉ siècle. Le sol ondulé et semé de fleurs rappelle certains détails des miniatures du même temps.

Il convient aussi de placer en plein moyen âge tout un groupe de gemmes magiques ou astrologiques, la plupart avec des légendes latines, en tête desquelles nous placerons un jaspe sanguin de la collection de M. Creuzot, à Beauvais [**Pl. V, fig. 12**] [3]; son style le rapproche des gemmes sigillaires du XIIIᵉ siècle, dont nous parlerons bientôt. On y voit un personnage vêtu d'une tunique, qui, d'une main, verse à terre l'eau contenue dans un seau, tandis que, de l'autre, il s'apprête à faire descendre dans un puits à margelle, un autre seau attaché au bout d'une corde. Dans le champ, on lit le mot AQRIVS, pour *Aquarius*, « le Verseau », et une inscription arabe que les Orientalistes lisent : *Bordj ed-delou*, « *signum situlæ* ». Tout le moyen âge, chrétien et musulman, croyait à la vertu protectrice des signes

---

1. J. Arneth (*Die Cinquecento Cameen*, p. 127 et pl. XXII) voulait reconnaître ici Salomon et la reine de Saba, et il attribuait le camée au XIVᵉ siècle.

2. Chabouillet, *Catalogue*, nᵒ 2484.

3. Edm. Le Blant, *750 inscriptions de pierres gravées*, nᵒ 257. M. Creuzot a eu l'obligeance de nous envoyer l'empreinte reproduite sur notre pl. V, fig. 12.

du Zodiaque; un jaspe portant la représentation allégorique et le nom du Verseau devait être jugé d'un puissant effet.

Sur un talisman en calcédoine du Cabinet des Médailles, gravé sur ses deux faces, figurent, d'une part les signes zodiacaux des Gémeaux et du Bélier, accompagnés du mot **FAVANT** (*sic*) [1], et, d'autre part, les signes des planètes, Saturne, Jupiter, Mars, le Soleil, Vénus, Mercure, la Lune et deux étoiles [**Pl. V, fig. 13**] [2]. Une autre intaille astrologique, gravée aussi sur ses deux faces, porte d'un côté les mots abrégés **MAR ILI** (?), avec le signe de la planète Mars au milieu de sept étoiles; de l'autre l'inscription : **SAL**(*us*) **GEN**(*eris*) **HVMANI**, empruntée aux légendes monétaires de la fin de l'empire romain, et qui met en rapport le salut du genre humain avec la planète Mars dans la constellation de la Grande Ourse [**Pl. V, fig. 14**] [3]. Sur un jaspe veiné qui nous vient, comme la gemme précédente, de l'ancien Cabinet de l'abbaye de Sainte-Geneviève, on voit le croissant lunaire au-dessus d'un poignard, les signes de Mars et de Vénus séparés par une étoile, et l'inscription suivante : **LVCR**(*etia*) **COL**(*latini*) **VX**(*or*) **FELI**(*x*) [**Pl. V, fig. 15**] [4]. Une agate blonde en forme de larme de collier, munie d'un trou de suspension, est intaillée des signes du Soleil, de la Lune, des Gémeaux et de trois étoiles, avec les noms **ALEXANDER CLEOPATRA**, dont la puissance talismanique était demeurée aussi populaire au moyen âge que dans l'antiquité [**Pl. V, fig. 16**] [5].

Nous signalerons enfin une dernière gemme — celle-ci en serpentine — gravée sur ses deux faces [**Pl. V, fig. 17**]. D'une part, deux femmes; l'une, les cheveux dénoués, lève la main pour

---

1. Peut-être pour *faveant, faventibus astris* (?) ou un nom propre.
2. Chabouillet, *Catalogue*, n° 2240.
3. Chabouillet, *Catalogue*, n° 2241.
4. Chabouillet, *Catalogue*, n° 2243.
5. Chabouillet, *Catalogue*, n° 2244.

indiquer le globe céleste à sa compagne; celle-ci, coiffée d'un bonnet plat qu'on retrouve sur les sceaux contemporains, porte la main droite à son cœur. Sur l'autre face, ce sont deux femmes vêtues d'un costume à peu près semblable qui, entrelaçant leurs bras, se livrent à une conversation attentive. Le champ de la gemme est parsemé de lettres et de signes cabalistiques [1]. Le type et le costume des quatre personnages de cette intaille rappellent d'une manière frappante les types de nombreux sceaux féminins du XIIe au XIVe siècle.

Quelque incertaine que soit l'époque du moyen âge où l'on doive rigoureusement placer ces talismans, leurs légendes latines et leur style ne permettent pas de les faire rentrer dans la catégorie des gemmes gnostiques à inscriptions grecques, d'origine orientale, qui pullulaient à côté d'eux, en Europe, et que les graveurs copiaient et reproduisaient sans relâche, à la demande des sorciers, des charlatans et autres exploiteurs de la crédulité humaine. Cependant, si les gemmes dont nous venons de parler sont latines et occidentales d'inspiration, de style et de technique, elles interprètent des traditions superstitieuses analogues à celles qui rendaient les *abraxas* si populaires. Quoi d'étonnant, d'ailleurs, à ce que les amulettes magiques et astrologiques de l'Orient, aient été imitées par les graveurs des pays latins et que ceux-ci aient fabriqué des talismans analogues et destinés aux mêmes usages?

L'étude des gemmes qui ont servi de sceaux au moyen âge mériterait d'être entreprise dans son ensemble et avec une critique rigoureuse. Nous avons vu, dans la période carolingienne et au début de l'ère féodale, le parti qu'on en peut tirer pour l'histoire de la glyptique à cette époque : les pages qui suivent vont démontrer qu'on aboutirait à des résultats encore plus saisissants et plus nouveaux pour les siècles postérieurs, jusqu'au XVIe.

1. Chabouillet, *Catalogue*, n° 2254.

Sans doute, un grand nombre de gemmes antiques ont été encastrées dans les sceaux pendant toute la durée du moyen âge, mais le moyen âge lui-même ne s'est pas fait faute de graver des gemmes, soit en copiant ou imitant les sujets antiques, soit en s'inspirant de types contemporains. Les trois quarts des gemmes sigillaires qu'on a, jusqu'ici, considérées comme des intailles de l'antiquité sont certainement du moyen âge ; l'examen comparatif de leurs types et de leur style permet de l'établir en toute sécurité [1]. Il faudrait donc distinguer avec soin : 1º les gemmes qui sont réellement antiques ; 2º celles qui sont des copies ou des imitations de gemmes antiques par des artistes du moyen âge ; 3º enfin, les gemmes directement inspirées de sujets contemporains. Nous ne saurions entrer, ici, dans cet examen aussi minutieux qu'intéressant, qui nécessiterait de longs développements. Pour les gemmes antiques, la constatation de leur existence au moyen âge, soit comme sceaux, soit comme décoration de reliquaires ou d'autres objets d'orfèvrerie, couperait court aux arguments par lesquels on a, parfois, entrepris de démontrer que telles ou telles de ces gemmes sont dues à des artistes de la Renaissance italienne ou plus modernes encore. Quant aux gemmes gravées au moyen âge, leur étude permettrait d'établir que les graveurs français de l'époque gothique étaient aussi

---

1. Sur les pierres gravées employées comme sceaux au moyen âge, voyez surtout les ouvrages suivants : Douet d'Arcq, *Collection des sceaux des Archives de l'Empire*, p. 274 ; G. Demay, *Inventaire des sceaux de l'Artois et de la Picardie*, préface (avec planches) ; Schuermans, *Intailles antiques employées au moyen âge*, 1872, in-8 ; Wiggert, dans les *Mittheilungen des thüringisch-sächsischen Vereines zur Erforschung des vaterländischen Alterthums*, t. VII, Heft 4 ; E. Geib, *Siegel deutscher Könige und Kaiser*, dans l'*Archivalische Zeitschrift*, Neue Folge, II, p. 83 et 138 ; Roach Smith, *Medieval seals set with ancient gems*, dans ses *Collectanea antiqua*, t. IV, 1857, p. 65 et pl. XVIII, XIX et XX ; C. W. King, *Antique gems and rings*, t. II, pl. XVII, fig. 1 ; pl. XXXIX, fig. 9 et pl. XLIX, fig. 8 ; A. Lecoy de La Marche, *Les sceaux*, p. 21 et suiv. ; G. Schumberger, *Mélanges d'archéologie byzantine*, p. 22 ; W. de Gray Birch, *Catalogue of Seals in the Department of Manuscripts in the British Museum*. 6 vol. in-8º avec pl.

habiles à copier et à imiter les œuvres antiques, que le furent
leurs prédécesseurs des temps carolingiens et leurs successeurs
italiens ; elle aboutirait aussi à démontrer qu'ils surent, à
l'occasion, être originaux et créer des types sigillaires, aussi
bien sur les gemmes que sur les matrices de bronze. Mais
nous sommes obligés de nous restreindre et de planter seulement, comme en passant, les premiers jalons de ce vaste
champ d'études ; essayons toutefois de fixer, par quelques
exemples topiques, les prodromes de ce chapitre nouveau de
l'histoire de l'art français au moyen âge.

Il ne faut pas voir des gravures antiques, mais bien au contraire
des intailles contemporaines, dans la plupart des gemmes sigillaires du moyen âge qui représentent des cavaliers. Nous en donnons, sur notre planche VI, un certain nombre de spécimens
dont le seul rapprochement est éloquent par lui-même.

Le n° 1, intaille au sceau de Pierre de Longueville, sur
une charte de la fin du XIIᵉ siècle, a pour type un cavalier dont
la lance est ornée d'une oriflamme ou gonfanon, type qui ne
saurait remonter à l'antiquité [1]. Ce type du cavalier ou plutôt du
chevalier à l'oriflamme se retrouve, avec des modifications dans
la pose du cheval et les détails de la gravure, sur l'intaille au
contre-sceau de Jean, comte de Soissons, seigneur d'Amboise,
en 1262 [2] ; sur l'intaille au contre-sceau de Guillaume du Hom-
met, connétable de Normandie, en 1235 [Pl. VI, fig. 2] [3] ; sur
l'intaille au contre-sceau de Henri d'Apremont en 1331 [Pl. VI,
fig. 3] [4] et sur beaucoup d'autres qu'il est superflu d'énumérer.

Notre n° 4, intaille au sceau de Jean de Faye, archevêque de

---

1. G. Demay, *Inventaire des sceaux de la Normandie*, p. 40, n° 358.

2. G. Demay, *Inventaire des sceaux de la Picardie*, p. 6, n° 37.

3. G. Demay, *Inventaire des sceaux de l'Artois*, p. XVI, n° 187.

4. G. Demay, *op. cit.*, p. XXIV, n° 349 ; voyez encore un type analogue sur les
n°ˢ 347 et 348.

Tours, en 1210, représente, comme tant de gemmes sigillaires du même temps, saint Georges à cheval transperçant le dragon de sa lance dont la hampe est terminée par une croix ; on voit une autre croisette devant la tête du cavalier [1]. Un type presque semblable figure sur les intailles sigillaires de l'official de Cambrai en 1362, et de Joret Layr, receveur du comté de Montfort, en 1415 [2].

Le n° 5, intaille au contre-sceau du chapitre de Saint-Pierre et Saint-Julien du Mans, en 1291, a pour type un cavalier à la chasse sur le point d'atteindre un cerf [3]. Le n° 6, intaille au contre-sceau de Gilles de Hallu, en 1237, représente un chevalier couvert de sa cotte de mailles ; il tient de la main droite une longue lance crucigère ; le cheval lui-même est tout caparaçonné [4].

Ces exemples que nous pourrions décupler, rien qu'en consultant le musée sigillographique des Archives nationales, donnent le type du chevalier avec les variétés que présentent aussi les sceaux en métal. Sur toutes ces gemmes, ce type est gravé d'une manière rude et assez maladroite ; il y a partout parité de style et de conception esthétique, qu'il s'agisse d'un chasseur, d'un guerrier, d'un saint Georges, d'un saint Maurice. Comment donc des centaines d'intailles du même style, de types aussi voisins les uns des autres, et souvent avec des emblèmes chrétiens, pourraient-elles, si elles étaient antiques, avoir été réunies, simultanément retrouvées aux XIIᵉ ou XIIIᵉ siècles, pour servir de sceaux ? Poser la question, c'est la résoudre ; sans compter qu'une description plus détaillée que celle que nous avons donnée, relèverait d'autres particularités de costume, d'attitude et d'attributs qui interdisent de placer la gravure de ces gemmes à une époque autre que celle où elles furent encastrées dans les matrices des

---

1. G. Demay, *op. cit.*, p. XXIII, n° 327.
2. G. Demay, *op. cit.*, nᵒˢ 328 et 329.
3. G. Demay, *op. cit.*, p. XVII, n° 195.
4. G. Demay, *op. cit.*, p. XXIII, n° 330.

sceaux. Reconnaissons-le donc sans hésiter, toutes ces gemmes sont les œuvres de graveurs médiocres du moyen âge ; de sorte que nous aboutissons, pour les XIIe et XIIIe siècles, à des conclusions analogues à celles où la sigillographie des IXe, X^e et XIe siècles nous a conduits. Le contraire, au surplus, ne serait-il pas surprenant, invraisemblable ?

D'autres intailles à sujets chrétiens, sont du même style que les cavaliers que nous venons de passer en revue et leur examen comporte des déductions aussi rigoureuses. Ainsi en est-il, par exemple, des deux Anges tenant une croix, sur la gemme du contre-sceau de Jean III et de Jean IV, comtes de Vendôme, en 1220 et 1230 [**Pl. VI, fig. 15**] [1] ; on ne saurait faire remonter cette gemme à l'époque constantinienne ni la placer dans l'art byzantin. Même observation au sujet de l'intaille du contre-sceau de l'abbaye de la Trinité de Caen, en 1221, où figure une abbesse debout, voilée, tenant un livre et une crosse abbatiale [**Pl. VI, fig. 8**] [2]. La même gemme se trouve encore au contre-sceau de Béatrix, abbesse de la même abbaye en 1271. Sur l'intaille du contre-sceau du chapitre de Tournai appendu à des documents de 1257, 1283 et 1374, c'est un personnage de style barbare, debout, tenant une croix [**Pl. VI, fig. 7**] [3]. L'intaille du sceau de Thomas de Lampernesse, en 1226, a pour emblème l'Agneau pascal [**Pl. VI, fig. 9**] [4] comme nombre de sceaux en bronze et de monnaies du XIIIe siècle français. L'intaille au sceau de Chrétien, chanoine d'Amiens, en 1210, a pour type l'archange saint Michel pesant une âme dans une balance [5] : cette scène de psychostasie, copie de tant de sculptures et de miniatures médiévales, ne saurait être byzantine, ni, à plus forte raison, antique.

---

1. G. Demay, *op. cit.*, p. XXII, n° 310.
2. G. Demay, *op. cit.*, p. XXII, n° 311.
3. G. Demay, *op. cit.*, p. XXII, n° 317.
4. G. Demay, *op. cit.*, p. XXII, n° 315.
5. G. Demay, *op. cit.*, p. XXII, n° 316.

C'est bien aussi un travail du moyen âge que cette intaille représentant un buste de style barbare, les cheveux relevés sur la nuque, un collier au cou, qui a servi de sceau en 1174 et 1203, à Gautier, chambrier de France, et en 1211, à son fils, Pierre de Nemours, évêque de Paris [Pl. **VI**, **fig. 16**] [1].

Parfois, on constate une telle parenté de sujet, de style et de technique entre les intailles sigillaires de personnages divers, qu'on reconnaît la main du même graveur ou, à tout le moins, la copie servile du même type. Comparez, par exemple, les trois intailles suivantes : 1° celle du sceau de Foulques Painel, en 1205 ; 2° celle du contre-sceau de Richard, évêque de Winchester (1174-1189); 3° celle, enfin, du contre-sceau de l'abbé de Saint-Étienne de Fontenay, près Caen, en 1271 [2] [Pl. **VI**, **fig. 10, 11 et 12**]. Bien que de dimensions fort différentes, ces trois gemmes représentent le même sujet : un personnage assis sur un trône à dossier élevé et dont le siège est soutenu par deux traverses en **X**, recevant des mains d'un autre personnage, debout, un objet globuleux. Ce type est traité d'une manière presque identique sur les trois sceaux. Qui donc, après cette constatation, oserait faire remonter à l'antiquité, ces trois gemmes de même style, sur lesquelles est gravé un sujet qui n'a rien d'antique ? Se seraient-elles donc retrouvées toutes les trois, dans la même région et à la même époque, comme sous le coup de la baguette magique d'une fée, pour être encastrées dans des montures métalliques et servir de sceaux au XIIIe siècle ?

Mais ce n'est pas tout. Rapprochez-en la gemme du sceau de Pierre, abbé du Mont-Saint-Martin, en 1264 [Pl. **VI**, **fig. 13**] [3] : vous constaterez que le type de ce dernier n'est rien autre chose que l'un des deux personnages que nous venons de signaler sur les

1. G. Demay, *op. cit.*, p. XXIV, n° 344.
2. G. Demay, *op. cit.*, p. XVI, n°s 182, 183 et 184.
3. C. Demay, *op. cit.*, p. XVI, n° 185.

gemmes de Foulques Painel, de l'évêque de Winchester et de l'abbé de Saint-Etienne de Fontenay. Le sceau de l'abbé du Mont-Saint-Martin est la copie servile, mais abrégée, de ceux-ci. Vous reconnaîtrez enfin le même style dans la gemme du contre-sceau de Pierre de Hotot en 1219 [1], qui représente un personnage vêtu d'une tunique talaire, en prière devant une statue placée sur un autel à six degrés surmonté d'un baldaquin [Pl. VI, fig. 14].

Si l'on ne peut prouver strictement que ces gemmes sont de la même main, du moins l'hypercritisme même le plus étroit ne saurait nier qu'elles soient des copies ou des imitations les unes des autres ; et ce procédé de la copie des gemmes n'est-il pas dans la tradition médiévale depuis l'époque carolingienne, où nous l'avons saisi sur le vif dans les types sigillaires et les Crucifixions de ce temps ? De telles constatations rendent l'hypothèse de l'origine antique de ces intailles tout à fait inadmissible.

Comme nous le disions plus haut, à côté des sujets religieux, inspirés de la tradition chrétienne ou de la sigillographie métallique contemporaine, la glyptique des xiie et xiiie siècles a produit un grand nombre de types sigillaires qui ne sont que la copie directe de gemmes antiques. Ici, nous abordons un point délicat, et plein d'incertitudes : il peut arriver qu'il soit impossible au critique le plus exercé, à celui qui a le mieux étudié à la fois les gemmes antiques et médiévales, de décider si telle ou telle empreinte sigillaire a été produite avec une intaille gréco-romaine ou avec sa copie moderne. C'est affaire d'expérience personnelle, de sentiment même, et dans bien des cas, il faut savoir, avec sincérité, reconnaître son impuissance et demeurer dans l'incertitude humiliante. D'autres fois, cependant, on pourra, comme nous l'avons fait pour des sceaux carolingiens, prendre le copiste

---

1. G. Demay, *loc. cit.*, n° 173.

sur le fait ; ou bien, l'œil guidé par l'expérience pratique, on se prononcera avec assurance, même si une preuve matérielle ne peut être invoquée. Le buste de Mars, sur la gemme du sceau de Jacques de Donze, prévôt de Notre-Dame de Bruges en 1298, est une imitation du Mars antique, mais son style interdit de le faire remonter à l'antiquité [**Pl. VI, fig. 17**] [1]. Je ne saurais, non plus, regarder comme appartenant à l'époque gréco-romaine les scènes inintelligibles, mais inspirées de gemmes classiques, qui figurent aux sceaux de Guillaume de Tournebu, évêque de Coutances (1179-1202) [**Pl. VI, fig. 20**] [2] et de Servais, abbé de Montmorel, au commencement du XIIe siècle [**Pl. VI, fig. 22**] [3].

La gemme du sceau de Sauval, doyen rural d'Amécourt, en 1239, est une Minerve, copie barbare d'une gemme antique [4]. Médiévale aussi est la gemme du sceau de Wautier, prévôt du chapitre de L... en 1241, qui a pour type une femme casquée assise sur une haute *cathedra* et tenant un enfant sur ses genoux, tandis qu'une Victoire ou un Ange volant au-dessus de sa tête lui présente une couronne [5].

Le style des bustes de Trajan et d'Antonin qu'on a reconnus sur les intailles sigillaires de Jean Mancel, trésorier de l'église de Warwick en 1259, et de Jean de Sainte-Aldegonde, bourgeois de Saint-Omer, en 1301 [6], atteste que ce sont des imitations de gemmes antiques, gravées au moyen âge, tout comme les portraits de Commode et de Caracalla dont nous avons parlé à l'époque carolingienne.

L'intaille au sceau de Jean de Flainville, chanoine de Rouen

1. G. Demay, *op. cit.*, p. VII, n° 13.
2. G. Demay, p. XVI, n° 181.
3. G. Demay, *op. cit.*, p. XVI, n° 186.
4. G. Demay, *op. cit.*, p. IX, n° 51 et pl.   .
5. G. Demay, *loc. cit.*, n° 53.
6. G. Demay, *op. cit.*, n°s 281 et 284.

en 1262, a pour type un Ange représenté comme la Victoire antique; il est debout, nimbé, foulant aux pieds le dragon qu'il frappe avec la hampe de sa croix [1]. L'intaille au contre-sceau de l'ordre des Hospitaliers teutoniques en 1286, représente la Vierge nimbée assise sur un trône et tenant l'Enfant Jésus [**Pl. VI, fig. 18**] [2]. C'est une gravure d'une remarquable finesse; malheureusement la cire qui nous en a conservé l'empreinte a subi des détériorations à travers les âges. Non moins remarquable comme exécution technique est la tête de vieillard, de face, barbu, aux traits accentués et amaigris, qui figure sur l'intaille du contre-sceau de Garin, abbé de La Couture, au Mans, vers la fin du XIIIᵉ siècle [**Pl. VI, fig. 19**] [3].

Sur le grand sceau en bronze des foires de Champagne, en 1291, on voit, encastrées de chaque côté de l'écusson central, deux gemmes de même grandeur, qui représentent chacune le buste à mi-jambes d'un guerrier barbu, vu de trois quarts, nu-tête, drapé à l'antique, tenant d'une main son épée appuyée contre son épaule, et de l'autre, son bouclier orné d'un mufle de lion [**Pl. VI, fig. 21**] (l'une des deux empreintes est fragmentée). Il est impossible de classer à l'antiquité une telle image; remarquez la physionomie réaliste de ce chevalier et l'habileté technique du cristallier qui a gravé ce portrait sur gemme. Le travail est de la fin du XIIIᵉ siècle et l'on peut présager, rien qu'à la vue des trois dernières intailles que nous venons de citer, que la glyptique médiévale, familiarisée avec tous les secrets de métier et rompue au maniement des outils, est à la veille de donner à l'art sigillaire de véritables chefs-d'œuvre.

1. G. Demay, *op. cit.*, p. XXIII, nᵒ 335.
2. G. Demay, *op. cit.*, p. XXII, nᵒ 321.
3. G. Demay, *op. cit.*, p. XXIII, nᵒ 331.

CHAPITRE V

Le roi Charles V et ses frères, les ducs de Berry et d'Anjou.

La seconde moitié du xɪvᵉ siècle pourrait être appelée l'apogée
de la glyptique française, aussi bien à cause des œuvres remarquables qu'elle enfanta, que pour les amateurs de goût qui collec-
tionnèrent ces œuvres et surent prodiguer les encouragements
aux artistes. Le roi Charles V (1364-1380) et ses trois frères, Jean,
duc de Berry († 1416), Louis Iᵉʳ, duc d'Anjou († 1384) et le
duc de Bourgogne, Philippe le Hardi († 1404) ont fait rédiger
des inventaires détaillés de leurs collections d'objets d'art et
de bijoux[1]. Le nombre et la richesse des joyaux rehaussés de
camées et d'intailles, qu'avaient réussi à rassembler ces véritables
Mécènes, confondent notre imagination tout autant que les
anciens Trésors des palais et des églises de Constantinople.

Vases de toutes formes, couronnes et chaperons scintillants de
perles, d'émaux ou de pierres précieuses, ceintures garnies d'or et
de camées, anneaux et colliers, meubles, coffrets, reliures, ustensiles, armes et harnachements constellés de gemmes, la descrip-

---

1. Jules Labarte, *Inventaire du mobilier de Charles V*, 1879, in-4º; J. J. Guiffrey, *Inventaire de Jean, duc de Berry*, 1894 et 1896, 2 vol. in-8º; L. de Laborde, *Inventaire des
joyaux de Louis de France, duc d'Anjou*, dans le t. II de sa *Notice des émaux, bijoux, etc. du
musée du Louvre*; Bernard Prost, *Inventaires mobiliers et extraits des comptes des ducs de
Bourgogne de la maison de Valois* (1363-1477). Tome I, *Philippe le Hardi*. Paris, 1902,
in-8º.

tion de toutes ces richesses donne une idée saisissante du luxe de la cour des princes français, peu d'années avant le désastre d'Azincourt (1415) : jamais Bourges, Angers, Dijon ne revirent de pareils jours de splendeur artistique. Sans doute, ces documents si explicites renferment des descriptions naïves et désignent souvent sous des noms chrétiens des gemmes de l'antiquité païenne. Les cavaliers qui y sont décrits comme étant des saints Georges sont peut-être parfois des intailles romaines ; Hercule étouffant le lion s'appelle David ; Persée avec la tête de Gorgone devient David vainqueur de Goliath ; les Vénus ou les Léda sont des Vierges Marie ; les Amours ou les Victoires, des Anges ; les têtes de Méduse sont appelées des saintes Faces, des Véroniques ; les Némésis accompagnées de la roue sont des saintes Catherines. Mais à côté de ces appellations singulières, on trouve décrites des gemmes à sujets sûrement chrétiens, analogues aux intailles des cristalliers des XIIe et XIIIe siècles que nous avons signalées dans le précédent chapitre, et qui ne peuvent remonter jusqu'à l'époque romaine ; l'art byzantin, pour d'autres raisons, ne saurait revendiquer qu'un petit nombre d'entre ces types. Ils représentent l'*Annonciation Nostre-Dame*, l'*Ymage de Nostre-Dame tenant son Enfant*, l'*Ymage de Nostre Seigneur*, le *Crucifiement Nostre Seigneur*, etc., ou bien, des portraits à la mode du temps, des chevaliers, la lance au poing et bardés de fer, des fleurs de lis, des crosses épiscopales, des écussons, des lettres gothiques [1]. Citons, à titre d'exemples, quelques mentions non équivoques, extraites de ces Inventaires.

Dans le testament de Jeanne d'Évreux en 1373, nous relevons :

« Un tableau cloant, d'argent doré, ou milieu duquel a un

---

1. Voyez de nombreuses citations dans L. de Laborde, *Glossaire des émaux*, v° *Camahieu*, et dans V. Gay, *Glossaire archéologique*, v° *Camahieu*.

camahieu, une Annonciacion de Nostre Dame, semée de perles et de pierreries [1]. »

Dans l'Inventaire du mobilier du roi Charles V, en 1380 :

« N° 143. La vieille croix d'or aux camahieux, en laquelle a un grant camahieu où est l'Annunciacion de N. D. ou milieu, avec 5 autres camahieux, 5 balaiz, 9 esmeraudes et le remanant garny de menue pierrerie et de perles d'Escosse.

» N° 191. Un petit reliquaire où souloit avoir la Véronique en un camahieu.

» N° 579. Un signet d'or pendant à une chesnette d'or, et a ou mylieu dudit signet ung saphyr taillé à 3 fleurs de lyz.

» N° 580. Item, 2 signets pendanz à une chesne d'or, dont il y a, en l'un, ung saphir entaillé à ung LR (*Ludovicus Rex*) environné de fleurs de lys... ; et l'autre a ung saphir ouquel a entaillé ung roy à cheval, armoyé de France.

» N° 607. Une bourse de satanin à cul de villain, à 3 escuçons de France de bordeure pourfillez de perles. Au dedans sont 2 sceaulx pendens à une chayne, l'un où est taillé un roy séant en une chayère en son estat royal tenant le sceptre, et en l'autre, a ung autre saphyr beslong où est taillé ung demy roy en estant tenant une espée en sa main.

» N° 2314. Une croix d'or... ; et au pied dessoubz un camahieu d'un enfant blanc qu'un angre tient.

» N° 2412. Un camahieu où Nostre Seigneur est tenant un livre bordé d'or.

» N° 2964. Ung petit camahieu carré d'un ymage de S. Eustache, et lui fault la teste, le tout enchassillé en or.

» N° 3026. Un camahieu sur champ rouge, où est un ymage de Nostre Dame, blanche, séant, garny d'or [2].

---

1. V. Gay, *Glossaire*, v° *Camahieu*, p. 257.

2. V. Gay, *Glossaire*, v° *Camahieu*, p. 257 ; J. Labarte, *Inventaire du mobilier du roi Charles V.*

Dans l'Inventaire du duc d'Anjou, M. H. Moranvillé qui en poursuit actuellement la publication [1], a relevé pour nous l'article suivant où est décrite une Nativité de Notre Seigneur :

« N° 293. Un tabernacle en façon de tableaus d'argent doré, semé par dedens d'esmeraudes grandes et petites, balais grans et petis, camahieux et menues perles grant quantité. Et ou milieu desdis tableaus a un grant camahieu vermeil ouquel est Nostre Dame gisant et Nostre Seigneur en la cresche et angres tout autour. Et dessous est Nostre Dame qui baigne son enfant, et derrière est saint Jozeph. Et sieent lesdis tableaus sur un pié quarré semé d'esmeraudes, de rubis d'Alixandre et petites perles ; et sur ledit pié a un chapitel de maçonnerie à fenestrages dedens lesquels a ymages entaillées. Et poise en tout XIIII mars VI onces XII deniers [2]. »

De son côté, le duc de Berry possédait entre autres : « un camahieu en un annel d'or, fait à la semblance du visaige de Monseigneur ; » un autre « annel d'or ouquel est le visaige de Monseigneur le duc, contrefait d'une pierre de camahieu ». Nous trouvons encore dans son Inventaire, la mention suivante :

« Un petit tableau d'or longuet, sur façon de fons de cuve, de la grandeur du fons de la main ou environ, ou quel a un petit ymaige de Nostre Dame qui a le visaige et mains de camahieu, le corps jusques à la ceinture d'un saphir, tenant son Enfant nu, fait de camahieu ; et est ledit tableau garni de 3 balais, 3 saphirs et 6 perles, et pend à un crochet. » Ce joyau, ajoute l'Inventaire, fut donné au duc de Berry par le comte d'Armagnac aux étrennes de l'an 1409 [3].

---

1. Cf. H. Moranvillé, dans la *Bibliothèque de l'École des Chartes*, t. LXII, 1901, p. 181 et suiv.

2. On connaît le nom de l'orfèvre du duc d'Anjou, chargé par lui d'exécuter des montures d'or et d'argent pour ses camaïeux ; il s'appelait maître Henry Hambert. H. Moranvillé, *loc. cit.*, p. 186.

3. J. Guiffrey, *Inventaire de Jean, duc de Berry*, t. I, p. 162, n° 606 ; p. 163, n° 611 ; p. 37, n° 72.

Dans l'Inventaire de Philippe le Bon, duc de Bourgogne (1396-1467) :

« Ung gros saphir sur lequel est entaillé d'un costé l'image de N. S., bordé d'or, et y a escript **JHS-XPS**.

« Une autre petite croix d'or faicte sur le rond, en laquelle a ou milieu ung camahieu du cruceffiement Nostre Seigneur et a 4 bonnes perles autour. »

Victor Gay a relevé encore, dans des documents de la même époque, les descriptions suivantes :

En 1400. « Un tableau d'or à un couronnement d'une Nostre Dame faite d'un camahieu, garny de perles et de balaiz ». (*Argenterie de la reine*, 9e compte d'Hémon Raguier, f° 29, v°).

En 1401. « Une croix d'or, là où il a une des espines de la couronne de Nostre Seigneur, enclose soubs un camahieu où il a un crucifix » (*Inv. de l'église de Cambrai*, 319) [1].

On pourrait multiplier les citations de même ordre en dépouillant les documents du temps, publiés ou inédits. Les vases, coupes, aiguières, ampoules, nefs, bassins, gobelets, hanaps en agate, jaspe ou cristal de roche y sont sans nombre, et si une partie d'entre eux sont antiques, byzantins, orientaux, il s'en trouve aussi, en quantité, dont il est impossible de ne pas faire honneur à l'art français du moyen âge et en particulier du xive siècle. Et en effet, remarque J. Labarte lui-même, le plus ardent champion de l'art byzantin, « les comptes d'Étienne de la Fontaine, argentier du roi Jean, pour l'année 1352, nous apprennent qu'à cette époque on savait, en France, tailler et creuser le cristal de roche. Le trône que le roi s'était fait faire, figure dans ce compte pour la somme fort importante de 774 écus d'or. Plusieurs artistes avaient concouru à son exécution : Jehan Lebraellier, orfèvre du roi, avait été l'ordonnateur de l'œuvre ; Guillaume Chastaingue,

---

1. V. Gay, *Glossaire*, v° *Camahieu*, p. 258.

peintre, y avait peint quatre sujets des jugements de Salomon, des figures des prophètes et les armoiries de France ; enfin, on y trouvait « douze cristaux, dont il y avait cinq creux pour les bastons, six plaz et un ront plaz pour le moyeu, qui furent faits par la main de Pierre Cloet [1] ». Le cristallier Pierre Cloet est sans doute l'un des maîtres de la gravure sur pierres fines, à Paris, au XIVᵉ siècle.

En 1394, Louis de France, duc d'Orléans, comte de Valois, créa, à l'occasion du baptême de son fils Charles, l'ordre du Camahieu ou du Porc-épic. Les chevaliers recevaient, à cette occasion, un collier dont le joyau était un camahieu gravé d'un porc-épic, et la devise : *cominus et eminus* [2]. L'Ordre du camaïeu dura presque tout le XVᵉ siècle, car il ne fut aboli que par Louis XII qui en conserva pour lui personnellement la devise et l'emblème. Si peu nombreux qu'aient été les chevaliers du Camaïeu, il semble que des camées représentant un porc-épic eussent dû parvenir jusqu'à nous : cependant, je n'en saurais citer aucun échantillon [3].

Si nous passons des sources littéraires à la recherche des monuments eux-mêmes, nous serons amenés à constater que, comme dans la période précédente, l'étude des empreintes sigillaires suspendues au bas des documents de chancellerie est susceptible de fournir les éléments essentiels de l'histoire de la glyptique contemporaine.

L'intaille au contre-sceau du roi Jean, en 1362, porte pour tout emblème les lettres gothiques IRF (*Johannes rex Francorum*) surmontées d'une couronne royale [**Pl. VII, fig. 1**] [4].

---

1. J. Labarte, *Hist. des arts industriels*, t. I, p. 216.

2. Victor Gay, *Glossaire*, t. I, p. 259.

3. L'un de ces camées est décrit comme il suit dans l'Inventaire de la vente des bien de Jacques Cœur : « Ung camail d'argent de l'ordre de Mgr d'Orléans ». V. Gay, *Glossaire*, p. 259.

4. Douet d'Arcq, *Collection de sceaux*, t. I, nᵒ 62, p. 274 (sur la sertissure métallique on lit : *sigillum secretum*).

Celle du contre-sceau de Charles V en 1371, représente une tête royale de face, — le portrait du roi, — dont la beauté et la finesse de gravure font de la cire même qui la reproduit un véritable joyau [1]. Sur la sertissure métallique on lit les mots : **SCEL SECRET** [**Pl. VII, fig. 2**]. Ce contre-sceau se trouve décrit comme il suit dans l'*Inventaire du mobilier* : « Le signet du Roy qui est de la teste d'un roy sans barbe ; et est d'un fin rubis d'Orient : c'est celui de quoi le Roy scelle les lettres qu'il escript de sa main [2]. » Non moins remarquable est un portrait de femme, — peut-être Isabeau de Bavière, — qui figure de face, les cheveux nattés sur les joues, en intaille au signet du roi Charles VI en 1388 [**Pl. VII, fig. 3**] [3]. La cire a malheureusement souffert d'un frottement prolongé.

L'intaille au sceau de Jean de Pressy, receveur des Aides d'Artois, en 1404 [4], est un buste de femme de trois quarts, les cheveux aussi élégamment nattés sur les tempes, à la mode française du temps de Charles VI [**Pl. VII, fig. 4**].

L'intaille au sceau de Henri, duc de Lancastre, en 1352, représente un buste de femme qui est encore présenté de trois quarts et voilé [**Pl. VII, fig. 5**] [5]. Quel dommage que la fragile empreinte en cire qui nous a conservé l'image de cette œuvre exquise soit quelque peu détériorée ! Il est encore possible, malgré tout, d'admirer la pureté des traits, la grâce idéale et pleine de senti-

---

1. G. Demay, *Inventaire des sceaux de l'Artois et de la Picardie*, p. XXIV, n° 355. J. Labarte (*Hist. des arts industriels*, t. III, p. 209-211) prétendait que ce contre-sceau était un travail byzantin.

2. J. Labarte, *Inventaire du mobilier du roi Charles V*, p. 86, n° 555. La collection Marlborough dispersée en 1899, renfermait une intaille sur rubis que le Catalogue propose de reconnaître comme l'original du sceau secret de Charles V. *The Marlborough Gems*, p. 100, n° 583 (Londres, 1899, in-8°).

3. G. Demay, *op. cit.*, p. XXIV, n° 357.

4. G. Demay, *op. cit.*, n° 1881.

5. G. Demay, *op. cit.*, p. XXIV, n° 353.

ment de ce visage de Vierge, qui ne trouve son équivalent que dans les plus exquises des miniatures contemporaines.

Ce sont vraisemblablement des portraits qui figurent sur l'intaille au signet de Bureau de La Rivière, chambellan du Roi, en 1375 [1] [**Pl. VII, fig. 10**]; sur les intailles des sceaux de Pierre de Chevreuse, maître d'hôtel du Roi, en 1374 [2] [**Pl. VII, fig. 6**] et de plusieurs conseillers généraux des Aides en 1371, 1374 et 1415 [3] : cette dernière effigie barbue, de face, est des plus caractéristiques [**Pl. VII, fig. 7**]. C'est un portrait encore, imberbe, à longs cheveux bouclés, drapé à l'antique et vu de trois quarts, que représente l'intaille du sceau de Foulques de D... en 1350, sur une charte artésienne [**Pl. VII, fig. 8**] [4]. On voit par ces quelques exemples, qu'à la fin du XIVe siècle et au commencement du XVe, c'était une mode courante, chez les cristalliers, de représenter les visages de face ou de trois quarts, sur les gemmes qu'ils destinaient à des matrices de sceaux.

Comme nombre de sceaux ecclésiastiques en bronze, l'intaille au contre-sceau d'Alfonse, évêque de Zamora, en 1392, est une tête de saint, de face, mitré en évêque et nimbé [**Pl. VII, fig. 9**] [5]. L'intaille au contre-sceau de Marie, abbesse de Marquette, en 1409, représente une crosse abbatiale tenue par un bras et ornée du *sudarium* [6].

L'intaille au sceau d'Étienne de Rue, au XIVe siècle, sur un document de la Flandre, représente un cerf couché, d'un style remarquable, et peut être imité d'un type antique [**Pl. VII, fig. 14**] [7].

Sur le sceau d'Amiot Arnaud, procureur du duc de Bour-

1. G. Demay, *op. cit.*, p. XVI, n° 203.
2. G. Demay, *op. cit.*, p. XX, n° 276.
3. G. Demay, *op. cit.*, p. XXII, nos 323, 324, 325 (tête de Christ, suivant Demay).
4. G. Demay, *op. cit.*, n° 352.
5. G. Demay, *op. cit.*, p. XXII, n° 318.
6. G. Demay, *op. cit.*, p. XXII, n° 320.
7. G. Demay, *op. cit.*, p. XVIII, n° 230.

gogne, en 1386, figure une tête laurée qu'on a appelée Jules
César, mais qui n'est, — son style l'indique, — que l'imitation
d'une gemme impériale romaine [**Pl. VII, fig. 11**] [1]. Et en effet,
comme dans la période précédente, une série considérable de
gemmes sigillaires sont des copies modernes de pierres grecques
ou romaines : l'exemple le plus intéressant de cette catégorie que
nous puissions invoquer est une merveilleuse intaille au scel
secret du roi Jean, en 1363 [**Pl. VII, fig. 12**] [2]. Elle nous présente
un buste de femme, de face, la tête légèrement inclinée, le cou
orné d'un large collier formé d'un double rang de perles dans le
goût antique, rappelant par ce détail les têtes de Perséphone ou
de Tanit sur des monnaies carthaginoises [3].

Arrêtons-nous à contempler ce petit chef-d'œuvre de gravure,
véritable merveille de grâce et d'habileté technique. Contemplez-
le à la loupe, en dépit des détériorations et de l'écrasement que
la cire a subies à travers les âges ; vous aurez la certitude que
cette gemme est du moyen âge, lorsque vous l'aurez comparée
aux autres gemmes du XIVe siècle avec des têtes de face, non
moins fines, non moins achevées, que nous venons de passer en
revue. Le grand artiste à qui nous la devons est, peut-être, le
même qui grava l'effigie de Charles V et les portraits de femmes
énumérés plus haut. Mais voici qui est plus intéressant encore.
Ne vous étonnez pas qu'on ait gravé en plein XIVe siècle, un buste
féminin en lui donnant un cachet antique aussi prononcé, car
nous connaissons le prototype antique de cette belle gemme.
Le cristallier du moyen âge n'a fait qu'exécuter, avec habileté,
une imitation presque servile d'une intaille de Dioscoride, le
plus illustre des graveurs du temps d'Auguste. Comparez les
images agrandies que nous donnons à la page 104 : d'une part, le

1. G. Demay, *op. cit.*, p. xx, n° 270.
2. G. Demay, *op. cit.*, p. ix, n° 58.
3. Lud. Muller, *Numismatique de l'Afrique ancienne*, t. II, p. 84.

buste sigillaire du xive siècle, d'autre part, le buste gravé sur une cornaline antique, qui a fait successivement partie des anciennes collections Poniatowski et Tyszkiewicz [1] (ci-contre, fig. 38 et 39). Dans les deux cas, c'est la même pose, le même collier à double rangée de pendants étalé sur la poitrine, un arrangement des cheveux presque semblable; il y a seulement au-dessus du front de la tête antique de petites cornes qui n'existent pas sur la tête du moyen âge. Ces petites cornes ont fait donner à la femme le nom de Io ou d'Artémis Tauropole. Mais ce qui

Fig. 38. — Intaille antique signée de Dioscoride.

Fig. 39. — Le scel secret du roi Jean le Bon.

constitue surtout son grand intérêt, c'est qu'elle porte la signature **ΔIOCKOYPIΔOY**, gravée dans le champ, derrière la tête. N'est-il pas curieux de constater que ce chef-d'œuvre de Dioscoride fut connu, soit directement, soit par une réplique, du graveur du xive siècle, et que celui-ci, épris de sa beauté, eut l'idée de s'en inspirer, l'ambition de l'égaler ? Et le résultat de ses efforts, qui nous est parvenu dans une empreinte en cire, fragile et affaissée, nous amène à reconnaître que la copie était digne du modèle. Qu'on juge par cet exemple de l'importance de la

1. Cette gemme antique a été signalée pour la première fois en 1756, en la possession du duc de Bracciano. Voyez à son sujet : A. Furtwaengler, dans le *Jahrbuch des Kais. arch. Instituts*, t. III, 1888, p. 222 à 224; W. Frœhner, *Collection Tyszkiewicz*, pl. XXIV, fig. 9; A. Furtwaengler, *Die antiken Gemmen*, t. II, p. 234, pl. XLIX, fig. 9 et pl. LI, fig. 17 (agrandie).

sigillographie du moyen âge pour l'histoire de la gravure sur pierres fines !

C'est même la perfection artistique de ces gemmes médéviales qui a égaré les critiques, obsédés qu'ils furent par le préjugé que le moyen âge dut être incapable de produire de pareilles œuvres [1]. Pour ce seul motif, on en a fait honneur aux plus beaux siècles de l'antiquité. Le groupement de toutes ces empreintes en cire, de même style, employées comme types sigillaires à la même époque, ne permet plus de s'arrêter à cette théorie, désormais aussi surannée que celle de Labarte qui voulait voir une œuvre byzantine dans le portrait sigillaire de Charles V. Mais nous avons encore d'autres preuves à produire à l'appui de notre thèse : ce sont les monuments originaux eux-mêmes.

Le Cabinet des Médailles possède au chaton d'une bague d'or, une cornaline sur laquelle est intaillée une Vierge tenant l'Enfant Jésus [**Pl. VII, fig. 13**]; examinez la tête nimbée et voilée de la Madone, de trois quarts, un peu inclinée, et comparez-la à l'empreinte du sceau de Henri de Lancastre, en 1352 [**Pl. VII, fig. 5**]. C'est la même attitude, la même pureté de lignes, le même style, la même technique; le classement de l'une entraîne le classement de l'autre. Sur le jonc de la bague, on lit, en champlevé, une ᵯ gothique et l'inscription pieuse : IꞂ ᵯᴀNᴜS TᴜAS ✳ ᴆOᵯIꞂE XC.

Il y avait dans la collection du baron Jérôme Pichon, dispersée en 1897, une précieuse bague d'or munie, au chaton, d'une intaille sur saphir, merveille artistique digne d'être mise à côté des plus belles empreintes sigillaires dont nous avons parlé tout à l'heure [2]. Elle représente un homme drapé et coiffé d'un

---

1. Sur la tradition antique au moyen âge, voir surtout les belles études de M. Eug. Müntz, dans le *Journal des Savants*, octobre 1887 et janvier à mars 1888 et *Hist. de l'art pendant la Renaissance*, t. I, p. 205 et suiv.

2. *Collections du baron Jérôme Pichon. Objets antiques, du moyen âge, de la Renaissance.* Catalogue, n° 45 (Paris, 1897, in-8).

chaperon, assis de face sur un siège dont le dossier est orné de
deux croix fleurdelisées [**Pl. VII,fig. 15**]. C'est
peut-être le duc de Berry lui-même, comme
le voulait le baron Pichon, en rapprochant
cette intaille des paragraphes de l'Inventaire
du duc, où il est fait mention de deux
anneaux gemmés, « ouquels est le visaige
de Monseigneur [1] » (ci-contre, fig. 40).

La même collection renfermait une bague
d'or, dite du *Prince noir*, avec un petit rubis
intaillé d'une tête imberbe, de face [2] (fig. 41).
Sur l'encadrement métallique de la gemme
on lit : ✠ SYGILVM (*sic*) SECRETVM. Le

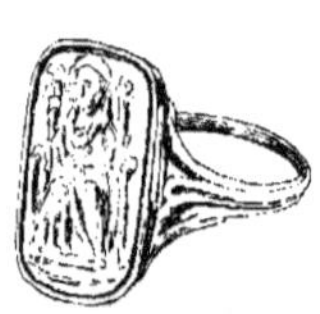

Fig. 40. — La bague de
Jean duc de Berry (?)

jonc est couvert de longues inscriptions en caractères gothiques : S'
GEORGIVS, et ✠ IEXVS AVTEM TRANSIENS PER MEDIVM
ILLORVM IBAT ET VERBVM C [3], qui donnent à cette bague

un caractère talismani-
que. Elle fut trouvée, en
1866, sur l'emplacement
de l'ancien château de
Montpensier, près d'Ai-
gueperse, en Auvergne.

C'est encore dans la
même collection que
nous trouvons décrite

Fig. 41. — La bague dite du Prince Noir (?)

la bague d'or de Thomas de Nevers ayant, au chaton, une
cornaline sur laquelle sont gravés trois chiens courants, superpo-

---

1. Voyez ci-dessus p. 98.

2. *Collections du baron Jérôme Pichon. Objets antiques du moyen âge et de la Renaissance,*
Catalogue, nᵒ 41 (Paris, 1897, in-8ᵒ).

3. S. Luc, IV, 30 (*Jesus autem transiens per medium illorum ibat*) ; s. Jean, I, 14 (*et ver-
bum caro factum est*).

sés ; au pourtour, le nom du possesseur : **THOVMAS D'NEVAIR,**
en lettres gothiques du xɪvᵉ siècle [1].

Mais la merveille des merveilles est une bague en or émaillé,
qui depuis peu de temps est entrée dans la riche collection de
M. Ernest Guilhou [2]. A elle seule, cette bague suffirait à nous
révéler l'existence en France, au xɪvᵉ siècle, d'une école de graveurs sur pierres fines digne de figurer à côté des écoles d'orfèvres
et de miniaturistes du même temps. Sur le jonc de la bague, cou-
raient, intérieurement et extérieurement, des inscriptions françaises en lettres gothiques qui, malheureusement, ont été presque
entièrement martelées. Le chaton se compose d'une sertissure en
or émaillé encadrant, non pas une intaille, mais un camée qui
représente un buste d'homme imberbe, de profil. Ce camée est
formé de plusieurs petites gemmes juxtaposées et rapprochées
comme les cubes d'une mosaïque. La figure du personnage,
imberbe, de profil, dont le nez allongé est caractéristique, est une
agate qui a le ton du vieil ivoire ; son bonnet élevé et chiffonné,
la tige infléchie en avant, est fait d'une améthyste foncée, avec un
petit rubis pour la mèche terminale ; la collerette est une opale
et les épaules sont formées d'une émeraude avec des plis garnis
d'émail. Impossible de rêver un joyau artistique plus achevé, plus
exquis : il caresse l'œil qui le contemple à la loupe, comme ces
petits insectes aux reflets chatoyants que Dieu a créés pour être les
merveilles de l'entomologie. Quel est le personnage représenté ?
Ce n'est pas Charles V, ni le duc de Berry ; serait-ce leur frère le
duc Louis Iᵉʳ d'Anjou ? Serait-ce un riche financier comme
Jacques Cœur ? Par un ingénieux rapprochement avec une
gouache conservée au Département des Estampes de la Bibliothèque Nationale et avec une miniature de manuscrit [3], mon

---

1. *Collections du baron Jérôme Pichon. Objets antiques*, etc., Catalogue, nᵒ 58.
2. Au château de La Clau, par Le Boucau (Basses-Pyrénées).
3. Bibl. nat. *MS. latin* 1156 ; cf. *Gazette archéologique*, 1886, pl. xx ; Lecoy de la
Marche, *Les manuscrits et la miniature*, p. 195.

collègue, M. H. de La Tour m'a suggéré l'idée qu'il s'agit peut-être du portrait de Louis II d'Anjou (1367-1417), fils de Louis Ier, qui fut prétendant au trône de Naples et le père du roi René. Le rapprochement n'entraîne pas une conviction absolue; du moins, l'air de famille est si frappant qu'on peut conjecturer que le camée-bague de la collection de M. Guilhou, représente Louis Ier ou Louis II d'Anjou.

Quoi qu'il en soit, en présence des chefs-d'œuvre que nous venons de passer en revue, il faut reconnaître que les graveurs français du temps de Charles V et de Charles VI n'ont été surpassés par ceux d'aucune époque ni dans aucun pays. Sommes-nous condamnés à toujours ignorer leurs noms, comme ceux de la plupart des architectes de nos cathédrales gothiques? Ils étaient les compagnons et les dignes émules de miniaturistes comme André Beauneveu et Jean Fouquet. Seulement ceux-ci, mieux partagés, eurent la bonne fortune de rencontrer de nos jours des historiens qui ont fait revivre leurs noms, signalé leurs œuvres à l'attention de tous ceux qui ont le culte du beau, assuré à leur mémoire une gloire immortelle. Espérons que l'avenir nous révélera les noms de ces cristalliers qui ont, comme Beauneveu et Fouquet, incarné leur génie dans des infiniment petits. Quels qu'ils soient, et en attendant de les mieux connaître, saluons leurs œuvres qui nous font sentir, à côté des miniatures, ce qu'a été cette période, qui comprend la seconde moitié du xive siècle et le commencement du xve siècle français, dans les arts mineurs : le triomphe de la grâce et de la délicatesse servies par une habileté technique qui n'a jamais été dépassée.

CHAPITRE VI

Le roi René d'Anjou et le XVe siècle français.

Les malheurs de la France, conséquence de la folie du roi
Charles VI et du désastre d'Azincourt, arrêtèrent soudain le merveilleux essor artistique dont la gravure des pierres fines avait été
jusque-là, l'une des plus intéressantes manifestations. Tout som-
bra dans les révolutions de palais, les massacres des rues, les
incendies, la misère publique, cortège obligé de la guerre civile et
étrangère ; les collections furent pillées, détruites ; les Mécènes,
ruinés, firent souvent eux-mêmes fondre leurs bijoux ; les graveurs
ne recevant plus de commandes, désertèrent les ateliers qui les
laissaient désormais sans ressources. Il y a ainsi, dans les fastes de
l'histoire de France, trois grands et sinistres naufrages des arts : la
guerre de Cent ans, les guerres de Religion et la Révolution de la
fin du XVIIIe siècle. Mais telle est la vitalité du génie de notre
nation que, chaque fois, il renaquit de ses cendres, et la floraison
nouvelle qui suivit ces grands cataclysmes semble avoir été, en
quelque sorte, fécondée par eux. Chaque fois, des hommes ont
surgi, presque isolément, après la tourmente, qui ont pieusement
rassemblé les épaves du passé, renoué le fil de la tradition, et
sous le souffle des idées nouvelles, corrigé les vieilles formules,
préparé l'éclosion d'un art modernisé.

Après la guerre de Cent ans, l'honneur d'avoir ainsi tenté de
revivifier les arts mineurs en France, revient au roi René d'Anjou,

duc de Lorraine (1408-1480), le petit-fils du frère de Charles V.
Possédé, comme ses ancêtres, de la passion du collectionneur et

Fig. 42. — Reliquaire du roi René. Ancien Trésor de Saint-Nicolas-de-Port (1ʳᵉ face).

captivé par l'exemple des princes italiens après son séjour à
Naples, de 1438 à 1442, on dirait qu'il prit à tâche de chercher à
rassembler ceux des camaïeux, joyaux et autres objets d'art

qu'avaient possédés son père et son grand-père et qui avaient chance de subsister encore [1].

Fig. 43. — Reliquaire du roi René. Ancien Trésor de Saint-Nicolas-de-Port (2ᵉ face).

Une tradition qui ne manque pas de vraisemblance, prétend que le roi René, dans son palais d'Aix en Provence, s'exerça lui-

1. Lecoy de La Marche, *Le Roi René*, t. II, p. 119 et suiv.

même à la gravure sur pierres fines, sans doute sous la direction
de maîtres italiens. Des camées, les uns antiques, les autres exécutés de son temps, ornaient l'important reliquaire en vermeil
qu'il offrit, en 1471, avec sa seconde femme Jeanne de Laval, à
l'église de Saint-Nicolas-de-Port, près Nancy (ci-dessus, fig. 42
et 43). On a quelques raisons de penser que René avait gravé
les modernes, ou tout au moins, en avait donné le dessin. Ce
qui est bien certain, c'est que ce prince, protecteur si ardent des
lettres et des arts, grava des médailles, genre de travail qui, alors
en Italie, allait presque toujours de pair avec la glyptique [2].

René d'Anjou a dû d'autant moins négliger la gravure sur
pierres fines, que, très souvent, les personnages de ses compositions picturales ont leurs vêtements ornés de camées. Dans son
tableau du *Buisson ardent*, à la cathédrale d'Aix, un camée où
figure le Christ bénissant, brille sur le casque de saint Maurice;
la fibule du manteau de l'archange saint Michel est un camée
représentant Adam et Ève; l'Enfant Jésus enfin, tient à la main
un camée à l'effigie de sa Mère.

N'est-il pas démontré par là que le roi René, comme tous ceux
de sa race, affectionnait particulièrement les pierres gravées? Et
comme il joignait à ses goûts d'amateur les talents d'un artiste,
quoi de plus naturel que de soupçonner qu'il s'essaya en ce genre
d'ouvrage délicat comme dans tous les autres? L'inventaire du
château de Pau, en 1561, renferme la mention d'un camée avec
son portrait : « Une agathe où est enlevé le Roy René de Cécyle,
et douze petis esmerauldes alentour [3]. » Dans l'Inventaire des
Joyaux de la Couronne de France, rédigé en 1560, on trouve également un camée représentant le roi René : « Ung camahieu d'ung

<hr>

1. Bretagne, dans les *Mémoires de la société d'archéologie lorraine*, 3e série, t. I (1873),
p. 364.
2. A. Lecoy de La Marche, *op. cit.*, t. II, p. 124-125 ; Bretagne, *loc. cit.*, p. 365.
3. V. Gay, *Glossaire archéologique*, v° *Camahieu*, p. 259.

roy René de Cecille, avec une perle ronde pendante, enrichie de
quatre autres petites perles, deux rubiz, deux esmeraudes et ung
petit diamant, estimé XL[tt] [1]. »

Quant aux camées antiques qui, mêlés aux modernes, décorent
le reliquaire de Saint-Nicolas-de-Port, nous y reconnaissons, sur
une face, l'apothéose d'Hadrien, camée aujourd'hui conservé à la
Bibliothèque de la ville de Nancy : il avait été baptisé saint Jean
sur les ailes de l'aigle. Sur l'autre face, c'est une Vénus à sa toilette, présentement au Cabinet des Médailles [2]. La déesse, qui
tient à la main un miroir orné d'un rubis, passait, en dépit de
sa nudité, pour représenter la Vierge Marie : « le peuple, dit dom
Calmet, la baisait avec respect, croyant baiser la figure de la
sainte Vierge [3]. » Ainsi, en plein xvᵉ siècle, persistaient dans le
traitement et l'attribution des camées antiques les mêmes errements superstitieux et naïfs que dans les temps antérieurs.

Les quelques artistes qui travaillaient sous l'inspiration du roi
René ou des rares amateurs français du xvᵉ siècle, continuaient,
comme par le passé, à graver des gemmes sigillaires. Ainsi, l'intaille au contre-sceau de la commanderie de Saint-Antoine-de-
Viennois à Paris, en 1489, est un buste d'évêque mitré, de face,
dont la gravure ne peut guère être attribuée qu'à l'école française
contemporaine [Pl. VII, fig. 18] [4]. Ce seul exemple atteste que
l'étude des sceaux en cire serait, pour le xvᵉ siècle, non moins
instructive que pour les temps antérieurs.

On continuait aussi, au xvᵉ siècle, à retoucher les camées
antiques auxquels on voulait donner une affectation pieuse :
citons-en un exemple caractéristique.

---

1. *Inventaire des joyaux de la couronne de France en 1560*, dans la *Revue universelle des
arts*, t. IV, 1856-1857, p. 453.

2. E. Babelon, *Catalogue*, nᵒ 42.

3. Dom Calmet, *Notice de la Lorraine*, t. II, p. 147.

4. G. Demay, *op. cit.*, p. XXII, nᵒ 519.

Le Cabinet des Médailles possède un camée célèbre, grande sardonyx à trois couches, qui représente la dispute de Minerve et de Neptune pour la fondation d'Athènes [**Pl. VIII, fig. 8**] [1]. Les deux champions, debout en face l'un de l'autre, sont séparés par un arbre. Neptune, la chlamyde sur le dos, le pied gauche sur un rocher, s'appuie d'une main sur son trident, et de l'autre, il tient un fruit qu'il présente à Minerve. La déesse, coiffée d'un casque, vêtue du chiton talaire et du péplum, indique du doigt le sol d'où elle vient de faire surgir l'olivier. Au moyen âge on ignorait le sens de ce tableau. C'est ce que prouve en toute évidence la description de notre camée, dans l'Inventaire du mobilier du roi Charles V : « Item, un cadran d'or, où il a ung grant camahieu, ouquel il a ung homme, une femme et ung arbre ou mylieu, et aux coins dudit cadran a, par embas, ung saphir et ung balay, chascun environné de trois perles, et deux perles à l'un des costez, pesant quatre onces cinq estellins [2]. »

C'est donc à une époque postérieure à Charles V qu'on décida d'attribuer à ce camée une destination liturgique. Il fut, en conséquence, dépouillé de sa monture et un graveur habile fit subir aux figures les retouches qui étaient nécessaires pour transformer la représentation en scène biblique : on voulut y voir Adam et Ève dans le Paradis terrestre, et pour l'adapter à ce rôle nouveau, on grava sur le pourtour de la gemme, en caractères hébraïques, le commencement du sixième verset du chapitre III de la Genèse : « Et la femme considéra que le fruit de l'arbre était bon à manger, qu'il était agréable à la vue et appétissant. » Mais cette inscription ne suffit pas encore et si vous y regardez attentivement vous vous rendrez compte des retouches qui ont dénaturé la scène antique. Le trident de Neptune, devenu absurde dans la main du Père du genre humain, a disparu ; on

<hr>

1. E. Babelon, *Catalogue*, nº 27.
2. J. Labarte, *Inventaire du mobilier de Charles V*, p. 308.

n'en a laissé qu'un tronçon dans la main du dieu, tandis que primitivement la hampe venait s'appuyer sur le sol. Les plis de la chlamyde ont été regravés. Neptune tient de la main gauche un objet rond (c'était sans doute primitivement un dauphin) que le graveur moderne a voulu être une pomme pour se conformer au verset biblique. Observez l'ensemble du bloc sur lequel le dieu de la mer pose le pied gauche, y compris le cep de vigne et le chevreau, vous y reconnaîtrez le galbe d'une proue de navire, qu'on a ainsi ridiculement travestie. Minerve tenait certainement sa lance avec laquelle elle a fait germer l'olivier : l'arme a disparu. Le casque de la déesse a été aussi modifié, ou plutôt on a essayé de le faire complètement disparaître, étant donné qu'on voulait voir ici la Mère de l'humanité dans le Paradis. L'artiste a transformé le bassin du casque en bandelettes qui enveloppent la tête, tandis que le cimier est devenu une touffe de cheveux relevés. La métamorphose de l'olivier n'a pas été moins radicale : on en a fait un pommier au feuillage à fines dentelures. La chouette qui devait être perchée sur l'arbre de Minerve a disparu pour faire place à des branches de vigne et à deux oiseaux. Les animaux de l'exergue qui représentent ceux de l'Eden, sont aussi dus à l'habile retoucheur du xvᵉ siècle [1].

De tels travestissements aussi barbares que naïfs n'empêchaient pas les artistes qui les pratiquaient de graver des œuvres originales. C'est ainsi que le camée que nous venons d'analyser paraît avoir inspiré le graveur d'une autre gemme plus petite et d'un travail médiocre, dont le type est aussi Adam et Ève dans le Paradis [2].

C'est environ à l'époque du roi René, et peut-être même aux

---

1. Comparez la Dispute de Minerve et de Neptune, type d'un camée médiocre qui paraît dater du xvɪᵉ siècle (E. Babelon, *Catalogue*, nº 462) et un autre camée du Cabinet impérial de Vienne (J. Arneth, *Die Cinque-cento Cameen zu Wien*, pl. xɪɪɪ).

2. E. Babelon, *Catalogue*, nº 392.

artistes qu'il encourageait de sa protection éclairée, qu'il convient
d'attribuer quelques intailles et camées français qui ne sauraient, par
leur style, ni remonter au xivᵉ siècle, ni descendre jusqu'au xviᵉ.
Par exemple, la fameuse intaille du Musée du Louvre connue sous
la fausse dénomination de *Bague de saint Louis* [1] (ci-contre, fig. 44).
Il s'agit d'un saphir taillé en table, sur lequel est gravée la figure
d'un roi en pied, debout, nimbé, couronné et portant le globe et

le sceptre. Sur le pourtour
de l'anneau d'or, des fleurs de
lis en creux sont remplies
d'émail noir. Auprès de la tête
du Roi, les lettres S·L ; l'inscription : C'EST LE SIN̄ET
DV ROI SAINT LOVIS, est
tracée à l'intérieur de l'anneau. On a cru longtemps
que cette bague qui provient
du Trésor de l'abbaye de
Saint-Denis, remontait à
Philippe le Bel, et Labarte a

Fig. 44. — Cachet-bague du xvᵉ siècle.
Musée du Louvre.

même voulu voir dans la gravure un travail byzantin [2]. Mais il
faut bien le reconnaître, le type de la figure royale et l'inscription
en lettres niellées ne sauraient être antérieurs à la seconde moitié du xvᵉ siècle : Louis XII est le premier de nos rois qui se soit
fait représenter sur ses sceaux, comme l'est ici saint Louis,
tenant à la main le globe du monde.

Du même temps est la bague d'or du musée du Louvre, dont le
chaton est un saphir gravé d'un écusson aux armes des Lusignan :

1. J. Labarte, *Hist. des arts industriels*, t. III, p. 204 à 207 ; Barbey de Jouy, *Gemmes
et joyaux de la couronne*, pl. XI ; A. Darcel et E. Molinier, *Notice des émaux du musée du
Louvre, Supplément*, D, 947, p. 573.
2. J. Labarte, *Hist. des arts industriels*, t. III, p. 204 à 207.

une sirène de face. Sur la monture on lit, en caractères gothiques du XVᵉ siècle, la devise : **CELLE QUE JEME M'YMMERA** [1].

Sous les vitrines du Cabinet des Médailles, parmi les rares gemmes que l'on peut attribuer au XVᵉ siècle, d'après leur style, nous signalerons un petit camée en pâte de verre bleuâtre qui représente le Christ à mi-corps, sortant du sépulcre, type bien connu dans l'art sous le nom de *Christ de Pitié* [**Pl. VII, fig. 16**] [2]. Le tombeau a la forme d'une cuve festonnée ; le Christ a la tête inclinée, les yeux mi-clos, les mains croisées sur la poitrine. Nous possédons aussi, du même temps, un *Saint Hubert à la chasse* [**Pl. VII, fig. 19**] [3]. Le saint, à cheval, a la tête ceinte d'un nimbe formé d'une ligne circulaire de petits points gravés en creux : il est vêtu d'une tunique serrée à la taille ; de la main droite, il tient la bride de son cheval ; sur .son poignet gauche étendu il porte un faucon ; son chien suit par derrière. Un autre de nos camées contemporains, si l'on en juge par le style, se rapporte à une légende populaire au moyen âge : il représente la Sibylle de Cumes qui montre à Auguste une apparition de la Vierge [**Pl. VII, fig. 22**] [4]. Pétrarque, dans une lettre au pape Clément VI, fait allusion à ce miracle ; des plaquettes en bronze de la seconde moitié du XVᵉ siècle et nombre d'autres monuments, parmi lesquels les vitraux des églises de Saint-Parres-les-Tertres et de Saint-Léger-lès-Troyes (Aube), construites vers 1510, retracent aussi le même épisode légendaire [5].

Au cycle du roi René se rattache encore, suivant toute vraisemblance, notre belle sardonyx à trois couches qui représente saint Jérôme agenouillé au pied de la croix [**Pl. VII, fig. 20**] ; le

1. A. Darcel et E. Molinier, *Notice des émaux du musée du Louvre*, nº D, 738.
2. E. Babelon, *Catalogue des Camées*, nº 406.
3. E. Babelon, *Catalogue*, nº 432.
4. E. Babelon, *Catalogue*, nº 425.
5. E. Molinier, *Les Plaquettes*, t. I, p. 138, nº 185 ; t. II, p. 51, nº 417 ; Ch. Fichot, *Statistique monumentale du département de l'Aube*, t. I, p. 82 et 433.

saint est barbu, vêtu seulement d'un manteau ; d'une main il saisit la croix, de l'autre il se frappe la poitrine. C'est là un sujet
souvent interprété par l'art au moyen âge et même encore à la
Renaissance [1].

Le baron Jérôme Pichon a proposé d'attribuer à Bertrand de La
Tour, premier comte d'Auvergne, un des héros du règne de
Charles VII, une bague qui, de sa collec-
tion est passée au Cabinet des Médailles
[**Pl. VII, fig. 17**] [2]. Au chaton est une remarquable calcédoine saphirine, intaillée d'une
tête de jeune homme coiffée d'un bonnet
qui a pour ornement trois coquilles de
pèlerin. Sur la sertissure, on lit : ✠ **S. B.
DE TVRRE**, en lettres gothiques (ci-contre,
fig. 45). Quoi qu'il en soit de l'attribution
hypothétique du baron Pichon, nous
avons ici un beau spécimen de la gravure
sur pierres fines en France, sinon contem-

Fig. 45. — Bague de B.
de La Tour. Cabinet des
Médailles.

porain de Charles VII, du moins de l'époque de Louis XI.

Du même temps, mais peut-être d'origine italienne, est un
grand camée sur sardonyx à trois couches, de la collection impériale de Vienne qui représente la Crucifixion [**Pl. VII, fig. 21**]. Le
nombre des personnages groupés autour de la croix, l'harmonie
de la composition, la beauté et la grandeur de la gemme font de
ce camée un joyau de premier ordre [3].

---

1. E. Babelon, *Catalogue*, nᵒ 421 ; cf. notamment un saint Jérôme en or émaillé donné
en 1696 par l'abbé Olivier à la châsse de la Sainte Chemise de Chartres. F. de Mély, *Le
trésor de Chartres*, p. 25, note. Voyez aussi le saint Jérôme agenouillé, en ivoire, de la
Renaissance, au musée du Louvre.

2. *Collections du baron Jérôme Pichon. Objets antiques, etc., Catal.*, nᵒ 61 ; Eug. Fontenay
Les bijoux anciens et modernes, p. 53.

3. J. Arneth, *Die Cinque-cento Cameen zu Wien*, pl. XXII ; E. von Sacken, dans le
Jahrbuch cité, t. II, 1884, p. 39 et pl. III, fig. 7.

Dans la collection Spitzer, dispersée en 1893, se trouvait une bague en or, avec deux gemmes gravées au chaton : une cornaline représentant un aigle, et sur un saphir, une tête de femme de profil. Autour du chaton, la légende : ✠ GVIDETI DE CASTILIONE [1]. Nous en rapprocherons une bague que le baron J. Pichon a ainsi décrite : « Bague en or; chaton en forme de coupelle, sertie d'un petit camée en grenat (tête de chérubin tournée de trois quarts à gauche) [2]. » Ces deux monuments que je ne connais que par leur description, sont, suivant toute apparence, de travail français.

Dans tous les cas, on ne saurait méconnaître une œuvre française ou bourguignonne dans cette description extraite de l'Inventaire du Trésor de Charles le Téméraire, en 1477 : « Ung bouclier de fer garny d'or, et au milieu ung camahieu d'un lyon entre trois fusilz. » Les trois briquets, emblème adopté par le duc de Bourgogne, Philippe le Bon (✝ 1467), démontrent que le camée décrit avait été gravé pour ce prince par quelque artiste contemporain [3].

C'est encore à la seconde moitié du XVᵉ siècle français qu'appartient un groupe important de camées sur coquilles, exécutés sinon par le même maître, du moins par la même école, sous l'influence déjà prépondérante à cette époque, de l'art italien. Les uns décoraient jadis la châsse de sainte Geneviève, de Paris, détruite en 1793 [4]. Ils représentent Pyrame et Thisbé [**Pl. VIII, fig. 1**], Bethsabée au bain [**Pl. VIII, fig. 2**] et Lucrèce se poignardant [**Pl. VIII, fig. 3**]. Les inscriptions gravées dans le champ, à côté des figures, ne laissent aucun doute sur l'interprétation des sujets, d'ailleurs fré-

---

1. *Catalogue des objets d'art et de haute curiosité composant la collection Spitzer* (Catalogue de vente, 1893, in-4°), t. II, p. 55, n° 1877.

2. *Collections du baron Jérôme Pichon. Objets antiques. Catalogue*, n° 100.

3. L. de Laborde, *Glossaire des émaux*, p. 191.

4. E. Babelon, *Catalogue des camées*, nᵒˢ 580, 581 et 583.

quemment traités dans l'émaillerie, la tapisserie, la miniature et
toutes les branches de l'art au xvᵉ siècle. Les autres camées sur
coquilles dont nous parlons proviennent, eux aussi, de débris
de reliquaires français. L'un représente Dieu le Père, bénissant,
vu à mi-corps [1]; deux autres figurent des anges [2]; un troisième,
Adam et Ève dans le Paradis terrestre [Pl. VIII, fig. 4] [3] ; un
quatrième, qui représente le roi Josaphat, a dû faire partie d'un
arbre de Jessé ou généalogie de la Vierge [4]; un cinquième enfin
est la reproduction d'un épisode de la légende de la femme
de Virgile, si populaire au moyen âge [Pl. VIII, fig. 5] [5]. On y
voit deux hommes qui tiennent chacun une torche allumée.
L'un, barbu, est coiffé d'un chapeau de paille à larges bords, vêtu
d'une ample tunique et d'un manteau ; il fait un geste indicateur
à son compagnon qui, lui, est un adolescent, imberbe. Dans le
champ on lit la singulière inscription suivante : **LE FEV AV CV
DE LA DAME DE VIRGILE.** Pour comprendre cette scène
curieuse, il faut se rappeler que, dans la légende du moyen âge,
Virgile qui passait pour un grand magicien, était tombé amoureux de la fille d'Auguste, malgré l'empereur. Il avait obtenu de
sa belle qu'elle le hissât jusqu'à sa fenêtre dans un panier, à
l'aide d'une poulie. A l'heure convenue, Virgile prend place dans
le panier; mais à mi-chemin de son ascension, la princesse noue
la corde pour laisser le galant téméraire exposé à la risée des pas-
sants. Le poète-magicien, mis ainsi en fâcheuse posture, imagina
pour ne pas être vu, d'éteindre tous les feux de la ville; puis il
mit comme condition à son intervention miraculeuse pour faire
cesser cette calamité publique, que la fille d'Auguste fût dépouil-
lée de tous ses vêtements et exposée ainsi sur la grande place de

1. E. Babelon, *Catalogue des camées*, nᵒ 387.
2. E. Babelon, *Catalogue*, nᵒˢ 388 et 389.
3. E. Babelon, *Catalogue*, nᵒ 390.
4. E. Babelon, *Catalogue*, nᵒ 401.
5. E. Babelon, *Catalogue*, nᵒ 579.

Rome; le malicieux magicien décida, en outre, que ce serait seulement à l'endroit désigné par l'inscription de notre camée que chaque citoyen pourrait rallumer son flambeau; c'est en effet ce que vient de faire le vieillard représenté ici, qui indique au jeune homme la place où il doit, lui aussi, aller allumer son cierge. La légende grossière que nous venons de résumer a servi de thème à nombre de sculpteurs, graveurs et médailleurs du moyen âge et de la Renaissance.

La langue des inscriptions gravées dans le champ de ces camées sur coquilles, ne permet pas de douter qu'il s'agisse d'œuvres françaises. Cependant, j'ai remarqué au Musée national de Munich un grand reliquaire intact orné de camées sur coquilles du même style, œuvre de la même école, qui est catalogué comme appartenant à la Renaissance italienne. Ce reliquaire a la forme d'un petit autel avec retable; au centre, la Nativité du Christ; le pourtour est couvert d'une soixantaine de camées sur coquilles représentant des scènes bibliques, juxtaposés et séparés par des chapelets de perles et de grenats [1].

D'ailleurs, l'influence italienne est telle, à la fin du xvᵉ siècle, dans tout l'occident de l'Europe, qu'à moins d'inscriptions ou de détails historiques particuliers, il n'est plus possible de signaler un camée qui soit exclusivement de style français. Les deux splendides camées religieux que nous donnons sur notre planche VIII, et qui représentent l'Adoration des Mages [**Pl. VIII, fig. 6**] et un Parallèle entre l'Ancien et le Nouveau Testament [**Pl. VIII, fig. 7**] sont-ils français ou italiens [2]? Ils comptent, en tout cas, parmi les plus remarquables du Cabinet des Médailles pour la fin du xvᵉ siècle. Il faut admirer, dans le premier, la grâce de la Vierge assise à l'entrée de son humble demeure de

---

1. *Führer durch das Bayerische national Museum in München* (3ᵉ édit. Munich, 1901, in-12). Salle 23, nº 4, p. 70.

2. E. Babelon, *Catalogue*, nᵒˢ 402 et 405.

Bethléem, la gravité pieuse des trois Rois qui s'avancent et s'inclinent devant l'Enfant Jésus. Dans le second, dont les deux tableaux allégoriques sont séparés par un arbre gigantesque à branches desséchées d'un côté, couvertes de feuillage de l'autre, on sera émerveillé de la grandeur et de la beauté de la gemme, du nombre des personnages, de la profondeur donnée à ces petites scènes où l'on reconnaît : Moïse agenouillé et recevant les Tables de la Loi; Adam et Ève et le serpent tentateur; les tentes des Israélites campés derrière la colonne sur laquelle s'agite le serpent d'airain; sous l'Arbre de la science du bien et du mal, un squelette dans un tombeau entr'ouvert. De l'autre côté, c'est la Vierge agenouillée recevant la visite de la Colombe; la scène du Calvaire; l'Agneau pascal; l'Ange annonçant aux bergers la venue du Sauveur; le Christ triomphant sortant du tombeau, enseignant au monde sa doctrine et terrassant le démon; au premier plan, l'homme régénéré entre un prophète juif et saint Jean-Baptiste qui lui montre les scènes de la Rédemption. Ce vaste tableau symbolique se trouve aussi dans les miniatures françaises et allemandes du XVe siècle, et un peu plus tard, après Luther, les Bibles protestantes en Allemagne, seront souvent illustrées de cette même image plus ou moins abrégée. Mais faut-il conclure de là que l'œuvre de glyptique est plutôt française ou allemande qu'italienne; faut-il ajouter qu'une certaine sécheresse dans le style des deux camées dont nous venons de parler semble contraster avec la grâce souple, l'ampleur et la liberté d'allures de l'art italien à la fin du XVe siècle? Qui oserait être tout à fait affirmatif sur ces points délicats?

Si de telles œuvres n'ont pas de patrie, on ne saurait dire à plus forte raison à quelle école ou à quels artistes on les doit, car pour aucun des monuments que nous avons énumérés dans ce chapitre, il n'est possible de citer un nom de fabrique, et les graveurs de l'époque du roi René comme ceux du temps de son grand-père Louis Iᵉʳ d'Anjou, demeurent ignorés de l'histoire. Pourtant, faut-il reconnaître un graveur sur pierres fines ou un simple marchand de gemmes dans un certain Jehan Barbedor, signalé en 1494 dans le passage suivant des Comptes royaux : « A Jehan Barbedor, marchant géolier demourant à Paris..., pour ung camaieul pesans trois onces et demye d'or, auquel y a trois grands camayeulx, dont l'un est une face de Nostre-Dame, le segond saint Michiel, et le tiers la pourtréture de la face du feu roys Loys (Louis XI) derrenier décédé. » [1] Quelle que soit la profession de Barbedor, il est certain, par ce portrait de Louis XI, que les camées qu'il vend au Roi sont des œuvres françaises et contemporaines, mais c'est tout ce qu'il est permis d'affirmer.

1. L. de Laborde, *Glossaire des émaux*, p. 191.

Fig. 46. — Buste de nègre.
Camée du Cabinet des Médailles.

CHAPITRE VII

Matteo dal Nassaro et la Renaissance française.

Aux xiiie et xive siècles, l'Italie était singulièrement en retard
sur la France au point de vue du développement artistique. Mais
peu après, tandis que les malheurs de la fin du règne de
Charles VI frappaient chez nous, d'un arrêt de mort, le merveilleux épanouissement auquel nous avons assisté, on vit, au contraire, se dessiner et prendre corps, au delà des Alpes, les premières manifestations d'un mouvement original et spontané, qui
était destiné à se substituer, dans tout l'Occident de l'Europe, à
l'art et à la pensée gothiques. Sous l'impulsion de Pétrarque
(† 1374), on commença à comprendre réellement l'antiquité, à
en interroger les restes avec critique, pour leur demander compte,
à eux-mêmes, de leur origine et de leur passé véritable; à les
recueillir, non plus seulement à titre de bijoux aptes à servir à
la décoration de meubles ou de reliquaires, mais comme des produits authentiques, de vivants témoins des civilisations païennes,
dignes d'être des sujets d'étude pour les humanistes, les artistes
et les historiens.

Bientôt, papes et princes, prélats et grands seigneurs, bourgeois, gens de robe et d'épée, tous se mettent à recueillir les
antiques, se forment des galeries d'œuvres d'art, de véritables
musées; les camées et intailles des Grecs et des Romains sont au
premier rang des préoccupations de ces curieux et de ces ama-

teurs d'un nouveau genre. Ils les recherchent avec passion, se les disputent même parfois avec âpreté, et puis ils commandent sans compter des imitations d'antiques aux graveurs contemporains qui, ainsi stimulés, deviennent de plus en plus nombreux.

Le Florentin Benedetto Peruzzi, *singolare intagliatore di pietre*, connu surtout pour avoir contrefait le sceau de Charles de Durazzo en 1379 [1], est le premier de cette pléiade d'artistes qui, en Italie, durant un siècle et demi, vont mettre à la mode les produits de la glyptique et s'efforceront dans leurs œuvres d'atteindre la pureté de dessin et l'habileté technique si justement admirées dans les plus belles gemmes de l'antiquité.

Il serait hors de propos, dans un petit livre consacré à l'histoire de la glyptique en France, de faire le tableau de l'essor que prit cet art en Italie à partir du milieu du xve siècle, de rechercher quels furent les riches et puissants amateurs qui, à côté des Laurent de Médicis, des Paul II et des Léon X, encouragèrent et soutinrent les artistes, de raconter la vie ou de décrire les travaux des Domenico Compagni, des Giovanni Bernardi, des Valerio Vicentini, des Pier Maria da Pescia et de trente autres, leurs dignes émules ou leurs disciples [2].

La constante préoccupation de ces artistes et de ces collectionneurs, c'est, pour les uns, de graver aussi bien que le faisaient les maîtres anciens, de les surpasser même en traitant des sujets pareils ; pour les autres, de posséder des gemmes antiques ou, à leur défaut, des gemmes modernes si bien imitées qu'elles pussent passer pour antiques. Ce double rêve fut réalisé avec une perfection qu'aucune autre époque n'a jamais dépassée. Tel était, en effet, l'habileté d'imitation de ces artistes de la Renais-

---

1. Cicognara, *Storia della scultura*, t. II, p. 391 ; King, *Antique Gems*, t. I, p. 412 ; Eug. Müntz, *Histoire de l'art pendant la Renaissance*, t. I, p. 695.

2. Voyez surtout notre Introduction au *Catalogue des camées antiques et modernes de la Bibliothèque nationale*, p. LXXXII et suiv.

sance italienne, que souvent il est impossible de distinguer leurs ouvrages de ceux que l'antiquité nous a légués. Par surcroît d'embarras pour nous, un grand nombre d'entre eux se sont fait une célébrité, non seulement comme imitateurs de l'antique, mais comme particulièrement habiles à retoucher et à retravailler les gemmes antiques. Que dis-je! parfois, les artistes de la Renaissance se sont amusés à graver sur les gemmes antiques, des noms de lithoglyphes anciens auxquels ils croyaient pouvoir attribuer ces œuvres. Ils sont même allés plus loin encore : sur les plus achevés de leurs propres ouvrages, ils ont, mus par un sentiment d'inconcevable abnégation, inscrit, à la place de leur nom, celui d'artistes de l'antiquité, de sorte que, dans ce dernier cas, tout est moderne dans le goût antique, l'œuvre et la signature. De tels procédés qui jettent la perturbation dans la critique des pierres gravées, ont été pratiqués couramment, non seulement au xvie siècle, mais dans les temps plus rapprochés de nous, surtout à la fin du xviiie siècle et au commencement du xixe, par les Sirletti, les Natter, les Pichler, ces dignes continuateurs de la Renaissance italienne.

Cette déplorable manie de la contrefaçon n'a jamais empêché les amateurs d'autrefois, qui ne se plaçaient pas au même point de vue que nous, de collectionner, aussi bien que les antiques, les gemmes qu'on gravait sous leurs yeux ou grâce à leurs encouragements, car chacun d'eux tenait à avoir une imitation ou une reproduction des gemmes qu'il ne pouvait posséder en original.

Les camées et les intailles sont un luxe d'écrin comme le prouvent les célèbres dactyliothèques d'un Paul II, d'un Cosme et d'un Laurent de Médicis, d'un Fulvio Orsini; en même temps, ils restent l'indispensable et principal élément de la parure masculine et féminine. La mode est aux camées environnés d'élégantes montures d'or ciselé et émaillé, parsemées de pierres précieuses taillées ou en cabochon. Les suites du Cabinet des Médailles comptent des chefs-d'œuvre de montures, quelques-unes même attribuées à Benvenuto Cellini[1] et dignes, aujourd'hui encore de servir de modèles aux orfèvres-émailleurs. Pas de chaperon élégant sans un camée pour enseigne; pas de collier sans un pend-à-col en camée; pas de riche manteau sans une agrafe ornée d'un camée; pas de chape ou de pourpoint sans des rangées de boutons en camées. L'un des exemples que nous en donnons (ci-contre, fig. 47) a une monture des plus simples et de bon goût; il a l'avantage, en outre, de nous montrer un camée suspendu au collier d'une élégante inconnue du XVIᵉ siècle[2], qui en porte aussi un autre dans sa coiffure, au-dessus du front. Celui que nous avons reproduit à la page 124 (fig. 46) a, au contraire, une richissime monture d'or émaillé: c'est une enseigne de chaperon ou une

Fig. 47. — Buste de femme.
Camée du Cabinet des Médailles.

agrafe de pourpoint brodé, avec un buste de nègre en camée[3]. La poignée et le fourreau des dagues et des couteaux de chasse sont incrustés de camées, aussi bien que les coffrets à bijoux, les peignes, les bracelets, les colliers, les diadèmes. Comme au moyen âge, mais avec un goût plus raffiné et une expérience

1. Voyez notamment : E. Babelon, *Catalogue des camées*, nᵒˢ 70, 79, 97, 249, 266 398, 408, 448, 465, 513, 515, 588, 595, 683, 684, 688, 708, 709, 746, 778, 950, 963, 975, 992, 1002, 1009, etc.
2. E. Babelon, *Catalogue*, nᵒ 1009.
3. E. Babelon, *Catalogue*, nᵒ 595.

plus consommée, on enrichit de camées les parois des châsses, les reliquaires, les croix processionnelles, les ciboires et les autres ustensiles du culte.

Cette même passion des pierres gravées qui avait été à la mode chez les princes français du XIVe siècle, et que, seuls ou à peu près, le roi René et les ducs de Bourgogne avaient conservée chez nous durant le XVe siècle, se revivifia tout à coup en France plus ardente que jamais, à la suite des expéditions de Charles VIII et de Louis XII au delà des Alpes. Nul n'ignore les faveurs et les largesses que François Ier prodigua à l'un des plus habiles graveurs de l'Italie, Matteo dal Nassaro, de Vérone [1].

Matteo, dont l'une des premières œuvres fut une *Descente de croix* sur un jaspe sanguin où les taches rouges exprimaient le sang des plaies du Christ, comme dans le *Christ en croix* du Musée du Louvre, était l'élève de Niccolo Avanzi et de Galeazzo Mondella; ses débuts furent encouragés par Isabelle d'Este [2]. Jeune encore, il vint en France et présenta quelques-unes de ses œuvres à François Ier qui, transporté d'enthousiasme, le retint à sa cour et lui fit une pension [3].

Matteo travaillait à Paris pour le roi de France dès 1515. Il émerveilla la cour avec un camée sur agate, représentant la tête de Déjanire : telle avait été son habileté à tirer parti des différentes couches de la gemme, qu' « une veine rouge qui traversait accidentellement la pierre avait été adaptée si à propos sur le revers de la peau de lion, que cette peau semblait fraîchement écorchée [4] ». François Ier plaça ce joyau dans son écrin et com-

---

1. Sur Matteo dal Nassaro, voyez surtout, outre la biographie de Vasari (t. V, p. 375-379) : H. de La Tour, dans la *Revue numismatique* de 1893, p. 517 à 561 ; J. Guiffrey, dans les *Nouvelles archives de l'art français*, 2e série, t. I, p. 46, et le *Catalogue des Actes de François Ier*, passim.

2. H. de La Tour, *loc. cit.*, p. 519.

3. J. Mariette, *Traité des pierres gravées*, t. I, p. 120 et suiv.

4. J. Mariette, *loc. cit.*

manda à Matteo un grand oratoire orné d’une quantité de pierres gravées; tout le monde voulait avoir des empreintes de ses ouvrages en cristal de roche, et l’on prisait surtout un groupe de Vénus et l’Amour, d’une pureté idéale de dessin, de matière et de gravure.

Une intaille du Cabinet des Médailles, qui porte, au revers, les initiales F. I (*Franciscus primus*), et représente le buste de François Iᵉʳ, est une œuvre de Matteo dal Nassaro [**Pl. IX, fig. 1**] [1]. M. de La Tour l’a démontré en rapprochant cette gemme de la médaille gravée par le même maître en commémoration de la bataille de Marignan (1515). Les deux œuvres ont été exécutées par la même main, et elles nous permettent d’admirer le talent de notre artiste dès le moment où il vint en France : « il combine et coordonne bien l’ensemble; il dessine et modèle vigoureusement; il attaque, creuse et approfondit la pierre avec un brio et un entrain merveilleux; il y a surtout, dans les rinceaux de la cuirasse, peut-être un peu trop saillante pour l’effet général, une souplesse et une habileté consommées. C’est là une œuvre de maître [2] ».

On a attribué à Matteo une autre intaille du Cabinet des Médailles, qui représente une bataille [**Pl. IX, fig. 2**] [3]. Au centre de la composition, un empereur romain est entouré de soldats, fantassins et cavaliers. Son cheval se cabre et il brandit un javelot; la mêlée est assez confuse, à cause du nombre de combattants; sur l’un des étendards, on lit les lettres S P Q R (*Senatus populusque romanus*), et sur l’autre, les lettres OP NS que J. Mariette a interprétées avec assez de vraisemblance : *OPus Nassarii Sculptoris* [4]. D’après Mariette, le sujet de cette sardoine

1. Chabouillet, *Catalogue*, nᵒ 2485.
2. H. de La Tour, *loc. cit.*, p. 540.
3. Chabouillet, *Catalogue*, nᵒ 2482.
4. J. Mariette, *Traité des pierres gravées*, t. II, pl. 107.

serait la fameuse « Bataille de Constantin » au pont Milvius, peinte d'après le dessin de Raphaël dans la salle dite de Constantin au Vatican. Si cette interprétation est exacte, il faut ajouter que Matteo s'est simplement inspiré de la peinture sans s'astreindre à une reproduction fidèle. On a aussi attribué à Matteo un camée de la collection impériale de Vienne qui représente Noé et les animaux au sortir de l'arche [1].

Après la bataille de Pavie, en 1525, et la captivité de François Ier, Matteo dut s'en retourner en Italie. Mais le roi de France ayant bientôt recouvré sa liberté, le rappelait dès l'année suivante. Le Véronais reprit le chemin de Paris, et François Ier lui paya sa pension même pour le temps qu'il avait passé en Italie. Matteo se maria dans notre pays et eut plusieurs enfants. Il grava à cette époque des monnaies, des médailles et des gemmes, ce pourquoi il touchait une pension annuelle de 300 écus d'or au soleil, somme considérable pour le temps, sans compter des gratifications extraordinaires. Notre artiste qui figure dans les Comptes des Menus plaisirs en 1529, travaillait non seulement pour le Roi, mais pour les gentilshommes de son entourage, et même dans ses rapports avec eux, il paraît n'avoir pas toujours été d'humeur très accommodante. Un jour, « il advint, raconte M. de La Tour, qu'un seigneur, après avoir commandé un camée, n'offrit à l'artiste, au moment de la livraison qu'un prix jugé misérable par celui-ci. Matteo, humilié, veut faire cadeau du camée ; le seigneur refuse, et notre Matteo, furieux, brise la pierre à coups de marteau ».

C'est peut-être à Matteo dal Nassaro qu'on doit attribuer une magnifique aiguière du Musée du Louvre en cristal de roche, montée en vermeil et aux armes de Bourbon, ce qui ferait croire qu'elle a été exécutée pour le connétable de Bourbon, mort si misérablement en 1527 [2].

1. J. Arneth, *Die Cinque-cento Cameen*, p. 42 et pl. I, 27.
2. *Revue de l'art ancien et moderne*, 3ᵉ année, t. V, 10 avril 1899, p. 331-332.

Peintre, dessinateur, orfèvre, mécanicien, ciseleur et musicien aussi bien que graveur de camées, d'intailles et de médailles, Matteo était populaire à Paris sous le nom de messire Mattée. Il était aussi gai conteur qu'excellent artiste, si l'on s'en rapporte à une historiette que le Bandello tenait de sa bouche, et qui m'a été signalée par M. Edmond Bonnaffé [1].

Le 26 mars 1531, il reçut du Roi 100 écus, prix d'un vase qu'il avait exécuté pour la reine « et 50 écus pour dresser des moulins pour faire d'autres vases » [2]. Ces moulins hydrauliques étaient destinés à mettre en mouvement une taillerie de pierres fines qui fut installée sur la Seine; dans un document de 1534, elle est ainsi désignée : « Un moulin porté par basteaulx pour pollir dyamans, aymeraudes, agattes et aultres espèces de pierres [3]. » C'était le bateau-moulin dit *de la Gourdaine*, la première taillerie de pierres dures installée en France. « Ce bateau, dit M. de La Tour, était appelé *moulin* parce que sa machinerie était mise en mouvement par des roues hydrauliques semblables à celles des moulins ordinaires. Il était amarré sur le bras droit de la Seine, dans le voisinage royal des Étuves où François Ier avait installé son protégé Matteo... [4] »

Dans les années suivantes, Matteo figure sur les comptes royaux pour sa pension de 600 livres et pour des paiements de travaux particuliers. En 1533, par exemple, il touche 2.000 livres « pour son paiement de deux quesses de cuyr, ouvrées à la

---

1. Le Bandello (éd. de Londres, 1793), *Parte quarta, novella XXII*, p. 314, Préface : « Avendo questi giorni in Parigi scritto una novella che in una onorata compagnia, ove io mi ritrovai, narrò il gentilissimo scultore di gemme Matteo dal Nansaro (*sic*), così caro e domestico del Cristianissimo di questo nome re Francesco primo, quando madama Fregosa era in Parigi, e pensando cui donare la devessi, voi mi occoreste; onde al nome vostro avendola dedicata, resterà testimonio al mondo de l'amicizia nostra. »

2. *Catalogue des actes de François Ier*, n° 3933 ; H. de La Tour, *op. cit.*, p. 525.

3. Albert Barre, dans l'*Annuaire de la Soc. franç. de numismatique*, 2e année, 1867, p. 148; H. de La Tour, *op. cit.*, p. 526.

4. H. de La Tour, *op. cit.*, p. 526.

damasquine et deux escriptoires bordées d'agattes orientalles[1] ».
En 1534, Matteo reçoit 400 livres pour « achepter 4.000 livres
d'esmery qu'il luy convient avoir pour graver et tailler des
pierres, ainsi que icellui seigneur luy a commandé et ordonné[2] ».
La même année et plus tard, en 1538, Matteo est largement
indemnisé par son royal protecteur, « des deniers par luy desboursez
à faire réparer et approprier le logis appelé les Estuves, estant au bout
de l'isle du Pallais de Paris ouquel le Roy lui a donné sa demeure[3] ».

En 1538 encore, il touche un nouvel acompte sur la somme
promise par François Ier pour « la construction et l'édifice d'un
moulin qui doit être assis et porté sur basteaulx en la rivière de
Seyne, près la pointe du Pallais de Paris, pour servir à pollir
dyamans, aymerauldes, agattes et autres espèces de pierres » [4].

La collection de camées, intailles, aiguières, coupes, girandoles et autres objets en pierres fines rassemblés par François Ier,
dont il avait hérité de ses prédécesseurs, ou qui furent exécutés
sur ses commandes, était devenue considérable et digne d'être
mise en parallèle avec celles des princes italiens contemporains. La
Chambre des Comptes avait eu jusqu'alors la conservation de ces
joyaux et des autres meubles de la Couronne, et elle se montrait
fort jalouse de cette prérogative. Mais Louis XII et François Ier
qui tenaient à jouir de leurs gemmes et objets artistiques suivant
leur fantaisie, contestèrent ce droit ; on se fâcha de part et d'autre
et François Ier, en 1537, coupa court à toute discussion en faisant
arracher du *Mémorial* de la Chambre, l'Inventaire de ses joyaux[5].

1. J. Guiffrey, *Comptes des Bâtiments du Roi*, t. II, p. 369 ; H. de La Tour, *op. cit.*,
p. 527.
2. J. Guiffrey, *Comptes des Bâtiments*, *loc. cit.* ; *Catal. des actes de François Ier*, n° 6788 ;
H. de La Tour, *op. cit.*, p. 528.
3. J. Guiffrey, *Les comptes des Bâtiments*, t. II, p. 371 ; H. de La Tour, *op. cit.*, p. 528.
4. J. Guiffrey, *op. cit.*, p. 370 ; H. de La Tour, *op. cit.*, p. 530.
5. A. de Boislisle, *La Chambre des Comptes*, p. xxxv, *Mémorial*, déclaration du
24 avril 1537 ; ce cahier se trouve aux Archives nationales, *Trésor des Chartes*, Carton J,
947, n° 4.

Les encouragements ne furent que prodigués davantage à
Matteo, à la suite de cet incident. En 1539, François Ier remit
1.400 livres « à Mathée d'Alnassar, painctre, vallet de chambre et
graveur dudit seigneur, pour le parfaict de ses gaiges des années
1536, 1537 et 1538, à ladicte raison de 600 livres par an [1] ».
C'est la dernière mention du nom de notre artiste sur les
comptes des dépenses du Roi. Pourtant, il semble bien qu'il ait
travaillé encore pour François Ier dans les années qui suivent.
En effet, si la bataille de Marignan avait provoqué la gravure
d'une médaille et d'une intaille, celle de Cérisoles (22 avril 1541)
paraît avoir, à son tour, été l'objet, de la part de Matteo, d'une
autre intaille et d'un camée représentant aussi le buste de François Ier [**Pl. IX, fig. 3**]. M. de La Tour reconnaît bien dans Matteo
l'auteur de la médaille, mais, pour des raisons de style, il ne
croit pas que le camée soit de notre artiste. Il restera, sans doute,
toujours à cet égard, quelque incertitude dans l'esprit, mais
l'identité des deux bustes royaux sur la gemme et sur la
médaille, permet d'affirmer que si le camée n'est pas de Matteo,
il est de la main d'un de ses meilleurs élèves. Vasari nous
apprend que l'artiste Véronnais, devenu Français, mourut en
1547 ou 1548, c'est-à-dire peu de mois après son royal ami.

Matteo dal Nassaro fut donc l'artiste italien qui introduisit en
France les procédés de la gravure sur pierres fines usités en Italie. Il se fit par là le chef de l'école française de la Renaissance.
Les élèves qu'il forma et qui travaillèrent sous sa direction per-
pétuèrent après lui son art et ses procédés dans notre pays et
leurs ouvrages anonymes attestent qu'ils surent s'élever à la hauteur de leur maître et de leurs émules d'au delà des Alpes.

Malheureusement, non seulement ces œuvres ne sont pas
signées, mais nous ignorons les noms de la plupart de ces

---

1. J. Guiffrey, *op. cit.*, p. 371 ; H. de La Tour, *op. cit.*, p. 530.

artistes. L'un pourtant, s'appelait Guillaume Hoison : un compte des Menus plaisirs du Roi, de 1530, fait mention d'une somme de 448 livres, payée à Guillaume Hoison, lapidaire à Paris, « pour une Notre-Dame d'agathe garnie de neuf grosses perles, d'ung saphir et de deux rubis... et ung poignart ayant le manche de cristal et garni par la guesne de trois camayeux ». Voilà tout ce que nous savons sur Guillaume Hoison [1].

En 1541, le livre des dépenses de Marguerite d'Angoulême porte la rubrique suivante : « A Jehan Vinderne, tailleur de camayeulx, pour avoir taillé une grande amatiste de 7 poulces de haut (par ordre de la reine) : 150 livres » [2].

C'est à l'un de ces artistes, sans doute, que nous devons un certain nombre des camées et des intailles, gravés dans le goût italien, qui figurent sous nos vitrines. Par exemple, une belle Madone sur une sardonyx à trois couches, entourée d'une monture en or émaillé [Pl. IX, fig. 4] ; la Vierge, les cheveux partagés sur le front, est assise de face sur un trône architectural, et tient l'Enfant Jésus debout sur ses genoux [3]. Par exemple aussi, notre beau buste en sardonyx qui représente Diane de Poitiers et forme le couvercle d'un petit coffret [Pl. IX, fig. 5]; le champ est en argent doré et le pourtour rehaussé d'une ceinture de brillants [4].

Henri II sut, comme son père, se montrer généreux envers les artistes; comme lui aussi, il en fit venir de l'Italie et acheta leurs œuvres, car les graveurs français continuaient à être peu nombreux, sans originalité et entièrement tributaires de ceux qui gravitaient autour des cours italiennes.

---

1. J. Labarte, *Hist. des arts industriels*, t. III, p. 211.
2. *Livre des dépenses de Marguerite d'Angoulême*, p. 91 ; V. Gay, *Glossaire archéologique*, vº *Camahieu*, p. 258.
3. Chabouillet, *Catalogue*, nº 2483.
4. E. Babelon, *Catalogue*, nº 938.

Catherine de Médicis, arrivant à la cour de France, ne se fit pas
faute d'attirer les artistes florentins. Mais l'absence d'inventaire
remontant à cette époque ou celle de signature sur ces belles
pierres rend toute identification impossible. Nous avons en vue,
en nous exprimant ainsi, soit les bustes des empereurs romains
en agate, dont une belle série est au Musée du Louvre, soit la
série de camées et d'intailles, si considérable au Cabinet des
Médailles, comme à Naples, à Florence ou à Vienne, portant des
sujets tirés de la mythologie antique ou copiés d'après le revers
des monnaies romaines, des allégories, des sujets bachiques, des
portraits des douze Césars et des autres empereurs romains, des
bustes de divinités ou de héros. Il faut seulement mentionner, en
passant, cette série sans fin de gemmes en creux ou en relief plus
italiennes que françaises. L'origine française fût-elle même éta-
blie pour quelques-unes, qu'on devrait néanmoins reconnaître
que celles-là mêmes sont gravées dans le style et le goût de la
Renaissance italienne.

L'Inventaire, rédigé sous François II, le 15 janvier 1560, « des
vaisselles et joyaulx d'or et d'argent doré, pierres, bagues et autres
choses précieuses trouvées au Cabinet du Roy à Fontainebleau »,
étale sous nos yeux les richesses de la collection royale, dont
quelques épaves sont au Cabinet des Médailles et dans la Galerie
d'Apollon [1] ; on y signale la présence de joyaux qui jadis avaient
appartenu au duc d'Anjou, frère de Charles V et au Trésor royal
du XIVᵉ siècle [2]. Mais ce document, si précieux à divers titres, ne
nous éclaire en rien sur les graveurs français et les œuvres de
glyptique exécutées par eux. Il est impossible, par exemple,
d'identifier avec des camées de la collection du Cabinet des
Médailles, des descriptions comme celles-ci, que nous choisissons
parmi les plus explicites :

1. J. Labarte, *Hist. des arts industriels*, t. III, p. 217.
2. Paul Lacroix, dans la *Revue universelle des arts*, t. III, 1856, p. 335.

« 54. Ung tableau d'une agate en ovalle, garny d'or et enrichy de quinze perles, y ayant une Nostre Dame de Conception, estimé LXXtt.

» 250. Une tasse de cacydoine taillée d'ung grant feuillaige anticque et ung camahieu rapporté au fons, estimée IIIIxxtt.

» 302. Une autre figure de porfire de Vénus avec son fils, estimée CLtt.

» 355. Une autre (enseigne) d'une agathe où il y a une figure qui se mire dans un diamant, estimée XXXVtt.

» 359. Une autre enseigne d'agathe, rapportée sur ung fons, d'une teste de More avec son turban, estimée XIItt.

» 394. Une teste d'aigue marine garnie d'un chappeau où il y a de petitz diamantz et une perle pendant au bout, estimée IIIIxxtt.

» 386. Ung autre camahieu anticque d'ung qui abreuve troys chevaulx en ung puy, cerclé d'or, enrichy de petitz rubiz, estimé Ctt. » [1]

Cet Inventaire contient en outre la mention d'une grande quantité de coupes en cristal, « vaisseaux, escuelles, tableaux, drageoirs, mirouers, sallières, burettes, barils, chandeliers, pots, verres, escriptoires » et autres ustensiles ou bibelots de cristal, de calcédoine et d'agates de nuances variées, qui ont disparu.

Nous n'avons pas réussi même à y retrouver la description d'une petite intaille de ce temps, sur laquelle figure un charmant buste de femme avec le bonnet plat et la grande collerette [2] du xvie siècle [**Pl. IX, fig. 6**] ; certains critiques ont voulu, à tort, y reconnaître Catherine de Médicis ou Marie Stuart. On ne saurait non plus identifier, dans l'Inventaire, une célèbre salière en jaspe, montée en or, qui paraît pourtant n'avoir quitté l'ancien Trésor

---

1. Le texte entier a été publié par Paul Lacroix, dans la *Revue universelle des Arts*, t. IV (1856-1857), p. 452.
2. Chabouillet, *Catalogue*, no 2492.

royal que pour entrer au Musée du Louvre [1]. Cette coupe canne-
lée, avec sa monture architecturale est réputée de style français;
c'est un des rares monuments d'orfèvrerie gemmée que l'on ose
enlever à l'art italien. Les autres coupes historiées en cristal de
roche, jaspe, sardoine et autres gemmes que possède la Galerie
d'Apollon, au Louvre, sont italiennes; elles ont, d'ailleurs, été
achetées, pour la plupart, en Italie, seulement sous Louis XIV.
Nous nous reprocherions de ne pas mentionner encore une paire
de bracelets, composés chacun de sept camées gravés sur coquilles
et représentant des animaux divers et des scènes de chasse d'une
rare élégance; chaque camée est enchâssé dans une monture en
or, rehaussée d'émail bleu, avec des chaînons en émail vert. Sur
les fermoirs sont gravés deux **C** entrelacés dans lesquels on a
voulu voir les initiales de Catherine de Médicis, ou celles de
Catherine de Bar, sœur de Henri IV [2]. Quoi qu'il en soit, ces bracelets qui n'entrèrent dans la collection royale que sous Louis XIV,
méritent d'être signalés parmi les meilleures œuvres de la glyptique italienne ou française du XVIe siècle.

Charles IX hérita des joyaux énumérés dans l'Inventaire de
1560, et il s'en montra digne en manifestant un goût éclairé pour
les antiquités et les collections artistiques. Sans les malheurs de
son temps, il eût, on peut le présumer, porté la collection royale
à un degré de splendeur inconnu jusque-là. Il fit rassembler dans
une galerie de son palais du Louvre la plupart des gemmes, joyaux
et autres objets précieux qui, sous ses prédécesseurs, étaient dis-
séminés dans les diverses résidences royales, notamment aux
châteaux de Fontainebleau et de la Bastille, et ce fut ce prince
qui créa la première charge de Garde particulier des médailles,
antiquités et pierres gravées du Roi. Mais les événements poli-

---

1. A. Darcel et Molinier, *Notice des émaux et de l'orfèvrerie du Louvre*, p. 475, n° D.
735; E. Molinier, dans la *Revue de l'art ancien et moderne*, 3e année, t. V, janvier 1899,
p. 63.

2. E. Babelon, *Catalogue*, n°s 624 et 625.

tiques étouffèrent bientôt ces heureux commencements et la Saint-Barthélemy fut le tombeau de la collection royale.

Malgré tout, sous son règne, et même sous celui du faible Henri III qui sut encore rassembler les vases et joyaux de l'Ordre du Saint-Esprit, et constitua en corporation les joailliers et marchands de pierres taillées à facettes, trois graveurs en pierres fines furent honorés de la faveur et de la protection royales : ce sont Olivier Codoré, Julien de Fontenay et Guillaume Dupré.

Longtemps on a cru que le nom de Codoré ou Coldoré n'était que le pseudonyme ou le sobriquet de Julien de Fontenay [1]. Mais un document émané de la chancellerie du roi Charles IX a permis d'établir entre les deux graveurs contemporains une distinction formelle [2]. Charles IX, dans ce texte officiel, appelle Codoré « notre bien aimé Olivier Codoré, tailleur et graveur en pierres précieuses ». Cet artiste dont on ne connaît aucune œuvre authentique qui porte sa signature, vécut jusque sous le règne de Louis XIII. Serait-ce à lui que nous devons un joli camée qui représente Henri de Lorraine, duc de Guise, le deuxième *Balafré* et le fondateur de la Ligue (1550-1588) [Pl. **IX**, **fig. 7**] [3].

Julien de Fontenay figure comme graveur en pierres fines sur l'État de la maison du Roi en 1596 ; il demeurait alors à Fontainebleau ; on le trouve ensuite nommé dans des lettres patentes de Henri IV, du 22 décembre 1608, portant privilèges en faveur des artistes logés sous la grande galerie du Louvre. Henri IV, qui le qualifie son « valet de chambre et graveur en pierres précieuses », porta ses gages à cent livres [4]. Julien de Fontenay fut

1. J. Mariette, *Traité des pierres gravées*, t. I, p. 135 à 138 ; J. Labarte, *Hist. des arts industriels*, t. III, p. 211-212.

2. Ph. de Chennevières, dans les *Archives de l'art français. Documents*, t. III, p. 39 ; A. Chabouillet dans le *Bulletin de la Société de l'histoire de l'art français*, juillet 1875, p. 38.

3. E. Babelon, *Catalogue*, n° 940.

4. J. Mariette, *Traité des pierres gravées*, t. I, p. 137 ; *Nouvelles archives de l'art français*, t. II, 1873, p. 19 ; A. Chabouillet, *Bulletin de la Société de l'histoire de l'art français*, juillet 1875, p. 40.

appelé en Angleterre par la reine Elisabeth pour graver le portrait
de cette princesse; il y a au Cabinet des Médailles plusieurs
portraits de la reine Elisabeth sur des camées non signés qui
sont probablement des œuvres de Julien de Fontenay [**Pl. IX,
fig. 15** et pl. **X, fig. 3**] [1].

Guillaume Dupré qui, comme statuaire et médailleur, atteignit
une si grande et légitime célébrité, cultiva aussi la glyptique, à
l'exemple des artistes italiens qui s'adonnaient à tous les genres
à la fois. Le Cabinet des Médailles possède un petit saphir sur
lequel M. Chabouillet a fort ingénieusement reconnu la signature de Guillaume Dupré [2] [**Pl. IX, fig. 8**]. Cette intaille représente
le buste du fameux stathouder de Hollande, Maurice de Nassau,
qui mourut le 23 avril 1625. La signature de Dupré consiste seulement dans les initiales G. D. F. (*Guillelmus Dupré fecit*) gravées
sous l'épaulière. L'attribution est rendue certaine par le rapprochement de cette gemme avec la petite médaille exécutée par
Guillaume Dupré lors de la mort du stathouder, et aussi par ce
que l'on sait des rapports suivis de notre artiste avec la famille
de Nassau pour laquelle il grava, dès 1605, une belle médaille
représentant Philippe Guillaume de Nassau, prince d'Orange,
frère aîné de Maurice. Je ne connais que par des indications
bibliographiques un saphir octogonal de la collection du duc
de Devonshire qui représente le buste de Henri IV de trois
quarts; sur la section de l'épaule se trouve la signature G. D. F. [3].

Ces petites intailles sont les seules que, jusqu'ici, on puisse
attribuer avec certitude à Guillaume Dupré. Il existe cependant
d'autres gemmes dont l'aspect et le style se rapprochent à ce

1. E. Babelon, *Catalogue*, nos 966, 967, 968, 969.

2. A. Chabouillet, *Bulletin de la Société de l'histoire de l'art français*, juillet 1875, p. 37,
et 1880, p. 1.

3. C. W. King, *Antique Gems*, p. 478; Chabouillet, *Bulletin de la Société de l'histoire de
l'art français*, juillet 1875, p. 43.

point des précédentes qu'on est bien tenté d'en donner la paternité au même maître.

C'est, en premier lieu, une cornaline octogonale du Cabinet des médailles qui représente le prince Frédéric de Nassau, frère puîné et consanguin de Maurice, filleul du roi de France, Henri IV [1] [**Pl. IX, fig. 9**]. Ce sont, en outre, trois petites intailles où figure le buste de Henri IV, lauré et de profil. L'une est une charmante émeraude octogonale, sur laquelle le buste du Roi est au centre d'une couronne de laurier [2] [**Pl. IX, fig. 11**]. La seconde est un grenat de forme rectangulaire [3] [**Pl. IX, fig. 10**]. La troisième enfin est une émeraude octogonale, comme la première; elle représente le roi plus âgé, vraisemblablement dans les derniers mois de sa vie; autour du buste, on lit : ·H·IIII·R·D·F·ET·D·N. [**Pl. IX, fig. 12**].

Outre ces intailles, les artistes protégés par Henri IV ont gravé des camées dont les principaux se trouvent reproduits sur notre planche X. L'un d'eux (**Pl. X, fig. 1**) représente Henri IV debout, couvert de son armure : c'est la copie d'un tableau de François Porbus, le Jeune, qui est au Musée du Louvre. La particularité de ce relief, c'est qu'il est gravé au revers d'un camée antique représentant un buste de Minerve [4]. La monture du Henri IV en Hercule est plus remarquable que le camée lui-même [**Pl. X, fig. 4**]; elle est ajourée en or émaillé, avec une figure de lion, des lacs d'amour entrelacés, des trophées d'armes, et surmontée de la couronne royale [5]. Le camée qui représente les bustes de Henri IV et de Marie de Médicis porte sur la tranche du bras la date 1607 ; c'est un bas-relief peu intéressant sur coquille appliqué à la colle

1. Chabouillet, *Catalogue*, nᵒ 2495. Frédéric Henri, né en 1584, succéda à son frère Maurice comme prince d'Orange et stathouder de Hollande.

2. Chabouillet, *Catalogue*, nᵒ 2490.

3. Chabouillet, *Catalogue*, nᵒ 2491.

4. E. Babelon, *Catalogue*, nᵒ 22.

5. E. Babelon, *Catalogue*, nᵒ 786.

sur une sardoine brune ¹ [**Pl. X, fig. 5**]. Le portrait de Marie de Médicis, sur une sardonyx à deux couches [**Pl. X, fig. 9**] est, au contraire, un travail élégant, avec une jolie monture ².

L'une des deux épées de Henri IV, dans la Galerie d'Apollon, a son fourreau garni de petits camées qui représentent la suite des rois de la troisième race depuis Robert le Fort jusqu'à Henri IV. Deux séries de petits camées du même genre, d'ailleurs fort médiocres, l'une se prolongeant même jusqu'à Louis XIII, sont au Cabinet des Médailles et ont été, sous la Révolution, arrachées à quelque ornement royal qu'on a détruit ³.

Seuls, des règlements de comptes ou d'autres documents d'archives, qu'on retrouvera sans doute un jour, permettraient de dire à quels artistes français de la fin du xvie siècle et du commencement du xviie, on doit les œuvres que nous venons d'énumérer. Nous ne pouvons, pour le moment, qu'attester le goût de Henri IV pour les coupes de cristal et de jaspe, pour les joyaux constellés de gemmes gravées. L'engouement d'ailleurs, n'avait pas encore cessé d'être général ; il allait de pair et s'allia, pour un temps, avec la recherche des pierres précieuses taillées à facettes, qui s'étaient substituées aux vulgaires cabochons. Il vous suffira pour vérifier cette assertion de parcourir la Galerie d'Apollon au Musée du Louvre, celle du Prado, à Madrid, la *grüne Gewölbe* de Dresde, la galerie impériale de Vienne, celles de Florence et de Naples. En nous restreignant au camée, la place prépondérante qu'il occupe dans l'orfèvrerie gemmée du temps de Henri IV nous est indiquée par deux objets fort précieux de la Galerie d'Apollon, qui furent offerts en cadeau par la République de Venise à Marie de Médicis. L'un est une grande applique désignée sous le

---

1. E. Babelon, *Catalogue*, nᵒ 789. Les nᵒˢ 781, 782 (sur notre planche, fig. 6 et 2). 783, 784, 785, sont aussi des portraits de Henri IV sur des camées du même temps.

2. E. Babelon, *Catalogue*, nᵒ 790.

3. E. Babelon, *Catalogue*, nᵒˢ 796 à 918, p. 340.

Fig. 48. — Le *Bougeoir* de Marie de Médicis. Musée du Louvre.

nom de *Bougeoir* (ci-dessus, fig. 48) ; il est composé de sardoines et d'agates, les unes taillées à facettes, les autres gravées en camées et disposées en arcade ou en couronne. Au centre, un camée plus grand représente, comme beaucoup d'autres camées du temps, un nègre et une négresse [1]. Plus bas, deux autres gemmes de grande dimension : sur l'une, Henri IV et Marie de Médicis ; sur l'autre, Alphonse II duc de Ferrare et Lucrèce de Médicis sa femme, figurés en Hercule et Omphale, avec la peau de lion [2]. Cet assemblage surchargé et richissime est d'un goût contestable et marque la décadence de la Renaissance italienne. L'autre monument qui a la même origine, est un miroir en cristal de roche autour duquel sont enchâssés des camées discrets et élégamment disposés [3]. Ce miroir de Marie de Médicis, fabriqué à Venise et que nous reproduisons d'après l'eau-forte de Jules Jacquemart [**Pl. XI**], est vraiment beau et du meilleur goût ; nous l'indiquons comme exemple de ce que pourraient et doivent être les camées dans leur application aux produits de l'orfèvrerie et de l'émaillerie, même à notre époque.

A l'aide de ces cadeaux italiens, ainsi que par ses commandes aux artistes et par des acquisitions bien comprises, Henri IV s'efforça de reconstituer le Cabinet du Roi, dilapidé pendant la triste période des guerres de Religion. Il réussit à retrouver quelques débris des cabinets de François Ier, de Henri II et de Catherine de Médicis. Reprenant alors l'idée de Charles IX, il résolut de rétablir la charge de garde du Cabinet du Roi et dans ce but, il appela à Paris, en 1597, un gentilhomme d'Aix en Provence, le sieur de Rascas de Bagarris qui était un amateur de pierres gravées et un antiquaire éclairé : il fut le maître de Peiresc. Les

---

1. Comparez E. Babelon, *Catalogue*, nos 593 à 611 et Introd., p. LXXXV.

2. Barbet de Jouy, *Les gemmes et joyaux de la Couronne*, pl. LVIII. Plusieurs camées au même type d'Alfonse de Ferrare et de Lucrèce de Médicis sont au Cabinet des Médailles. Babelon, *Catalogue*, nos 953 à 962.

3. Barbet de Jouy, *op. cit.*, pl. LX.

instructions données à cet effet par Henri IV à Bagarris, et rédi-
gées, d'ailleurs, par ce dernier lui-même, sont contenues dans un
document intitulé : « Abrégé d'inventaire des pièces que le sieur
de Bagarris a en main pour dresser un Cabinet à Sa Majesté, de
toutes sortes d'antiquités, suivant le commandement donné audit
sieur Bagarris par sadite Majesté, tant de bouche que par lettre
du 22 mars 1602. » [1]

Telles furent les origines des collections actuelles du Département des Médailles et Antiques, à la Bibliothèque nationale.

1. Ce document a été publié par Ph. Tamizey de Larroque, *Pierre Antoine de Rascas de
Bagarris*, p. 74 et suiv ; cf. E. Babelon, *Catalogue des camées*, Introd., p. CXIX.

Fig. 49. — Buste de femme inconnue.
Camée du Cabinet des Médailles.

CHAPITRE VIII

La glyptique française au XVIIᵉ siècle et au commencement du XVIIIᵉ.

La mort inopinée de Henri IV vint, encore une fois, porter un coup fatal à cette Renaissance de la glyptique française qui, avec Guillaume Dupré, s'était enfin affranchie des formules italiennes et entrait dans une voie vraiment nationale.

Le garde de la collection royale, Rascas de Bagarris, auquel manquaient désormais toute protection efficace et tout encouragement, reprit, dès 1612, le chemin de la Provence, en remportant avec lui sa propre collection qui comprenait 957 gemmes dont 200 camées. Les artistes n'étant plus soutenus cessèrent, ou à peu près, de graver des gemmes, pour se tourner du côté de la médaille, et dans ce genre plus goûté, Guillaume Dupré continua à produire d'immortels chefs-d'œuvre. C'est pourtant encore à lui ou à l'un de ses deux émules, Coldoré et Julien de Fontenay, que nous devons deux magnifiques intailles sur jaspe sanguin qui représentent Marie de Médicis et Louis XIII enfant [Pl. **IX**, fig. 13 et 14] [1]. Un joli camée sur une opale à reflets dorés qui représente encore le jeune Louis XIII [Pl. **XII**, fig. 1] est sans doute aussi l'une des dernières œuvres de ces artistes officiels; il est entouré d'une élégante monture du temps, en or émaillé, qui affecte la

---

1. Chabouillet, *Catalogue des camées*, nº 2493 et 2494.

forme d'une couronne de cosses de pois [1]. La disparition de ces
maîtres éminents eut son contrecoup dans l'histoire de la
glyptique française : ils ne firent point d'élèves dignes d'eux et
ne furent pas remplacés, comme on en peut juger par les camées
et les intailles d'un style correct, mais sans chaleur et sans vie,
qui se rapportent à la seconde partie du règne de Louis XIII : ce
sont plusieurs portraits du Roi [**Pl. X, fig. 8 et pl. XII, fig. 2**] [2],
d'Anne d'Autriche [**Pl. XII, fig. 3**] [3] et du cardinal de Richelieu
[**Pl. XII, fig. 4**] [4]. Le principal intérêt du camée n° 2 de la planche
XII, qui est un grenat oriental, d'un effet peu heureux, réside
dans sa monture en or émaillé, ornée d'emblèmes et de figures
allégoriques qui se rapportent à la prise de La Rochelle sur les
Huguenots en 1628. Peut-être quelques-unes de ces œuvres sont-
elles dues à un certain Maurice qui vint des Pays-Bas, sous
Louis XIII, pour s'établir à Rouen, puis à Paris : mais à ce renseignement biographique se borne tout ce qu'on sait de cet artiste
qui passait pour un bon graveur [5].

C'est à peine si l'honneur d'une mention doit être accordé ici
à un artisan contemporain, Guillaume Bicheux, qui imagina, soi-
disant, un procédé nouveau pour surmouler en pâte de verre les
pierres fines et les médailles. Un document de 1618 nous apprend
qu'il était fils d'un maître verrier de Bully (Seine-Inférieure) et
que vers l'an 1603, alors âgé de vingt-sept ou vingt-huit ans, « au
bout de quatre années de recherches, avec grande perte de temps et
de moyens, il commença de faire une pièce fort passablement bien
faite sur une empreinte du *Milliade* de M. de Bagarris, et, depuis,
de jour à autre, il y a continuellement descouvert par la prac-
tique divers inconveniantz et difficultez, à toutes lesquelles il a

1. E. Babelon, *Catalogue*, n° 791.
2. E. Babelon, *Catalogue*, n°ˢ 792, 793, 794, 795.
3. E. Babelon, n°ˢ 919 à 922.
4. E. Babelon, n° 941.
5. J. Mariette, *Traité des pierres gravées*, t. I, p. 139.

trouvé les remèdes, estant parvenu à cette facilité que, dans deux heures, il peut mouler une antique et rendre l'empreinte accomplie, si ce n'est qu'elle fust de telle grandeur qu'elle eust besoin d'estre longuement recuite. »[1].

Cependant, si Louis XIII ne s'occupa guère de gemmes gravées et d'antiquités, reconnaissant lui-même qu'il « voit peu de cette antienne »[2], son frère Gaston, duc d'Orléans, se montra au contraire un curieux passionné. Outre des médailles, des antiques et des curiosités de toute sorte, ce prince avait rassemblé une très remarquable collection de gemmes, camées et intailles, qu'il tenait en grande partie du président de Mesmes, lequel les avait acquis de Louis Chaduc, conseiller au présidial de Riom, qui lui-même les avait recueillis en Italie[3].

Quand il mourut, en 1660, Gaston, fort médiocre politique, dit-on, mais amateur de goût autant que désintéressé, légua toutes ses collections au roi Louis XIV, son neveu; ce grand acte de libéralité porta la suite des pierres gravées du Roi à un degré de richesse qui, aujourd'hui encore, lui assure le premier rang par rapport aux collections similaires des autres pays[4]. Ainsi improvisé collectionneur, Louis XIV, en digne petit-fils de Henri IV, sut s'élever à la hauteur des circonstances. Conseillé par Colbert, il réunit les collections de Gaston à celles qu'il possédait déjà, et tout l'ensemble fut installé dans une salle du Louvre; après quoi, il donna l'ordre au garde de son Cabinet, l'abbé Bruneau, d'en dresser un inventaire détaillé. Cet inventaire, daté de 1664, constate que la collection royale comprenait alors 180 camées et 300 intailles[5].

1. *Nouvelles archives de l'art français*, 2ᵉ série, t. II, 1880-1881, p. 311.

2. Lettre de Louis XIII à son frère Gaston, publiée dans la *Revue numismatique*, t. VII, 1842, p. 75 ; E. Babelon, *Le Cabinet des Antiques*, Introd., p. VII.

3. E. Babelon, *Catal. des Camées*, Introd., p. CXXIII.

4. E. Babelon, *op. cit.*, p. CXXIII.

5. Cet Inventaire est publié dans Babelon, *Catalogue des Camées*, Appendice, p. 383 et suiv.

La première moitié du règne de Louis XIV est représentée sur nos planches par deux intéressants camées : le portrait du Roi [Pl. **XII**, **fig. 6**] [1] et celui de Mazarin [Pl. **XII**, **fig. 5**] [2] dont l'auteur est inconnu.

En 1666, le Cabinet du Roi fut transféré, pour des motifs de sécurité, « en la rue Vivienne, auprès du logis de M. Colbert », où se trouvait déjà la Bibliothèque : c'est là qu'il est encore aujourd'hui.

A partir de cette époque, nous connaissons presque année par année, les accroissements du Cabinet du Roi, aux XVII⁰ et XVIII⁰ siècles. Les belles collections de gemmes antiques et modernes de Lauthier d'Aix qui avait hérité du cabinet de Bagarris, celles du procureur général de Harlay et bien d'autres acquisitions décuplèrent la suite royale. Les *Comptes des Bâtiments du Roi* renferment fréquemment la mention de paiements faits, au nom de Louis XIV, soit à des vendeurs de camées ou d'intailles, soit aux joailliers-lapidaires, d'origine italienne, dont les ateliers étaient installés à la manufacture royale des Gobelins [3], soit enfin aux orfèvres, comme Josias Belle, qui étaient chargés de monter dans de somptueux cadres émaillés les camées et les intailles du Roi [4].

Non content d'entretenir ces orfèvres et ces joailliers et de leur donner des commandes, ainsi que d'acheter les camées antiques ou modernes qu'on lui proposait, Louis XIV envoya en Italie des émissaires chargés de faire emplette, en son nom, de tout ce qu'ils pourraient trouver des produits de la glyptique et de la joaillerie italiennes de la Renaissance. C'est de cette façon qu'affluèrent au palais de Versailles ces aiguières, gobelets et vases de

1. E. Babelon, *Catalogue*, nᵒˢ 923 et 924.
2. E. Babelon, *Catalogue*, nᵒ 942.
3. J. Guiffrey, *Comptes des Bâtiments du Roi*, t. I, pp. 289, 386, 445 à 447, 559, etc.
4. J. Guiffrey, *op. cit.*, t. II, p. 1091 et 1143 ; E. Babelon, *Catalogue des Camées*, etc. Introd., p. CXXIX.

toutes formes en cristal de roche, en onyx ou en jaspe, d'un goût qui n'est pas toujours pur, rangés aujourd'hui sous les vitrines de la Galerie d'Apollon. Ainsi, toutes ces coupes gravées et historiées, ornées de splendides montures d'orfèvrerie, sont bien, comme on le dit, de la Renaissance italienne, mais elles ne sont point, sauf quelques exceptions, entrées dans la collection royale sous François Iᵉʳ et ses successeurs immédiats. On les doit à Louis XIV qui, continuant l'œuvre commencée par Henri IV, prit à tâche de reconstituer le Trésor saccagé pendant les guerres de Religion. La suite rassemblée par Louis XIV était bien plus considérable encore que ne l'est aujourd'hui la galerie d'Apollon ; mais le puissant monarque crut devoir en distraire une bonne part pour en faire cadeau à son petit-fils, Philippe V, partant pour aller s'asseoir sur le trône de Charles-Quint : telle est l'origine d'une partie de la galerie du Prado, à Madrid [1].

Si donc, dans les *Comptes des Bâtiments* nous ne trouvons la mention d'aucun graveur sur pierres fines, ce n'est point par suite de l'indifférence du Roi. Il n'y avait plus de graveurs en France ; les pierres précieuses taillées à facettes l'emportaient dans le goût public : ni les joailliers ni les nombreux médailleurs du XVIIᵉ siècle ne songèrent, à quelques exceptions près, à s'adonner à la gravure des gemmes en relief ou en creux. Jean Warin, élève de Guillaume Dupré, et graveur officiel des coins monétaires à partir de 1646, ne paraît pas avoir gravé les pierres fines. Ainsi en est-il également de cette pléiade d'artistes à qui l'on doit les médailles du règne de Louis XIV, tels que J. Mauger, Lorfelin, Molart, H. Roussel, François Chéron, Dufour, Bertinet, Th. Bernard, Clérion, J. Duvivier, J. Roettiers et vingt autres. On ne saurait attribuer ni camées ni intailles à ces habiles graveurs sur métal.

---

1. Em. Molinier, dans la *Revue de l'art ancien et moderne*, 3ᵉ année, t. V, 10 avril 1899, p. 326-327.

Il y a pourtant une exception : elle est en faveur d'un artiste que J. Mariette appelle Rey et qui, peu encouragé à Paris, alla s'établir à Rome où il acquit une certaine notoriété comme graveur en pierres fines; on vantait beaucoup, dans ce genre, son cachet du marquis de Castel-san-Vito et le portrait de dom Carlo Albani, frère du pape Clément XI (1700-1721) [1]. Mais il n'a pas gravé que des gemmes, car nous connaissons une médaille de lui : elle représente le cardinal de Bouillon, neveu de Turenne, qui mourut à Rome en 1715. Cette médaille est signée : SVZAN DIT REY F [2], ce qui donne à penser que Rey n'était pas le véritable nom de cet artiste obscur.

Les comptes royaux nous révèlent bien les noms d'un certain nombre de graveurs de cachets de la maison du Roi, sous Louis XIV. Ce sont notamment : Pierre Chesnard (de 1674 à 1677), Paul Langlois (de 1680 à 1688), Jean Thiault (de 1680 à 1688) [3]; mais nous ignorons si ces fabricants de sceaux métalliques exécutèrent des camées et des intailles sur gemmes.

Le graveur Maurice dont nous avons prononcé le nom, eut à Rouen un fils qui exerça le même art avec plus de talent et mourut à la Haye en 1732, à l'âge de 80 ans [4]. On ne connaît pas ses œuvres. Son contemporain, Jean-Baptiste Certain, est signalé seulement comme ayant exécuté une copie de la célèbre Bacchanale de Pier Maria da Pescia qui passe pour avoir servi de cachet à Michel-Ange [5]. C'est probablement à l'un de ces artistes qu'il convient de faire honneur de notre portrait de Louis XIV, gravé dans les dernières années du grand règne [Pl. XII, fig. 7] [6].

---

1. J. Mariette, *Traité*, t. I, p. 140; C. W. King, *Antique gems and rings*, t. I, p. 432.

2. Voyez le *Trésor de numismatique et de glyptique*. *Médailles françaises*, 3e partie, p. 31 et pl. XXXIV, n° 6.

3. J. J. Guiffrey, *Archives de l'art français*, t. I, p. 66 à 68.

4. J. Mariette, *Traité des pierres gravées*, t. I, p. 139.

5. J. Mariette, *Traité*, t. I, p. 139. Voyez le Cachet de Michel-Ange reproduit ci-après, p. 187, d'après un dessin à la sanguine de Bouchardon.

6. E. Babelon, *Catalogue*, n° 925.

Nous sommes un peu mieux renseignés sur un graveur fort à
la mode durant la minorité de Louis XV, François-Julien Barier,
né à Laval, le 31 janvier 1680, mort à Paris le 12 mai 1746 [1]. Au
dire de Mariette, il se fit une réputation en gravant avec habileté
les sujets les plus minuscules. « Il s'était tellement rendu le
maître de son outil qu'on l'a vu graver des figures presque imper-
ceptibles et cependant très distinctes. Il a quelquefois enrichi le
corps de certains petits vases qu'il a gravés en creux sur des cornalines ou sur d'autres pierres fines, avec une propreté et une
délicatesse qu'on pourrait dire être à lui... [2]. »

Cette appréciation de Mariette peut s'appliquer au vase gravé
sur une cornaline du Cabinet des Médailles, qu'une tradition
constante attribue à Barier [Pl. XII, fig. 9]; on voit sur cette pierre
un vase à deux anses et à couvercle, dont la panse est décorée
d'une Vénus couchée sur les flots et précédée de l'Amour.

F.-J. Barier qui avait le titre de graveur du Roi, a aussi exécuté
sur pierres fines un certain nombre de portraits, parmi lesquels
on cite ceux du marquis Rangoni et de Fontenelle [3]. Voltaire a
composé un quatrain pour le portrait d'une dame dont il ne dit
pas le nom, portrait gravé par Barier au chaton d'une bague :

> Barier grava ces traits destinés pour vos yeux ;
> Avec quelque plaisir daignez les reconnaître.
> Les vôtres dans mon cœur furent gravés bien mieux,
>   Mais ce fut par un plus grand maître.

Le comte de Caylus nous apprend que Barier avait inventé,
pour donner une couche artificielle à une gemme quelconque,
un procédé qui nous semble aujourd'hui puéril. « L'opération

1. J. Leturcq, *Notice sur Jacques Guay*, p. 38, note 2.
2. J. Mariette, *Traité des pierres gravées*, t. I, p. 149.
3. J. Mariette, *Traité*, p. 148 ; Gori, *Dactyl. Smithiana*, t. II, p. 272 ; Millin *Introd.
à l'étude des pierres gravées*, p. 215 ; *Dictionn. des beaux-arts*, vᵒ *Glyptique*, p. 719 ; W. King,
Antique Gems, t. I, p. 440 ; J. Leturcq, *Notice sur Jacques Guay*, p. 38, note 2.

consiste, dit Caylus, à mettre une couche de tripoli bien égale
sur une cornaline, et à l'exposer à un feu très doux, car s'il était
fort, il ferait blanchir la cornaline. Ce feu doux établit si bien ce
tripoli, que le touret ne l'emporte pas plus aisément que la cornaline ou l'agate que l'on veut graver. Ce travail, ainsi disposé,
présente des figures rouges sur un fond blanc, que rien ne peut
altérer. Cette opération donne une sorte d'agrément aux compositions et produit du moins une petite singularité. Je dois le
secret de cette petite manœuvre à feu Barier, graveur du Roi, en
pierre, qui l'avait retrouvé par hasard en cherchant autre chose,
comme il arrive presque toujours et principalement en chimie. »
Ce petit truc d'atelier fut bien loin, certes, de porter Barier à la hauteur artistique de son contemporain Flavio Sirletti qui, à Rome,
imitait les gemmes antiques avec une habileté déconcertante
pour la critique moderne [1].

Faut-il compter au nombre des artistes français Louis Siriès,
qui, bien que né en France et ayant le titre d'orfèvre du Roi,
passa à Florence et n'exécuta aucun travail français de glyptique?
A Florence, il devint, en 1740, directeur officiel des travaux en
pierres fines : le musée de Vienne (Autriche) possède les plus
importantes de ses œuvres [2]. Actif et fort habile, les ouvrages
sortis de ses mains étaient devenus si nombreux en 1757 qu'on
en publiait le catalogue sous ce titre : « Catalogue des pierres
gravées par Louis Siriès, orfèvre du roi de France, présentement
directeur des ouvrages en pierres dures de la galerie de S. M. impériale à Florence (Florence, 1757, in-4°). » Ce catalogue comprend
jusqu'à 168 numéros. L'impératrice Marie-Thérèse acheta tous
ces camées et le directeur du Cabinet de Vienne qui s'appelait
alors M. de France, en prenant possession de cette imposante

1. J. Mariette, *Traité des pierres gravées*, t. I, p. 140 ; E. Babelon, *Catalogue des camées*,
Introd., p. XCVI.

2. J. Arneth, *Die Cinque cento Cameen und Arbeiten des Benvenuto Cellini*, p. 76.

collection, l'apprécie en ces termes dityrambiques : « Tous ces ouvrages en gravure en pierres dures sont de M. Louis Siriès, à Florence, âgé de soixante-dix ans, qui a trouvé l'art de graver en relief avec des fonds plats, dans une perfection qui surpasse celle de tous les anciens et modernes; qui mérite, pour le peu de temps qu'il a employé pour faire toutes ces pièces où il y a

Fig. 50. — L'empereur François Iᵉʳ, Marie-Thérèse et leur famille.
Camée du musée de Vienne.

quelque mille figures entières, d'être regardé comme un phénomène du genre humain. Écrit à Vienne en recevant le grand onyx du Trésor impérial, où j'ai fait graver par lui-même, en relief, toute l'auguste famille en portrait entier, qui consiste en leurs Majestés, quatre archiducs et huit archiduchesses, ainsi 14 portraits. A Vienne, 1756. »

Le camée assez médiocre dont il est ici parlé représente l'empereur François Ier avec Marie-Thérèse, entourés de toute la famille impériale d'Autriche (ci-dessus, fig. 50). Au revers, on lit la signature de l'artiste qui se dit Florentin : LVD·SIRIES SCALP. FLOR. C'est le plus grand des camées que Marie-Thérèse ait fait exécuter par Louis Siriès; elle le lui paya 2681 florins.

Louis Siriès signait parfois simplement de ses initiales L·S. Il exécuta non seulement des camées et des intailles, mais des coupes, de petits bibelots et, en particulier, des tabatières en lapis-lazuli très recherchées par les amateurs contemporains [1].

La collection impériale de Vienne est riche en fait d'œuvres de Louis Siriès; quant à notre Cabinet des Médailles, il possède seulement de cet artiste une intaille sur jaspe sanguin, qui nous vient de la collection du baron Jérôme Pichon [2]. Le sujet, fort habilement gravé, est Achille assis pleurant la mort de Patrocle; devant lui, Antiloque se tient debout. A l'exergue, SIRIES F [**Pl. XII, fig. 8**]. Cette gemme n'est que la copie d'un sujet traité par divers lithoglyphes, à partir de la Renaissance italienne et nous y insisterons à titre d'exemple. Le prototype en est un camée fragmenté, publié par Winckelmann comme antique [3], mais qui, en réalité, fut gravé d'après un bas-relief du palais Mattei, par un artiste italien du XVIe siècle; une tradition apocryphe raconte qu'il fut trouvé par un paysan de la campagne romaine et acheté à vil prix par le cardinal Albani. Celui-ci fit présent de la gemme, devenue vite célèbre sous le nom de *Les pleurs d'Achille*, à la

1. L. Natter, *Traité de la méthode antique de graver en pierres fines*, préface, p. XXXIV; J. Arneth, *op. cit.*, p. 78. M. de France avait une importante collection d'œuvres de Louis Siriès (*Musei Franciani descriptio*, Leipzig, 1781, 2 vol. ; nouv. édit. Vienne, 1805). Un certain nombre d'œuvres de Louis Siriès faisaient aussi partie de la collection Marlborough, aujourd'hui dispersée. C. W. King, *Antique gems and rings*, t. I, p. 437-438.

2. *Collection du baron Jérôme Pichon, Objets antiques, etc.*, Catal., n° 138. Cf. C. W. King, *Antique gems and Rings*, p. 438.

3. Winckelmann, *Monumenti antichi inediti*, t. II, ch. XI, fig. n° 129 et *Histoire de l'art*, trad. Fea, t. I, p. 335.

comtesse Cheroffini qui la possédait lorsque Winckelmann la publia. Elle passa ensuite aux mains de Mgr Ferretti, et le roi de Naples, Murat, fit vainement des offres importantes pour l'acquérir. Vers 1820, le camée était en la possession d'un collectionneur romain nommé Vincenzo Natti qui le vendit à un amateur français, M. de S., dans la famille duquel il est encore aujourd'hui et où il m'a été donné de l'étudier [1]. La renommée de cette gemme qu'on croyait antique explique son succès auprès des amateurs et des artistes. Nombre de ces derniers la copièrent, comme ils copièrent également le Cachet de Michel-Ange, l'Apollon citharède de Pamphile, la Méduse de la collection Strozzi, la tête de Cicéron de Dioscoride, l'Enlèvement du Palladium, l'Apollon et Marsyas de la collection de Laurent de Médicis, et tant d'autres chefs-d'œuvre de l'antiquité et de la Renaissance italienne [2]. Le *Repos d'Hermaphrodite* que nous reproduisons [**Pl. XVI, fig. 6**], parce qu'il formait le médaillon central d'un collier de

1. J'en possède une photographie d'après l'original. Divers auteurs parlent de ce camée qu'on croyait antique et dont la réputation était vraiment usurpée. C'est ainsi que dans la correspondance du comte de Fredenheim avec Gustave III, véritable chronique de Rome pendant les années 1783-1789, on trouve une lettre de Fredenheim, du 17 mars 1786, qui contient ce passage : « Il y a un an environ, monsignor Ferretti acheta de la maison Cheroffini un camée, fragment représentant Achille qui pleure sur le tombeau de Patrocle, sujet illustré par Winckelmann, et dont on a une répétition dans un bas-relief de la maison Mattei. A présent, il veut le vendre pour 1100 sequins. Il est de la première beauté, d'un dessin et d'un style le plus pur qui se trouve en camée. » M. A. Geffroy ajoute : « Ennio Quirino Visconti (*Œuvres diverses*, t. II, p. 273) mentionne ce camée possédé d'abord par la comtesse Cheroffini, acquis plus tard par Mgr Ferretti. Un fragment à gauche manque ; on a pu le compléter à l'aide du bas-relief tout semblable qui se trouve au palais Mattei. Winckelmann, dit Visconti, voit avec raison, dans toute cette représentation, Achille recevant d'Antilochus la nouvelle du meurtre de Patrocle ». Art. posthume de A. Geffroy, intitulé *Essai sur la formation des collections d'antiques de la Suède*, publié dans la *Revue archéologique*, 1896, II, p. 8.

2. Les *Pleurs d'Achille* furent copiés notamment par un graveur anglais du nom de Marchant qui vécut de 1755 à 1812. A. Furtwaengler, *Die antiken Gemmen*, t. II, p. 309, n° 24, et t. I, pl. LXVII, n° 24. Voyez aussi un camée moderne avec le même sujet dans Maxwel Sommerville, *Engraved Gems*, p. 326.

Mme Du Barry, fut aussi un sujet fort à la mode dans les milieux licencieux du xviiie siècle [1].

Louis Chapat ne nous est connu que par quelques camées sur silex gris à trois couches. L'un, qui représente Louis XV, est signé LUD·CHAPAT F [2]. Un autre, sans signature, est formé d'une série de petits médaillons encastrés dans un caillou elliptique et représentant les bustes des rois de France depuis Hugues Capet jusqu'à Louis XV. Un autre enfin, signé CHAPAT F, 1750, nous donne les bustes du grand Frédéric, de Frédéric Guillaume et de Frédéric II, rois de Prusse et il porte la mention : SILEX EYGARI AMNIS, qui nous apprend que les galets gravés par L. Chapat furent recueillis dans le lit torrentueux de l'Isère.

Jean Conrad Muller, né à Strasbourg où son père († 1733) exerçait la profession de graveur, vint s'établir à Paris, où il ne grava guère que des armoiries sur métal et sur des cailloux du Rhin et d'Alençon ou d'autres pierres dures de troisième ordre [3].

De tels ouvriers de commerce étaient loin de pouvoir soutenir la comparaison avec les artistes qui florissaient alors en Italie et en Allemagne, comme Sirletti, Costanzi, Pichler, Laurent Natter. Ils étaient loin surtout de faire présager le nom qui éclipse tous les autres, tant en France qu'à l'étranger, l'homme de génie qui incarne en lui seul l'apogée de la gravure en pierres fines au xviiie siècle et se présente devant l'histoire comme le digne émule de Pyrgotèle, de Dioscoride, de Valerio Vicentini : j'ai nommé Jacques Guay.

---

1. E. Babelon, *Catalogue*, n° 493 ; cf. le même sujet antique ou moderne, sur les n°s 48, 49 et 494.
2. E. Babelon, *Catalogue*, p. 347, n° 932.
3. J. Mariette, *Traité*, t. I, p. 147.

CHAPITRE IX

Jacques Guay et Madame de Pompadour.

Jacques Guay naquit à Marseille le 26 septembre 1711 [1]. Son nom est parfois orthographié, mais à tort, dans les écrits du XVIIIe siècle, *Gay* ou même *Le Guay* [2]. La forme *Guay* est la seule qu'il ait adoptée dans les signatures de ses pierres gravées, la seule qu'on rencontre dans les actes notariés ou officiels.

Il était fils de Jacques Guay et de Catherine Barellier; il fut baptisé en l'église Saint-Martin. Si l'on en juge par le style et l'orthographe des notes manuscrites qu'on a de lui, son éducation dut être fort négligée. Mais il est à présumer que Jacques Guay, qui avait une écriture ferme et régulière, affecta systématiquement, durant toute sa carrière, le plus souverain mépris pour l'orthographe. Nous en citerons plus loin d'étonnants exemples.

Ses parents le destinaient au métier de joaillier. Mais à peine au sortir de l'adolescence, il quitta Marseille pour venir à Paris. Là, il entra dans l'atelier de François Boucher, qui était alors dans la plénitude de son talent et de sa réputation et que ses admirateurs surnommaient l'Anacréon de la peinture et le Peintre des Grâces. Jacques Guay se préparait donc à devenir peintre, dessinateur ou graveur, lorsque la rencontre qu'il fit d'un collection-

---

1. J. J. Guiffrey, *Actes d'état civil d'artistes français*, publiés dans le *Bulletin de la Société de l'histoire de l'art français*, 2e année, 1876, p. 66.

2. Dans son testament, Mme de Pompadour l'appelle tantôt *Leguay* et tantôt *Gay*. J. Leturcq, *Notice sur Jacques Guay*, p. 9, note 1.

neur renommé, Pierre Crozat, acheva de fixer sa vocation. Crozat, conseiller au Parlement, avait un Cabinet d'antiquités dans lequel figuraient 1.400 pierres gravées [1]. L'étude technique de ces gemmes décida Jacques Guay à chercher à en graver de pareilles ; ses premiers essais furent encouragés par Crozat : Guay se révélait graveur sur gemmes.

Pour se perfectionner dans cet art, il entreprit un voyage en Italie. Il était à Florence en 1742, étudiant la riche collection des Médicis, et quelques mois après, nous le trouvons à Rome où Louis XV lui avait assuré un logement gratuit dans le palais de l'Académie [2]. Ce séjour en Italie dura plusieurs années et Guay exécuta à Rome, d'après des modèles antiques, un certain nombre d'intailles que nous connaissons grâce aux notes manuscrites de l'artiste et à un recueil précieux pour l'histoire de l'art au xviiie siècle, qu'on doit à Mme de Pompadour elle-même.

Mme de Pompadour (1721-1764) devenue la favorite de Louis XV en 1744, eut l'ambition d'encourager les arts et de protéger les artistes, et Jacques Guay fut un de ceux dont elle apprécia particulièrement le talent. Gravant elle-même au burin avec habileté, elle conçut l'idée de reproduire en un recueil de planches à l'eau-forte un certain nombre des gemmes gravées par Guay. Ce recueil a pour titre : *Suite d'estampes gravées par Mme la marquise de Pompadour* [3] ; il comprend 63 planches et quelques

---

1. La collection de Pierre Crozat, a été publiée par J. Mariette, *Description des dessins du Cabinet de Crozat suivie d'une description sommaire des pierres gravées*. Paris, 1741, in-8. Cette collection fut acquise par le duc Louis d'Orléans (1703-1752) qui la réunit à la sienne. Catherine de Russie acheta plus tard la collection de Louis d'Orléans qui se trouve ainsi aujourd'hui au musée de l'Ermitage, à Saint-Pétersbourg (S. Reinach, *Pierres gravées*, p. 131).

2. J. Mariette, *Traité des pierres gravées*, t. I, p. 149 ; J. Leturcq, *Notice sur Jacques Guay*, p. 11.

3. J. Leturcq, *Notice sur Jacques Guay*, p. 12 et 63 ; cf. A. de La Fizelière, dans la *Gazette des Beaux-Arts*, août 1859, p. 138.

estampes annexes, étrangères à la gravure en pierres fines. Chaque planche est accompagnée d'une notice descriptive, quelquefois assez développée, due à un personnage demeuré inconnu, et que Guay appelle l'*orateur* (dans son orthographe, l'*oracteur*).

Un amateur distingué de Paris, de la seconde moitié du XIXe siècle, J. F. Leturcq, eut la bonne fortune de recevoir par héritage l'exemplaire de cette *Suite d'estampes*, qui avait appartenu à Jacques Guay lui-même. Cet exemplaire ne contient que cinquante-deux des planches gravées par Mme de Pompadour : mais quoique incomplet, il est d'autant plus précieux que chacune de ces planches y est accompagnée des notes et indications manuscrites que Jacques Guay destinait à l'*oracteur* pour lui permettre de rédiger les notices explicatives. Ces notes autographes ont permis à J. Leturcq d'écrire la biographie de notre artiste dont la carrière était demeurée, jusqu'alors, à peu près complètement inconnue; elles ont certifié l'attribution à Jacques Guay de gemmes non signées; elles ont fourni surtout, au sujet des pierres ainsi annotées, les renseignements les plus utiles sur leur date, les circonstances de leur gravure, les événements qu'elles commémorent, les personnages qui les ont commandées à Jacques Guay, ceux à qui elles ont été offertes, enfin les artistes peintres, dessinateurs, sculpteurs dont notre artiste a, parfois, reproduit les œuvres sur ses intailles.

Jacques Guay nous informe ainsi dans ces notes, que durant son séjour à Rome il grava des têtes et des sujets divers d'après des groupes de marbre ou des bas-reliefs antiques. Nous signalerons, en passant, tous ces détails dans le catalogue raisonné qui suit, où les œuvres de Guay sont, autant que faire se peut, rangées dans l'ordre chronologique.

1. *Tête d'Octave*. Elle est reproduite sur la planche VII de la *Suite d'estampes* de Mme de Pompadour, et la note de Guay qui la concerne est ainsi libellée : « Tête Dauctave gravée en creux dapre

le marbre entique qui est au Capitolle a Rome [1]. » Cette intaille
était sur cornaline; son sort nous est inconnu.

2. *Tête d'Antinoüs* (Pl. IX de la *Suite d'estampes* de Mme de Pompadour). Note de Guay : « Le Lantin gravé en creux daprest la
figure entique de marbre qui est au Capitolle a Rome [2]. » C'est
une intaille sur cornaline, signée GVAY, qui, après avoir fait
partie de la collection de J. Leturcq, est entrée en 1873, au Cabinet
des Médailles [**Pl. XIV, fig. 2**]. Le *Lantin* est le nom vulgaire, tiré
de l'italien, sous lequel on désignait dans les ateliers, les représentations d'Antinoüs, alors très à la mode.

L'estampe à l'eau-forte reproduit la tête d'Antinoüs sans la
signature de Jacques Guay. C'est qu'en effet notre artiste ne
signa pas d'abord les œuvres qu'il exécuta en Italie. Ce fut plus
tard seulement qu'il se décida à graver rétrospectivement, peut-
être à la sollicitation de Mme de Pompadour, son nom sur
l'*Antinoüs* déjà ancien de quelques années, qu'il avait rapporté de
Rome et qui excitait à Paris l'admiration universelle [3]. « Il est
heureux pour la réputation de Guay, dit J. Leturcq, qu'il soit
revenu sur sa première détermination, autrement on eût fait
honneur de cette belle gravure à quelque maître de l'antiquité
grecque au détriment de la gloire de notre artiste [4]. »

3. *Tête de femme inconnue*, les cheveux retenus par un bandeau
(Pl. XIII de la *Suite d'estampes* de Mme de Pompadour). Note de
Guay : « Tete de fantaisie gravée en creux dant le gouts
entique [5]. » Nous ignorons le sort de cette intaille.

4. *Tête de femme inconnue* (Pl. XX de la *Suite d'estampes* de
Mme de Pompadour). Note de Guay : « Tête de fantaisie gravee

<hr>

1. J. Leturcq, *Notice sur Jacques Guay*, p. 22 et 90.
2. J. Leturcq. *op. cit.*, p. 22, 93 et 220; cf. p. VIII et pl. F, fig. 34.
3. J. Mariette, *Traité des pierres gravées*, t. I, p. 150; Gori, *Dactyliotheca Smythiana*
t. II, p. 272.
4. J. Leturcq, *Notice sur Jacques Guay*, p. 23.
5. J. Leturcq, *op. cit.*, p. 22 et 100.

en creux dapres lantique [1]. » Cornaline représentant comme la précédente, une tête de femme, les cheveux retenus à l'antique par une bandelette; d'une main elle attache une draperie sur son épaule. On ignore aussi le sort de cette intaille.

5. *Marc-Aurèle.* Buste drapé (Pl. XXII de la *Suite d'estampes* de Mme de Pompadour). Cornaline; type inspiré des médailles [2]. Sort inconnu.

6. *Platon.* Tête barbue de face (Pl. XXVI de la *Suite d'estampes* de Mme de Pompadour [3]). Intaïlle sur sardoine. Sort inconnu.

7. *Tête de Satyre* (Pl. XXVIII de la *Suite d'estampes* de Mme de Pompadour) [4]. Cornaline. Sort inconnu.

8. *Prêtre égyptien* (Pl. XLVII de la *Suite d'estampes* de Mme de Pompadour). Note de Guay : « Guay a gravé en creux cette entique le Nont grec ΕΠΙΕΟΥ et mis pour mieux en imposer la figure et copiést dapré un barclief entique qui est à Rome. La pierre a partien a M. le Conte de Vance [5]. » Intaille sur jaspe représentant un pontife debout qui tient des deux mains un *volumen*; sa tête est couverte d'un bonnet orné de deux plumes; il a le torse nu, les reins et les jambes ceints d'une draperie; dans le champ, le mot grec altéré est peut-être pour ἐποίει (?). Cette gemme fut vendue à la mort du possesseur, le comte de Vence, en 1760; son sort actuel nous est inconnu.

9. *Le peintre Luders.* Suivant Natter, Guay grava à Rome, un médiocre portrait d'un peintre peu connu, nommé Luders [6].

1. J. Leturcq, *Notice*, p. 22 et 113.

2. J. Leturcq, *op. cit.*, p. 22 et 116.

3. J. Leturcq, *op. cit.*, p. 22 et 124.

4. J. Leturcq, *op. cit.*, p. 22 et 126.

5. Il s'agit du comte de Villeneuve de Vence, lieutenant-général des armées du Roi et gouverneur de La Rochelle. Sa collection d'œuvres d'art a fait l'objet d'un catalogue de vente par Pierre Rémy (Paris, 1760, in-12), dans lequel l'intaille en question est décrite comme suit : « Une pierre de jaspe gravée en creux, montée en bague, représentant un prêtre égyptien, par Guay. » J. Leturcq, *Notice sur Jacques Guay*, p. 22, 158 et 201.

6. Laurent Natter, *Traité de la méthode antique de graver en pierres fines*, préf., p. XXXIII; J. F. Leturcq, *Notice sur Jacques Guay*, p. 52 et 231.

L'appréciation du mérite de cette œuvre par Natter nous est
suspecte, à cause de la jalousie dont le graveur allemand a plus
d'une fois donné la preuve vis-à-vis de Guay [1]. Le sort de cette
gemme est inconnu.

Jacques Guay exécuta, sans nul doute, beaucoup de sujets
autres que les neuf qui précèdent, pendant son séjour de Rome,
mais Mme de Pompadour ne les ayant pas reproduits dans son
Recueil d'estampes, nous n'avons aucun moyen de les reconnaître, car, ainsi que nous l'avons déjà dit, Guay ne signait pas
ses œuvres à cette époque de sa carrière.

Rentré à Paris, son expérience mûrie par ces premiers travaux
qui étaient déjà ceux d'un maître, Jacques Guay ne se borna plus
à imiter l'antique : il aborda des sujets plus personnels, des
compositions importantes, dans lesquels se reflète au plus haut
degré le génie si gracieux que personnifie le nom de Mme de
Pompadour.

Tout d'abord, il interprète les plus admirées des œuvres des
artistes contemporains et il fixe sur la gemme impérissable, de
charmants dessins de Bouchardon, de son ancien maître Boucher
et de Vien. Nous connaissons, pour cette période de sa vie, deux
intailles exécutées d'après les dessins de Bouchardon. Ce sont les
suivantes :

10. *Le génie de la Poésie* (Pl. XIX de la *Suite d'estampes* de
Mme de Pompadour). Note de Guay : « Gravé en creux dapre le
descin de M. Bouchardont ont voit dancete composision les
emblemes de tout les Janre de Poisie, l'E pique, le pastorale et le
satyrique. Sait la première figure que Guay ait gravait en pierre;
elle ne luy a pas étée payée par M. de Tressan [2] qui la lui avoit

---

1. J. Leturcq, *op. cit.*, p. 208.

2. Il s'agit de Louis de la Vergne, comte de Tressan (1705-1783), maréchal de camp
et membre de l'Académie française. La dernière phrase : « Elle ne lui a pas été payée...,
etc. », n'est pas de la main de Guay : c'est une addition postérieure faite sur son manuscrit.

commandée et très pressé de la finir. » Cette charmante intaille
sur sardoine blonde signée ·GUAY·F· a fait partie de la collection
de J. Leturcq qui, en 1873, la céda au Cabinet des Médailles
[**Pl. XIV, fig. 1**] [1].

11. *L'enlèvement de Déjanire* (Pl. XXXVII de la *Suite d'estampes*
de Mme de Pompadour). Note de Guay : « Gravé en creux dapre
le descin de M. Bouchardont. La pierre a partin à M. de la Tour
d'Aigue, conseiller au Parlement d'Aix en Provance. Se le
dusième suges de figure que Guay a gravé [2]. » Le centaure Nessus
saisit Déjanire pour l'emporter sur son épaule ; la scène se passe
au bord de l'Eurotas. On ignore ce qu'est devenue cette cornaline dont, pourtant, J. Leturcq possédait une empreinte qui est
présentement la propriété de M. Henri de La Tour [**Pl. XV, fig. 1**] [3].

C'est dans cette période de la carrière de Guay que nous pla-
çons conjecturalement les intailles suivantes :

12. *Tête d'Homère.* Intaille sur cornaline, signée GUAY ; elle a
appartenu au baron de Furstenberg [4]. Son sort actuel nous est
inconnu.

13. *Tête de Cicéron* (?). Intaille signée GUAY, connue seulement
par une empreinte en soufre de la collection de Stosch, publiée
par Raspe [5].

---

1. J. Leturcq, *Notice sur Jacques Guay*, p. 25, 111 et 221 ; cf. p. VIII et pl. F, fig. 35.

2. J. Leturcq, *op. cit.*, p. 25 et 142 et pl. H, fig. 67.

3. Mon excellent ami et collègue au Cabinet des médailles, M. Henri de La Tour, a eu
la bonne fortune de rencontrer par hasard et de faire l'acquisition d'un vieux cadre contenant des empreintes en soufre qui provenaient de la vente de la collection de J. Leturcq,
en 1873. Ces empreintes sont celles que Leturcq tenait par héritage de Jacques Guay lui-
même et elles reproduisent toutes des œuvres de ce dernier. M. de La Tour ayant bien
voulu me permettre de faire photographier ces empreintes de gemmes dont on ignore
le sort aujourd'hui, je les ai groupées sur notre planche XV.

4. R. E. Raspe, *Catalogue raisonné d'une collection générale de pierres gravées antiques et
modernes... moulées en pâtes de couleurs par Jacques Tassie*, n° 10053. Le même sujet figure
sous le n° 10055 ; Leturcq possédait une empreinte de ce dernier. J. Leturcq, *op. cit.*,
p. 210, 221 et 230 et pl. F, fig. 37.

5. R. E. Raspe, *op. cit.*, n° 14586 ; Leturcq, *op. cit.*, p. 230 (n° 98)?

14. *Portrait de femme.* Camée signé GUAY [1]. Sort inconnu.

15. *Portrait de femme* (autre). Camée signé GUAY [2]. Sort inconnu.

16. *Vase bachique.* Intaille sur améthyste représentant un vase « gravé en creux dapre une Pierre Entique », dit Guay. La panse en est décorée d'un bas-relief représentant Bacchus monté sur une chèvre, tenant une coupe à la main et soutenu par un jeune satyre (Pl. XXIII de la *Suite d'estampes* de Mme de Pompadour) [3]. Sort inconnu.

En 1746, Jacques Guay fut nommé *graveur du Roi*, en remplacement de Barier, et en conséquence, « Sa Majesté voulant lui donner des marques de sa bienveillance et l'attacher à son service [4] », il obtint un logement dans les Galeries du Louvre. Dut-il sa nomination à Mme de Pompadour qui avait peut-être déjà distingué ses ouvrages, ou bien, est-ce sa situation même de graveur du Roi qui le mit à même d'être particulièrement remarqué ? Ce point dans l'histoire de notre artiste demeure encore obscur. Toujours est-il que peu après cette époque, Mme de Pompadour qui, nous le savons déjà, gravait au burin avec habileté, eut la fantaisie d'apprendre à graver les pierres fines. Elle choisit Jacques Guay pour maître, et tout en lui demandant des leçons, elle résolut d'encourager son talent qu'elle goûtait fort. « Mme de Pompadour, dit Leturcq, emmena Guay à Versailles, installa son touret dans ses propres appartements et lui commanda cette intéressante série de sujets qui nous ont transmis les principaux faits du règne de Louis XV et les galants intermèdes qui distrayaient l'ennui du roi [5]. »

---

1. R. E. Raspe, *op. cit.*, n° 14762 ; Leturcq, *op. cit.*, p. 230, n° 99.

2. R. E. Raspe, *op. cit.*, n° 14777 ; Leturcq, *op. cit.*, p. 210 et 230.

3. J. Leturcq, *op. cit.*, p. 117.

4. La liste, dressée en 1746, des artistes logés au Louvre, contient la mention suivante : « *Le Guai (sic)*, graveur en pierres, 10 juillet 1746 » (*Archives de l'art français*, t. II, 1873, p. 90).

5. J. Leturcq, *Notice sur Jacques Guay*, p. 29.

17. La première œuvre de Guay comme graveur du Roi fut une intaille de petites dimensions, qui représente le *Triomphe de Fontenoy* d'après une médaille et sur un dessin exécuté par Bouchardon [**Pl. XIV, fig. 10**] [1]. Le biseau de la gemme porte la date de cette victoire : 11 MAI 1745. La deuxième estampe de Mme de Pompadour reproduit cette cornaline d'une délicatesse remarquable, et l'*oracteur* en décrit le sujet comme il suit :   ·

« LE TRIOMPHE DE FONTENOY. — Le Monarque conquérant et pacificateur, la tête couronnée de lauriers est debout dans un quadrige à la manière des anciens triomphateurs ; il tient de la main droite M. le Dauphin qui ayant eu part aux dangers de cette journée devait naturellement être associé aux honneurs dont jouit son Auguste Père. La Victoire vole au-dessus du char, tenant d'une main une palme et de l'autre une couronne de lauriers qu'elle pose sur la tête du Monarque. M. Vien a *réduit* [2] le dessein de cette composition simple, noble et digne du sujet qu'elle traite, d'après une cornaline de moyenne grandeur. »

Mme de Pompadour fit monter cette belle gemme en bague et elle la porta au doigt. A sa mort, en 1764, elle la légua à Louis XV avec ses autres gemmes, ce que confirme une note de Guay. La volonté dernière de Mme de Pompadour ne fut pas exécutée sur ce point et la bague ne vint pas au Cabinet du Roi. Elle ne figure sur aucun de nos anciens Inventaires et on pouvait la croire perdue lorsque, en juillet 1899, j'eus la chance de la rencontrer dans la collection d'un amateur Polonais qui la céda au Cabinet des Médailles, et c'est ainsi que le *Triomphe de Fontenoy*, avec sa monture intacte est entré dans la collection nationale.

---

1. Pl. II de la *Suite d'estampes* de Mme de Pompadour. J. Letureq, *op. cit.*, p. 78 ; voyez aussi ce que dit Mariette de cette belle gemme, *Traité des pierres gravées*, t. I, p. 150.

2. Une rature au crayon sur le manuscrit indique que l'on a voulu corriger le mot « réduit ». C'est en effet *agrandi* que l'on aurait dû écrire, car le dessin de Vien est beaucoup plus grand que l'original.

18. Jacques Guay avait exécuté en relief une variante de l'intaille précédente, mais de plus grandes dimensions, sur un jaspe à trois couches (10 centim. sur 8) : le sort de ce camée nous est inconnu [1].

19. *Frédéric Auguste III, roi de Pologne, Electeur de Saxe* (1733-1763). Intaille sur cornaline signée GUAY F (Pl. XV de la *Suite d'estampes* de Mme de Pompadour). Note de Guay : « Portrait du Roy de Pologne, Electeur de Saxe. Gravé En Creux dapres le Portrait pein en Email que le Grand Maréchal de Pologne a Sur La poignée de Sont Bâtont Dordonançe [2]. » Il est piquant de relever l'appréciation du caractère du père de Marie Leczinska et de la reine elle-même, au bas de l'estampe gravée par Mme de Pompadour : « La tête du roi est coiffée à l'antique, avec une couronne de L'auriers, et le buste est couvert d'une draperie agraffée d'une pierre précieuse sur l'Epaule. Cette estampe est réduite daprés une grande Cornaline par M. Vien, elle est d'autant plus précieuse qu'elle offre les traits D'un Monarque plein des vertus qu'exigent le Trône et devenu le bienfaicteur de la France en lui donnant une Princesse parée des grâces de son Sexe, et qui, à la première place du monde, fait éclatter tous les avantages qui en rendent digne. » Le sort de la gemme nous est inconnu.

20. Autre portrait du roi de Pologne. Intaille sur prime d'émeraude, signée GUAY ; à côté de la signature un polype [3]. Sort inconnu.

21. *Frédéric III, duc de Saxe-Cobourg et d'Altenbourg* (1699-1722). Cornaline ; à l'exergue, la signature GUAY F. (Pl. XXX de la *Suite d'estampes* de Mme de Pompadour) [4]. Note de Guay : « Por-

---

1. J. Leturcq, *Notice*, p. 31 et 237.

2. J. Leturcq, *op. cit.*, p. 51 et 103.

3. R. E. Raspe, *Catalogue raisonné d'une collection générale de pierres gravées antiques et modernes... moulées en pâtes de couleurs par Jacques Tassie*, n° 6801 ; Leturcq, *op. cit.*, p. 230 (n° 92).

4. J. Leturcq, *op. cit.*, p. 51 et 129.

trait du Prince de Saxe-Gotha. Gravé en creux dapre la Medaile Set le Prince sont fis qui a fait faire cette Pierre pandant Son Séjour à Paris. » Sort inconnu.

22. *Le cardinal de Rohan* (Armand-Gaston de Rohan, 1674-1749), évêque de Strasbourg. Cornaline (Pl. XXXII de la *Suite d'estampes* de Mme de Pompadour). Note de Guay : « M. le Cardinal de Rohan Gravé en creux dapre le bust de marbre M. le preinse de Soubise a fait gravé cette Pierre [1]. » Sort inconnu.

23. *La maréchale de Mirepoix*, dame du palais de la reine Marie Leczinska et amie de Madame de Pompadour. Intaille sur cornaline; à l'exergue, GUAY F. Elle a figuré au Salon de 1747 [2] (Pl. XI de la *Suite d'estampes* de Mme de Pompadour) [3]. Note de Guay : « Portrait de Madame la Maréchale de Mirepoix dant letant quele ete marquise. Ce Portrait et gravé en creus daprê nature mad de Mirpoix le fit faire pour Mr de Mirepoix sont marit. Monument dedié à la foit conjugualle. » Le sort de cette intaille nous est inconnu.

24. *Crébillon*. Cornaline (Pl. XXIV de la *Suite d'estampes* de Mme de Pompadour) [4]. Note de Guay : « Portrait de M. de Crébillon le Père selebre Poiete Gravé en creux dapre nature, M. de Curis a fait faire ce Portrait. » Cette intaille a figuré avec celle de la maréchale de Mirepoix au Salon de 1747 [5]. Suivant Mariette, « outre la ressemblance qui est ordinairement parfaite dans les portraits faits par Guay, on y trouve de la vie et celui de M. Crébillon le père est parlant [6] ». Sort inconnu.

<hr>

1. J. Leturcq, *op. cit.*, p. 51 et 132. Le cardinal de Rohan était le neveu du prince de Soubise, favori de Mme de Pompadour.
2. J. Guiffrey, *Les livrets des anciennes Expositions*, Salon de 1747, n° 133.
3. J. Leturcq, *op. cit.*, p. 51, 96 et 194.
4. J. Leturcq, *op. cit.*, p. 52, 118 et 194.
5. J. Guiffrey, *Les livrets*, Salon de 1747, n° 133.
6. J. Mariette, *Traité*, t. I, p. 150.

25. *La comtesse de Bury.* Portrait exposé par Guay au Salon de 1747 [1]. Sort inconnu.

26. *M. Plastrier*, notaire au Chatelet de Paris. Portrait exposé par Guay au Salon de 1747 [2]. Sort inconnu.

27. *La comtesse de Brionne.* Intaille sur agate saphirine ; à l'exergue, GUAY F. (Pl. XXXVI de la *Suite d'estampes* de Mme de Pompadour) [3]. Note de Guay : « Ma^de de Rochoir, Contese de Brionne Gravée en creux dapré Nature : M. le Prinse Charle de Loraine Grand Ecuyer de France a fait faire cette Pierre. » Sort inconnu.

28. *Apollon, sous les traits de Louis XV, couronnant le Génie de la peinture et de la sculpture.* A l'exergue, la signature : JAC·GUAY· FEC. Intaille sur cornaline (Pl. VI de la *Suite d'estampes* de Mme de Pompadour) [4]. Le sujet lui-même est de la composition de Guay qui fit figurer son œuvre à l'Exposition de 1748, où il provoqua l'admiration de la Cour [5]. La note de Guay qui concerne cette intaille est ainsi rédigée : « Cette pierre est gravée en crux, Guay la faite pour sont morsaux de reseption de la Cademiee. La Cademiee en fit Present à Mr de Tourneant. Elle et atuellement à M^r le Marquis de Marigny [6]. » J. Guay fut en effet agréé dès

<hr>

1. J. Leturcq, *Notice sur Jacques Guay*, p. 194.

2. J. Leturcq, *op. cit.*, p. 194. Jacques Guay avait exposé au Salon de 1747 les œuvres ainsi décrites dans le Catalogue : « n° 133. Un cadre qui renferme sous glace l'empreinte de plusieurs pierres gravées, parmi lesquelles se trouve le portrait du Roy, celui de Madame de Mirepoix, de Madame la comtesse de Bury, M. Crébillon le père et M. Plâtrier. » J. Guiffrey, *Collection des livrets des anciennes Expositions*, t. XIII, p. 34.

3. J. Leturcq, *Notice sur Jacques Guay*, p. 52 et 138. Il s'agit de la comtesse de Brionne qui épousa en premières noces le duc de Rochechouart, tué en 1743, au passage du Mein, et en secondes noces, le comte de Brionne, mort peu après, vers 1745, après s'être démis de sa charge de Grand Ecuyer en faveur de son fils le prince Louis-Charles de Lorraine.

4. J. Leturcq, *op. cit.*, p. 87 et pl. H, fig. 46.

5. J. Guiffrey, *Collection des livrets des salons*, t. XIV, p. 13 et n° 101 ; J. Mariette, *Traité des pierres gravées*, t. I, p. 152 ; cf. *Archives de l'art français*, t. II, p. 371.

6. J. Leturcq, *Notice*, p. 37, 87 et 195.

1747 à l'Académie de peinture et de sculpture, et son admission définitive eut lieu le 30 mars 1748. Il fut, remarque son biographe J. Leturcq, le premier graveur en pierres fines admis dans cette Académie, et le seul artiste en ce genre dont les œuvres eurent les honneurs du Salon annuel jusqu'en 1793 [1].

L'intaille montée en bague fut offerte, comme le dit Guay lui-même, dans son orthographe bizarre, par l'Académie à Le Normant de Tournehem, directeur général, que la chronique scandaleuse du temps donnait pour père à Mme de Pompadour [2] et qui s'était créé des titres à la reconnaissance de l'Académie [3]. Le marquis de Marigny, plus tard de Ménars, auquel la bague échut ensuite était le frère de Mme de Pompadour [4]. A sa mort, en 1781, la bague fut acquise pour 588 livres pour le comte d'Orsay : on en ignore le sort aujourd'hui [5]. L'empreinte en soufre de Leturcq est aujourd'hui la propriété de M. H. de La Tour [**Pl. XV, fig. 10**].

29 et 30. *Portraits de Voltaire et de Montesquieu.* On ne sait rien sur ces œuvres de Jacques Guay, qui sont seulement mentionnées par des contemporains et dont le sort est ignoré [6]. Il est vraisemblable qu'elles furent exécutées avant 1755, date de la mort de Montesquieu ; en 1760 elles figurent comme surmoulages en pâte de verre, dans la collection du baron de Stosch [7].

31. *Léda et le cygne.* Intaille sur sardoine représentant Léda, les jambes dans l'eau, jusqu'aux genoux ; elle écarte d'une main la tête de l'oiseau ; de l'autre elle tient une draperie que le cygne s'efforce de lui arracher avec son bec. A l'exergue, la signature GUAY F. (Pl. XXIX de la *Suite d'estampes* de Mme de Pompadour).

1. J. Leturcq, *Notice sur Jacques Guay*, p. 38-39, 191 et 243.
2. J. Leturcq, *op. cit.*, p. 29, note.
3. *Archives de l'art français*, t. II, p. 371 ; Leturcq, *op. cit.*, p. 243.
4. J. Leturcq, *Notice*, p. 37, note 3, et p. 206.
5. J. Leturcq, *op. cit.*, p. 39 ; cf. Charles Blanc, *Le trésor de la curiosité*, t. II, p. 45 (1857, in-8°).
6. J. F. Leturcq, *Notice sur Jacques Guay*, p. 54.
7. J. F. Leturcq, *op. cit.*, p. 208 et 228.

Cette intaille que Guay exposa au Salon de 1748, fut gravée pour le duc d'Aumont, lieutenant-général des armées du Roi (1709-1782). J. Leturcq l'acquit à la vente de l'un des descendants du duc d'Aumont, vers 1862 [1] ; j'en ignore le sort actuel.

32. *La Victoire de Lawfeldt*. Intaille sur sardoine, d'après la médaille et un dessin de Bouchardon ; à l'exergue, LAWFELT (Pl. XIX de la *Suite d'estampes* de Mme de Pompadour) [2]. Cette belle gemme, signée GUAY, est au Cabinet des médailles [**Pl. XIV, fig. 12**] [3]. La bataille de Lawfeldt eut lieu le 2 juillet 1747 ; J. Guay exposa son œuvre au Salon de 1750 [4]. Cette intaille et la suivante (n° 33) qui ont des montures semblables, ont orné des bracelets de Mme de Pompadour.

33. *Les Préliminaires de la paix de 1748*. Intaille sur sardoine, d'après un dessin de Bouchardon, représentant Louis XV en Hercule, entre la Victoire et la Paix. A droite, la signature GUAY·F· ; à l'exergue : Préliminaires de la paix, 1748. Cette gemme figura au Salon de 1750 et fut montée dans un bracelet avec la précédente (Pl. IV de la *Suite d'estampes* de Mme de Pompadour) [5]. Aujourd'hui, au Cabinet des Médailles [**Pl. XIV, fig. 15**] [6].

34. *Chien de chasse*. Intaille sur cornaline, signée GUAY (Pl. XLIX de la *Suite d'estampes* de Mme de Pompadour). Note de Guay : « Ce chin et un chin gravé en creux Guay a exécuté cette Pierre par Etude da pret un plâtre [7]. » Sort inconnu.

---

1. J. Leturcq, *op. cit.*, p. 127, 195 et 221 et pl. F, fig. 36.
2. J. Leturcq, *op. cit.*, p. 101.
3. Chabouillet, *Catalogue*, n° 2498.
4. J. J. Guiffrey, *Coll. des livrets des anciennes Expositions*, t. XV, p. 25. Salon de 1750, n° 117 ; cf. J. Leturcq, *op. cit.*, p. 31 et 196, et pl. E, fig. 15. Jacques Guay exposa en 1750, sous le n° 117 : « Quelques empreintes renfermées dans une bordure, l'une desquelles représente la victoire de Lawfeld, les Préliminaires de la Paix, des petits Enfants et autres ».
5. J. Leturcq, *op. cit.*, p. 31, 84 et pl. E, fig. 16.
6. Chabouillet, *Catalogue*, n° 2499.
7. J. Leturcq, *op. cit.*, p. 162.

35. *Chien épagneul.* Modèle en cire, dans la collection Leturcq [1]. Sort inconnu.

36. *Le chien Mimi.* Camée sur agate-onyx; à l'exergue, GUAY F. (Pl. LIX de la *Suite d'estampes* de Mme de Pompadour) [2]. Le chien Mimi, de l'espèce dite King's Charles, appartenait à Mme de Pompadour [3]. Sort inconnu.

37. *Le chien Bébé.* Camée signé GUAY F. (Pl. LXI de la *Suite d'estampes* de Mme de Pompadour [4]. Sort inconnu.

38. *Les armes du marquis de Calvières.* Intaille sur sardoine représentant un Amour qui tient un écusson aux armes du marquis de Calvières (1693-1777), lieutenant-général des armées du Roi. L'intaille est encore actuellement dans la famille de Calvières (Pl. XXV de la *Suite d'estampes* de Mme de Pompadour) [5].

39. *Jacquot*, tambour-major du régiment du Roi. Buste de profil, le chapeau sur la tête; en légende, on lit : JACQUOT, TAMBOUR-MAJOR DU RÉGIMENT DU ROY, 1751. Intaille sur sardoine, au Cabinet des Médailles [**Pl. XIV, fig. 9**] [6]. M. Chabouillet a retrouvé l'état civil de ce vieux brave; il avait cinquante-trois ans, dont trente-cinq ans de services et avait été blessé de cinq coups de feu dans différentes batailles, lorsqu'il prit fantaisie à Mme de Pompadour de rendre hommage à son héroïsme en faisant graver son portrait sur pierre fine.

40. *Vœux de la France pour le rétablissement de la santé de Monseigneur le Dauphin.* Intaille sur saphir, représentant la France agenouillée au pied d'une statue de la Santé et devant un autel

<hr>

1. J. Leturcq, *Notice sur Jacques Guay*, p. 236, n° 142 et pl. F, fig. 142.

2. J. Leturcq, *op. cit.*, p. 178.

3. Mme de Pompadour avait trois chiens : Inès, Mimi et Bébé, représentés dans des tableaux de J. B. Huet.

4 J. Leturcq, *op. cit.*, p. 180.

5. J. Leturcq, *op. cit.*, p. 122.

6. Chabouillet, *Catalogue*, n° 2500; J. Leturcq, *Notice sur Jacques Guay*, p. 53 et pl. E, fig. 17.

allumé sur lequel est sculpté un dauphin. A l'exergue, G. *1752*, (Pl. XII de la *Suite d'estampes* de Mme de Pompadour). Aujourd'hui au Cabinet des Médailles [**Pl. XIV, fig. 3**]. J. Guay raconte qu'il exécuta cette œuvre en neuf jours, ce qui paraît un véritable tour de force : « Dant le tant que toute la France éttée En larmes, Guay san frema et travailla jour et nuit pour graver cette pierre en creux il a presenta a Madame de Pompadour le jour que le Preince feu or de Danjer, le 9 jours de la maladie. » L'intaille dont il s'agit ici fut donc gravée pendant la maladie du Dauphin, au mois d'août 1752 ; J. Guay l'exposa au Salon de l'année suivante [1].

41. *Actions de grâces pour le rétablissement de la santé de Monsieur le Dauphin.* Intaille sur hyacinthe représentant la France qui sacrifie sur un autel au pied de la statue de la Santé ; à l'exergue, *1752* (Pl. X de la *Suite d'estampes* de Mme de Pompadour). Aujourd'hui au Cabinet des Médailles [**Pl. XIV, fig. 11**] [2]. Jacques Guay qui l'exposa, comme la précédente, au Salon de 1753 [3], nous apprend qu'elle lui fut commandée par Mme de Pompadour. Mais le Dauphin détestait et méprisait la marquise ; lorsque cette dernière lui fit hommage, après son rétablissement, des deux estampes qu'elle avait gravées d'après les gemmes de Guay, le prince témoigna son indignation de voir que Mme de Pompadour s'était fait représenter sous les traits de la France : « il ne put s'empêcher de dire, raconte Soulavie, que Madame de Pompadour implorant Esculape, ressemblait au Grand Turc s'il venait à implorer Jésus-Christ. » Ce mot ne manqua pas d'être mis en chansons [4].

---

1. Chabouillet, *Catalogue*, n° 2501 ; J. Leturcq, *Notice*, p. 32, 98 et 196 et pl. E, fig. 18 ; J. J. Guiffrey, *Coll. des livrets des Salons*, t. XVII, p. 26.

2. Chabouillet, *Catalogue*, n° 2502 ; J. Leturcq, *Notice*, p. 32, 94 et 196 et pl. E, fig. 19.

3. J. J. Guiffrey, *Collection des livrets*, t. XVII, p. 26.

4. Soulavie, *Mémoires historiques et anecdotes sur la cour de Louis XV*, p. 285 ; J. Leturcq, *Notice*, p. 33.

42. *Minerve, sous les traits de Mme de Pompadour, protégeant la gravure en pierres fines.* Intaille sur girasol. Le sujet représente Mme de Pompadour posant une corne d'abondance sur un tour à graver les pierres fines; un génie ailé soulève le voile qui cachait les armoiries de la marquise. A l'exergue, G. 1752 (Pl. VII de la *Suite d'estampes* de Mme de Pompadour). Aujourd'hui, au Cabinet des Médailles [**Pl. XIV, fig. 13**] [1].

A cette époque, Jacques Guay reçut une pension annuelle de 1200 livres qui lui fut accordée (4 octobre 1752), « en considération de ses succès dans son art et pour encourager ses talents [2] ». C'est sans doute par reconnaissance pour cette pension que notre artiste grava la belle gemme que nous venons de décrire. La note qu'il a rédigée pour accompagner l'estampe de Mme de Pompadour est ainsi conçue : « Guay a gravé cette Pierre en creux pour transmetre à la Postérité la Proctretion que Madame de Pompadour a daigne luy a corder, sa reconnesance et des plus respectueuse et des plus Seinsère. Si la graveure en Pierre est conservée on le doit à la Minerve du Siècle, elle a Protrégé ce ar en itravaillan et fesant vivre le graveur. Se epoque et de plus véritable à Paris ce 14 avril 1758.

« J. Guay [3]. »

Le rédacteur inconnu du commentaire des estampes apprécie dans les termes suivants le talent de Jacques Guay : « Madame de Pompadour a associé à son travail un habile homme né en Provence, dont le talent supérieur pour la graveure en pierres, justifie le choix qu'on a fait de luy. Ses productions retracent à notre siècle tout l'art des Dioscorides; on y admire les grâces fines et légères de l'ancienne Grèce unies à la noblesse du goût romain. A ces traits on reconnaît M. Guay : il est le premier

---

1. Chabouillet, *Catalogue*, n° 2503 ; J. Leturcq, *Notice*, p. 39 et 91 et pl. E, fig. 20.
2. *Bulletin de la Société de l'histoire de l'art français*, 2e année, 1876, p. 66.
3. J. Leturcq, *Notice sur Jacques Guay*, p. 40 et 91 et pl. C (fac-similé).

graveur en pierres que l'Académie royale de peinture et de sculpture ait admis dans son sein, distinction également honorable pour l'artiste et pour l'Académie [1] ».

43. *L'amitié.* Intaille sur agate saphirine, d'après un dessin de Boucher, représentant l'Amitié sous les traits d'une jeune femme qui tient un cœur de la main gauche, et de la droite un arbuste autour duquel serpente un cep de vigne ; un masque est à ses pieds. En légende : *longé et propé* et *mors et vita* ; à l'exergue, *1753* (Pl. XVI de la *Suite d'estampes* de Mᵐᵉ de Pompadour [2]. Les historiens de Mᵐᵉ de Pompadour s'appuient sur la date de cette intaille pour fixer l'époque de la cessation des rapports intimes du Roi avec la marquise, celle-ci voulant désormais substituer, chez Louis XV, le sentiment de l'amitié à celui de l'amour [3]. Le sort de cette gemme nous est inconnu.

44. *Alexandrine Lenormant d'Étioles.* Tête d'enfant de profil, coiffée d'un bonnet. Intaille sur cornaline, montée en bague. Alexandrine, fille de Mᵐᵉ de Pompadour, mourut à 14 ans en 1754, peu de temps après que cette intaille eût été gravée par Guay [4]. Cette charmante gemme, donnée par Mᵐᵉ de Pompadour au duc de Chabot, appartenait en dernier lieu à Mᵐᵉ la marquise de Contades, fille du maréchal de Castellane, devenue depuis comtesse de Beaulincourt de Marles, qui la donna au Cabinet des Médailles en 1891 [**Pl. XIV, fig. 18**].

45. *Louis XV.* Buste lauré, cuirassé et drapé, de profil ; sous le bras, GUAY · F · 1753. Camée sur sardonyx à trois couches ; monture en or émaillé, de l'époque de Louis XV (Pl. I de la *Suite d'estampes* gravées par Mᵐᵉ de Pompadour) [5].

---

1. J. Leturcq, *Notice*, p. 72.
2. J. Leturcq, *op. cit.*, p. 105.
3. Edmond et Jules de Goncourt, *Les maitresses de Louis XV*, t. II, appendice, p. 118 ; cf. Leturcq, *op. cit.*, p. 107.
4. J. Leturcq, *op. cit.*, p.224.
5. J. Leturcq, *op. cit.*, p. 44 et 74 et pl. D, fig. 1.

C'est le chef-d'œuvre de Guay, et le plus beau des camées modernes, aussi bien par la pureté de la gemme que par la perfection de la gravure; on peut l'admirer aujourd'hui au Cabinet des Médailles [**Pl. XIII, fig. 10**] [1]. Jacques Guay qui mit deux ans à le graver, l'exposa au Salon de 1755 [2]; il lui a consacré l'annotation suivante sur son exemplaire de la *Suite d'estampes* : « Louis XV. Cette Pierre est du Cabinet du Roy. elle est de plus considérable par sa grandeur et les belles couleurs. Les Chairs sont blanche, la coifeure et les ajustement sont dun Rous Tinét. ce qui forme le font Et le socle est noir. La bordure qui Entoure la Tette a les deux Couleurs supérieures Et litée orisontalement. Le Graveur a Eu la Vantage de travailer dapre le Roy Et de Graver la Pierre embarelief par son Ordre [3]. »

Fréron qui remarqua ce joyau à l'Exposition de 1755, s'exprime comme il suit à son sujet : « Le portrait du Roi, gravé en bas-relief sur une sardoine-onix de trois couleurs de forme ovale, par M. Guay, est quelque chose d'unique dans son genre et par le prix de la pierre et par la vérité de la ressemblance, et par le travail admirable de l'artiste [4]. »

46. *L'Amour cultivant un myrte*. Intaille sur péridot, représentant l'Amour qui arrose un arbuste planté dans une caisse; à l'exergue, la signature GUAY (Pl. XXXI de la *Suite d'estampes* de Mme de Pompadour). Au Cabinet des Médailles [**Pl. XIV, fig. 14**] [5].

47. *Enfant jardinier*. Intaille sur une agate-onyx, représentant un enfant accroupi, une bêche sur l'épaule et cultivant un lau-

<hr>

1. Chabouillet, *Catalogue*, n° 44 ; E. Babelon, *Catalogue*, p. 344, n° 926.

2. J. Guiffrey, *Collection des livrets des anciennes Expositions*, t. XVIII, p. 37: Letureq, *op. cit.*, p. 196-197. Jacques Guay, exposa, en outre, cette année-là, un Enfant jardinier (ci-après, n° 47) et une Tête de femme qu'il est impossible d'identifier.

3. J. Letureq, *Notice sur Jacques Guay*, p. 44.

4. Fréron, *Année littéraire*. Année MDCCLV, t. VI, p. 62. Voyez aussi ce qu'en disent La Chau et Le Blond, *Description des pierres gravées du Cabinet du duc d'Orléans*, t. II, p. 197.

5. Chabouillet, *Catalogue*, n° 2508; J.-F. Letureq, *op. cit.*, p. 131 et pl. E, fig. 25.

rier dans un vase; devant lui, un râteau; à ses pieds, la signature : GUAY. Cette gemme, exposée par Guay au Salon de 1755,
est entrée dans le Cabinet du duc Louis d'Orléans, d'où elle est
passée au musée de l'Ermitage à Saint-Pétersbourg [1].

48. *La mort du duc d'Aquitaine*. Intaille sur calcédoine représentant la France éplorée, penchée sur un tombeau sur lequel on
lit A·I (*anno primo*); à l'exergue, 1754. Au Cabinet des Médailles
[**Pl. XIV, fig. 8**] [2]. Le duc d'Aquitaine, fils du Dauphin, né le
8 septembre 1753, mourut dès le 22 février 1754.

49. Cachet de Mme de Pompadour. Topaze indienne gravée sur
ses trois faces, d'après les dessins de Boucher :

A. *L'Amour sacrifiant à l'Amitié*. Celle-ci foule aux pieds un
masque ; d'une main elle tient un arbuste autour duquel s'en-
lace un cep de vigne, et de l'autre, elle offre un cœur à l'Amour
qui fait une libation sur un autel enguirlandé ; l'arc et le carquois
de l'Amour sont suspendus à un arbre, derrière lui. A l'exergue,
GUAY F. [**Pl. XIV, fig. 5**].

B. *L'Amour et l'Amitié*. Ils s'enchaînent d'une guirlande de
fleurs et se prodiguent les caresses. A l'exergue, GUAY F.
[**Pl. XIV, fig. 6**].

C. *Le Temple de l'Amitié*. Une tour du blason de Pompadour
décore le tympan de ce temple à deux colonnes ; au centre, un
médaillon avec les chiffres du Roi et de la marquise, L·P (*Louis,
Pompadour*), suspendu à une guirlande. A l'exergue, la date
1753. [**Pl. XIV, fig. 7**].

Ce cachet de Mme de Pompadour fut gravé par elle dans sa
Suite d'estampes à l'eau-forte, sous les n°s 41, 43 et 44 [3]. Il est
aujourd'hui au Cabinet des Médailles [4].

1. La Chau et Le Blond, *Pierres gravées du Cabinet du duc d'Orléans*, t. II, p. 197 et
pl. 76 : J. Leturcq, *op. cit.*, p. 197 et 209 ; S. Reinach, *Pierres gravées*, pl. 131, 76.

2. Chabouillet, *Catalogue*, n° 2505 ; J. Leturcq, *Notice*, p. 33 et 217 et pl. E, fig. 22.

3. J. Leturcq, *op. cit.*, p. 147, 153 et 154.

4. Chabouillet, *Catalogue*, n° 2504.

50. *Cachet du Roy*. L'intaille sur péridot qui porte ce titre représente Minerve assise soutenant les armes du Roi, au-dessous desquelles sont une palme et une branche de laurier; à l'exergue, la date *1755* (Pl. LI de la *Suite d'estampes* de Mme de Pompadour). Note de Guay : « Cachet du Roy. Gravé en creux par les ordres de Ma^de de Pompadour. Cette Pierre et celle qui suit font les deux cachet de la Belle Montre que ma^de de Pompadour donna au Roy. La montre et la chene et les cachet, cet tout garnis de Brillans sur un font démail Bleu [1]. » On ignore le sort de la montre et des joyaux qui l'accompagnaient.

51. *L'Amour se tranquillisant sous le règne de la Justice* (Pl. LII de la *Suite d'estampes* de Mme de Pompadour [2]). Intaille sur sardoine représentant l'Amour qui joue de la flûte, assis auprès d'un pié-destal surmonté d'une balance; à l'exergue, GUAY F. Cette gemme, offerte en 1755, au Roi par Mme de Pompadour, servait de cachet-breloque à une montre, ainsi que l'intaille décrite sous le n° 50. Sort inconnu.

52. *La naissance du duc de Bourgogne, MDCCLI*. Camée sur sardonyx à deux couches, d'après un dessin de Boucher. Il repré-sente Minerve debout, qui protège de son bouclier un enfant nouveau-né; en face d'elle, la France s'avance, étendant les bras pour accueillir l'enfant royal; à l'exergue, on lit : GUAY·F et M.DCC.LI (Pl. LIII de la *Suite d'estampes* de Mme de Pompadour). Aujourd'hui, au Cabinet des Médailles [**Pl. XIII, fig. 1**] [3]. Le duc de Bourgogne, petit-fils de Louis XV, né en 1751, mourut en 1761, à l'âge de dix ans. Le camée qui célèbre sa naissance et que Guay exposa au Salon de 1757, forme le pendant de celui qui célèbre l'alliance de la France avec l'Autriche (ci-après, n° 87).

---

1. J. Leturcq, *op. cit.*, p. 164.
2. J. Leturcq, *op. cit.*, p. 41 et 165.
3. J. Leturcq, *Notice*, p. 32, 171 et 197, et pl. D, fig. 7 ; Chabouillet, *Catal.*, n° 357; E. Babelon, *Catal. des Camées*, n° 659.

L'un et l'autre ont décoré une paire de bracelets qui furent portés par Mme de Pompadour.

53. *Génie cultivant un laurier*. Camée sur agate-onyx à deux couches, représentant l'Amour accroupi, de profil, tenant sur son épaule une serpe à long manche; devant lui une caisse carrée où pousse l'arbuste et qui est décorée d'une des tours du blason de Pompadour ; à l'exergue, GUAY F. (Pl. LVIII de la *Suite d'estampes* de Mme de Pompadour [1]). Guay exposa ce camée au Salon de l'année 1757 [2]. Il est au Cabinet des Médailles [**Pl. XIII, fig. 13**] [3].

54. *Trophée de jardinier*. Intaille sur jaspe vert, représentant un arrosoir, des râteaux, une bêche, des serpes et autres outils de jardinage groupés ensemble (Pl. XLVI de la *Suite d'estampes* de Mme de Pompadour). Note de Guay : « A partenant a M de la Tour d'aigue, conseillier du Parlement Daix en Provance [4]. » Sort inconnu. On sait que Vanloo peignit Mme de Pompadour en jardinière, au château de Bellevue [5].

55. *Jardinier cherchant de l'eau*. Intaille sur cornaline représentant un Enfant, les yeux fixés sur le sol, le corps penché et tenant dans sa main une sonnette avec laquelle il cherche de l'eau ; derrière lui, une bêche et un vase dans lequel pousse un lis; à l'exergue, GUAY F. (Pl. LXIII de la *Suite d'estampes* de Mme de Pompadour). On ignore le sort de cette gemme [6].

56. *L'Amour jouant du hautbois*. Intaille sur cornaline, représentant l'Amour musicien assis au pied d'un autel; à l'exergue, la signature : GUAY F. (Pl. XXI de la *Suite d'estampes* gravées par

---

1. J. Leturcq, *op. cit.*, p. 177, 197 et 215 et pl. D, fig. 11.

2. J. Guiffrey, *Collection des livrets des anciennes Expositions*, t. XIX, p. 33, n° 157; Leturcq, *op. cit.*, p. 198.

3. E. Babelon, *Catalogue*, p. 309, n° 663.

4. J. Leturcq, *op. cit.*, p. 156.

5. A. de la Fizelière, dans la *Gazette des Beaux-Arts*, août 1859, p. 148.

6. J. Leturcq, *op. cit.*, p. 182. Cette soixante-troisième estampe du recueil de Mme de Pompadour est la dernière qui reproduise les œuvres de Jacques Guay.

Mme de Pompadour). Note de Guay : « L'Amour jouant du haut-bois champêtre. Gravé en creux, lhotel et alumé, il joue du hautbois Simbole de l'amour content. Cette Pierre a Partin à Mr de Beringnant Premier Ecuyer du Roi [1] ». Sort inconnu.

57. *Le Génie de la musique.* Agate orientale (camée ?) sur laquelle est figuré un enfant assis sur une draperie et jouant de la lyre; A l'exergue, GUAY F (Pl. LXII de la *Suite d'estampes* de Mme de Pompadour). Guay exposa cette œuvre au Salon de 1759 [2]. Sort inconnu.

58. *Le Génie de la musique.* Intaille sur cornaline représentant un enfant assis, tenant une flûte et un papier à musique ; à l'exergue GUAY F (Pl. XVII de la *Suite d'estampes* de Mme de Pompadour). Note de Guay : « Genie de la Musique Gravé en creux Madame de Pompadour a donné la Pierre à Madame la Maréchale de Lusembour [3]. » Sort inconnu.

59. *L'Amour et l'ame.* Intaille sur cornaline représentant l'Amour qui cherche à saisir un papillon ; devant lui, un autel allumé, l'arc et le carquois ; à l'exergue, GUAY F (Pl XXVII de la *Suite d'estampes* gravées par Mme de Pompadour). Note de Guay : « L'amour et l'âme grave en creux Le feu divein que lamour inspire doit ficser lame. Cette pierre a partin à madame de Pompadour [4] ». Elle est aujourd'hui au Cabinet des Médailles [**Pl. XIV, fig. 17**] [5].

60. *L'Amour et l'ame.* Variante du sujet précédent, mais tourné dans l'autre sens ; intaille signée G. Connue seulement par une empreinte en soufre de la collection Leturcq, aujourd'hui la propriété de M. H. de La Tour [**Pl. XV, fig. 3**]. [6]

1. J. Leturcq, *op. cit.*, p. 114. Il s'agit du marquis de Beringhen.
2. J. Leturcq, *op. cit.*, p. 181 et 198.
3. J. Leturcq, *op. cit.*, p. 108.
4. J. Leturcq, *op. cit.*, p. 125.
5. Chabouillet, *Catalogue*, n° 2507.
6. J. Leturcq, *op. cit.*, p. 125 et 232, pl. H, n°s 108 et 109.

61. *L'Amour et l'ame*. Intaille sur sardoine, représentant un Amour, l'arc sur l'épaule, qui vient couronner un papillon posé sur un autel. Au pied de l'autel, le carquois du dieu ; à l'exergue, la signature GUAY. Collection de M. Coulot, ancien notaire à Nangis [1]. Une empreinte en soufre représentant cette gemme était dans la collection Leturcq ; elle appartient présentement à M. H. de La Tour [**Pl. XV, fig. 7**].

62. *L'Amour ayant désarmé les dieux présente la couronne à son héros*. Intaille sur cornaline ; à l'exergue GUAY F. Le sujet représente l'Amour tenant une lance et une couronne de laurier ; derrière lui, un trophée composé des attributs de tous les dieux ; à ses pieds deux colombes (Pl. XXXIII de la *Suite d'estampes* de Mme de Pompadour). Note de Guay : « Lamour ayant desarme les Dieux Presante La Couronne à Son héros Gravé en creux par les Ordres de Mad^e de Pompadour. le Roy a cette pierre monté en cachet [2]. » Sort inconnu.

63. *Offrande au dieu Terme*. Jeune femme agenouillée faisant une libation sur un autel placé devant la statue du dieu Terme, à l'entrée d'un bois sacré. A l'exergue, la signature G. Sort inconnu. Empreinte en soufre de la collection Leturcq [3], aujourd'hui la propriété de M. H. de La Tour [**Pl. XV, fig. 16**].

64. *Offrande au dieu Terme*. Jeune femme offrant des fruits à la statue du dieu ; elle est suivie d'un jeune Satyre qui joue de la double flûte ; au pied de la statue, un autel allumé et une amphore. Sort inconnu. Empreinte en soufre de la collection Leturcq [4], aujourd'hui chez M. H. de La Tour [**Pl. XV, fig. 9**].

65. *Offrande au dieu Terme*. Statue ithyphallique et autel du dieu ; femme agenouillée offrant des fruits ; un homme et une femme debout attendent leur tour. Sort inconnu. Empreinte en

1. J. Leturcq, *op. cit.*, p. 225 et pl. I, n° 44.
2. J. Leturcq, *op. cit.*, p. 133.
3. J. Leturcq, *op. cit.*, p. 233, n° 115.
4. J. Leturcq, *op. cit.*, p. 233, n° 116 et pl. I, fig. 116.

soufre de la collection Leturcq [1], aujourd'hui chez M. H. de La Tour [Pl. XV, fig. 17].

66. *Offrande au dieu Terme*. Intaille sur cornaline, d'après un dessin de Boucher, représentant l'Amour assis pressant une grappe de raisins dans une coupe, au pied de la statue du dieu Terme; à l'exergue, GUAY·F· (Pl. XXXIX de la *Suite d'estampes de Mme de Pompadour*). Note de Guay : « Offrande au Dieu Terme (je croy que çe Lamour réconnésant) Gravé en creux Madame de Pompadour a cette Pierre montée en cachét [2]. ». Au Cabinet des Médailles [Pl. XIV, fig. 16] [3].

67. *Offrande à Flore*. Intaille sur sardoine représentant un enfant qui fait une libation sur un autel placé au pied d'une statue de Flore; derrière lui, un cygne; à l'exergue, GVAY·F· Cabinet des Médailles [Pl. XIV, fig. 24] [4].

68. *Femme nue, assise* sur sa draperie, devant une table sur laquelle se trouve une boussole. Sort inconnu. Empreinte en soufre de la collection Leturcq [5], aujourd'hui chez M. H. de La Tour [Pl. XV, fig. 21].

69. *Femme nue debout*, se présentant devant une statue de divinité champêtre. Sort inconnu. Empreinte en soufre de la collection Leturcq [6], aujourd'hui chez M. H. de La Tour [Pl. XV, fig. 8].

70. *Un Amour tenant un nid* dans lequel est une poule. Signature, GVAY. Sort inconnu. Empreinte en soufre et modèle en cire de la collection Leturcq [7], aujourd'hui la propriété de M. H. de La Tour [Pl. XV, fig. 4].

1. J. Leturcq, *op. cit.*, p. 233, n° 117 et pl. I, fig. 117.
2. J. Leturcq, *op. cit.*, p. 144.
3. Chabouillet, *Catalogue*, n° 2509.
4. Chabouillet, *Catalogue*, n° 2510. Cette intaille, comme un grand nombre d'autres, d'ailleurs, n'a pas été reproduite par Mme de Pompadour dans son Recueil d'estampes à l'eau-forte. Leturcq, *Notice sur Jacques Guay*, p. 218.
5. J. Leturcq, *op. cit.*, p. 234, n° 118.
6. J. Leturcq, *op. cit.*, p. 234, n° 119.
7. J. Leturcq, *op. cit.*, p. 234, n° 120.

71. *Faune dansant avec une nymphe*. Modèle en cire de la collection Leturcq [1]. Sort inconnu.

72. *Bacchus enfant*. Intaille sur sardoine représentant Bacchus enfant, assis sur une draperie, au pied d'un cep de vigne; à l'exergue, GUAY F (Pl. XXXV de la *Suite d'estampes* de Mme de Pompadour). Note de Guay : « Bacchus Enfant Gravé en creux dapres le descin de M. Boucher La Pierre a Partin à M^r fortier Noterc [2]. » Fortier, avocat au Parlement, était le notaire de Mme de Pompadour; à la vente de ses collections artistiques, en avril 1770, l'intaille de Guay fut adjugée pour 601 livres [3]. J'en ignore le sort aujourd'hui.

73. *L'Amour assis* à terre, les jambes croisées et adossé à un cippe; il semble porter un fruit à sa bouche (sujet très voisin du précédent). Sort inconnu. Empreinte en soufre de la collection Leturcq [4], aujourd'hui la propriété de M. H. de La Tour [**Pl. XV, fig. 2**].

74. *Masque bachique*. Intaille représentant un « Masque attaché à un thyrse gravé en creux, sur une belle jacinthe par M. Gai (*sic*), célèbre artiste dont on ne peut faire trop d'éloges ». C'est ainsi qu'est décrite une gemme de Guay, dans le catalogue de la collection du prince de Conti, dressé après sa mort, en 1777. Cette intaille fut vendue 221 livres : nous en ignorons le sort aujourd'hui [5].

---

1. J. Leturcq, *op. cit.*, p. 46 et 236, n° 139.

2. J. Leturcq, *op. cit.*, p. 136.

3. *Catalogue de la vente Fortier*, dressé par Pierre Remy, n° 166; cf. Charles Blanc, *Trésor de la curiosité*, t. I, p. 176; J. F. Leturcq, *op. cit.*, p. 202.

4. J. Leturcq, *op. cit.*, p. 235, n° 126.

5. J. Leturcq, *op. cit.*, p. 203 et 250. Dans le catalogue de vente de la collection du prince de Conti, publié après décès par P. Remy, la rubrique : *Pierres gravées* (p. 379) a été rédigée par Alphonse Miliotti. Celui-ci est l'auteur de la description d'une collection de pierres gravées qui se trouvent au Cabinet impérial de Saint Pétersbourg (Vienne, 1703, in-fol.), et dans la Préface de ce dernier ouvrage il est dit que les gemmes du prince de Conti allèrent à Saint-Pétersbourg.

75. *L'Amour assis*. Intaille sur cornaline représentant un enfant assis sur sa draperie au pied d'un saule et tenant dans ses mains une colombe; l'arc et le carquois sont à ses pieds (Pl. LX de la *Suite d'estampes* de Mme de Pompadour) [1]. Sort inconnu.

76. *L'Amour assis*. Intaille sur cornaline représentant l'Amour assis et prêt à décocher une flèche; son arc est à côté de lui; à l'exergue, la signature : GUAY (Pl. XLV de la *Suite d'estampes* de Mme de Pompadour). Note de Guay : « L'Amour Gravé en creux· la pierre a Ette faite pour M le Duc de Masarin [2]. » Le duc de Mazarin (1732-1781) avait épousé une fille du duc d'Aumont; ses collections furent vendues après sa mort. On ignore le sort de la gemme gravée pour lui par Jacques Guay.

77. *L'Amour*. Intaille sur cornaline représentant l'Amour debout devant un autel sur lequel sont deux colombes qui se béquettent; derrière lui, un coq perché sur le carquois; à l'exergue, GUAY F (Pl. XLVIII de la *Suite d'estampes* de Mme de Pompadour). Note de Guay : « L'amour Lhotel et les colombes et le siembole de Lamour Conjugal. le dieu les amire mest il ce propose dant avoir sa part, le coq et la vigilance. il faut en navoir pour tromper les jaloux : guay a gravait cette pierre en creux pour sont bont amy Mr Colin [3]. » Ce Colin, ami de Guay, était premier valet de chambre et intendant de la marquise de Pompadour; il avait une importante collection d'objets d'art qui fut vendue en 1752 [4]. Le sort de l'intaille nous est inconnu.

78. *La fidèle amitié*. Camée sur agate-onyx à deux couches, représentant un Génie assis et jouant avec un chien; à l'exergue, la signature GUAY·F. Cabinet des Médailles [Pl. XIII, fig. 12] [5].

1. J. Leturcq, *Notice sur Jacques Guay*, p. 179.
2. J. Leturcq, *op. cit.*, p. 155.
3. J. Leturcq, *op. cit.*, p. 160.
4. Voyez le catalogue rédigé par Helle et Glomy. Paris, 1752, in-12.
5. E. Babelon, *Catalogue*, p. 309, n° 664.

Dans la *Suite d'estampes* gravées par Mme de Pompadour, on trouve sous le n° 42, non pas ce camée, mais une variante du même sujet : Une femme tenant une guirlande et jouant avec un chien ; seulement cette gemme dont nous ignorons le sort, était signée *Pompadour fecit* : nous y reviendrons plus loin [1]. J. Leturcq essaie vainement de déterminer si c'est cette gemme ou une autre, avec un sujet analogue, que Mme de Pompadour, dans son testament, légua au prince de Soubise [2].

79. *Un homme et une femme enlacés dans une guirlande de fleurs.* Derrière eux, un cep de vigne déraciné ; à l'exergue, l'initiale de l'artiste, G. Intaille sur cornaline montée en bague d'or. Cette gemme qui faisait partie de la collection Leturcq est entrée au Cabinet des Médailles en 1873 [**Pl. XIV, fig. 26**] [3].

80. *Baigneuse* debout, s'appuyant à un cippe sur lequel sont entrecroisés un carquois et une torche ; à l'exergue, G. Sort inconnu. Empreinte en soufre de la collection Leturcq [4], aujourd'hui la propriété de M. H. de La Tour [**Pl. XV, fig. 15**].

81. *Baigneuse*, un genou en terre, puisant de l'eau au bord d'une source ; à l'exergue, G. Sort inconnu. Empreinte en soufre de la collection Leturcq [5], aujourd'hui chez M. H. de La Tour [**Pl. XV, fig. 11**].

82. *Baigneuse* étendant une draperie sur le bord d'une source d'où elle vient de sortir ; à l'exergue, G. Sort inconnu. Empreinte en soufre de la collection Leturcq [6], aujourd'hui chez M. H. de La Tour [**Pl. XV, fig. 12**].

83. *Baigneuse* à demi plongée dans l'eau, tenant un vase et une draperie. Sort inconnu. Empreinte en soufre, de la

---

1. J. Leturcq, *op. cit.*, p. 149.
2. J. Leturcq, *op. cit.*, p. 149 et 221.
3. J. Leturcq, *op. cit.*, p. 220, n° 38 et pl. F, fig. 38.
4. J. Leturcq, *op. cit.*, p. 234, n° 122.
5. J. Leturcq, *op. cit.*, p. 234, n° 123.
6. J. Leturcq, *op. cit.*, p. 235, n° 124.

collection Leturcq [1], aujourd'hui chez M. H. de La Tour [**Pl. XV,
fig. 13**].

84. *Apollon.* Buste couronné de laurier; devant, l'arc et le carquois; derrière, les initiales de l'artiste, GU. Intaille sur améthyste.
Cette gemme qui, d'après Raspe, a appartenu à Louis XV, n'est

Fig. 51. — Le Cachet de Michel-Ange. Dessin de Bouchardon..

pas au Cabinet des Médailles et son sort m'est inconnu [2]. J.-F.
Leturcq en possédait, par héritage, une empreinte en soufre [3], qui
est aujourd'hui la propriété de M. H. de La Tour [**Pl. XV. fig. 25**].

85. *Le Cachet de Michel-Ange.* Intaille sur cornaline représentant une Bacchanale, œuvre probable de Pier Maria da Pescia [4].

---

1. J. Leturcq. *op. cit.*, p. 235, n° 125.

2. R.-E. Raspe, *Catalogue raisonné d'une collection générale de pierres gravées antiques et
modernes, moulées en pâtes de couleur par Jacques Tassie, sculpteur*, n° 2834.

3. J. Leturcq, *op. cit.*, p. 209 et 235, pl. I, fig. 130.

4. Chabouillet, *Catalogue*, n° 2337; E. Babelon, *Le Cabinet des Antiques*, p. 87 et
pl. XXIX.

Jacques Guay exécuta, comme beaucoup d'autres graveurs, une copie de cette œuvre célèbre de la Renaissance italienne [1]. L'original qui a appartenu à Bagarris, sous Henri IV, est au Cabinet des Médailles depuis Louis XIV. La copie de Guay fut exécutée d'après un dessin à la sanguine de Bouchardon, conservé au musée du Louvre, et que nous reproduisons ici en réduction (ci-dessus, fig. 51). L'œuvre de Guay passa aux mains du comte Maurice de Saxe; elle était en 1873, dans la collection de M. de Vieth, à Dresde [2].

86. *Bacchanale champêtre*. Intaille. Il s'agit probablement de la copie par Guay d'une intaille du Cabinet des Médailles [3], qui n'est qu'un abrégé de celle qu'on désigne sous le nom de Cachet de Michel-Ange [4]. Sort inconnu.

87. *L'alliance de la France et de l'Autriche, 1756*. Camée à deux couches, représentant deux femmes, la France et l'Autriche, qui s'avancent l'une vers l'autre et se donnent la main. Entre elles, un autel entouré d'un serpent qui se mord la queue; sur le sol, une torche brisée, un masque et, en creux, la signature : GUAY ; à l'exergue, *1756* en relief. (Pl. LIV de la *Suite d'estampes* de Mme de Pompadour). Ce camée fut exposé au Salon de 1759 [5]; il est aujourd'hui au Cabinet des Médailles [Pl. **XIII**, **fig. 3**] [6]. Sa monture est pareille à celle du camée décrit plus haut sous le n° 52 ; Mme de Pompadour les porta en bracelets.

88. *Louis, Dauphin de France (père de Louis XVI) et Marie-Josèphe de Saxe, sa femme*. Bustes conjugués. Camée sur sardonyx à trois couches, signé GUAY·F· *1758* (Pl. LV de la *Suite d'es-*

1. R.-E. Raspe, *Catalogue de J. Tassie*, n° 4381 ; J. Leturcq, *op. cit.*, p. 209. Voyez ci-dessus, p. 152.

2. J. Leturcq, *op. cit.*, p. 209.

3. Chabouillet, *Catalogue*, n° 2342.

4. J. Leturcq, *op. cit.*, p. 230, n° 93.

5. J. Guiffrey, *Collection des livrets des anciennes Expositions*, t. XX. Salon de 1759, n° 152; J. Leturcq, *Notice sur Jacques Guay*, p. 33, 172, 198 et 215, et pl. D, fig. 9.

6. Chabouillet, *Catalogue*, n° 359; E. Babelon, *Catal. des Camées*, p. 307, n° 660.

tampes de Mme de Pompadour) [1]. Jacques Guay exposa cette œuvre importante au Salon de 1759 [2]. Aujourd'hui au Cabinet des Médailles [**Pl. XIII, fig. 2**] [3].

89. *Un Amour* ou Enfant assis à terre, jouant avec un chien-lion. GUAY. *1760*. Cette intaille ne nous est connue que par une empreinte en soufre du cabinet de Stosch [4].

90. *L'Amour chasseur.* Debout, les yeux bandés, il tient son arc et sur son bras gauche, sont perchés deux faucons. Sort inconnu. Empreinte en soufre de la collection Leturcq [5], aujourd'hui chez M. H. de La Tour [**Pl. XV, fig. 6**].

91. *Portrait d'une femme inconnue.* Intaille sur cornaline signée GVAY·F, et montée en bague, ainsi décrite dans le Catalogue de la collection du marquis de Drée, en 1814 : « Buste de Mad^e de ***, une colombe sur l'épaule; agréable ouvrage de Guay, artiste habile du siècle dernier [6]. » Le sort de cette intaille est inconnu ; J. Leturcq en avait une empreinte en soufre, qui est aujourd'hui la propriété de M. H. de La Tour [**Pl. XV, fig. 22**].

92. *Foudre et caducée* en sautoir; au-dessus, ces mots : STATUE DU ROI. 1758. Intaille sur cornaline, au Cabinet des Médailles [**Pl. XIV, fig. 4**] [7]. Cette pierre, sans grand intérêt, avait pour objet de commémorer l'érection sur une place de Rouen, d'une statue pédestre de Louis XV, œuvre de Le Moyne. Mais la statue demeura à l'état de projet et l'intaille fut gravée avant l'exécution du monument qui n'exista qu'en maquette [8].

1. J. Leturcq, *Notice sur Jacques Guay*, p. 49, 173, 198, 214, et pl. D, fig. 6.

2. J. Guiffrey, *Collection des livrets des anciennes Expositions*, t. XX, p. 32, n° 152 ; J. Leturcq, *op. cit.*, p. 198.

3. Chabouillet, *Catalogue*, n° 356; E. Babelon, *Catalogue des Camées*, p. 347, n° 933.

4. R.-E. Raspe, *Catalogue de J. Tassie,* n° 6708; J. Leturcq, *op. cit.*, p. 210 et 229, n° 91.

5. J. Leturcq, *op. cit.*, p. 235, n° 127.

6. *Catalogue de la collection du marquis de Drée*, par Paillet (1814, in-8°), n° 121. J. Leturcq, *op. cit.*, p. 206 et 231, et pl. H, fig. 102.

7. Chabouillet, *Catalogue*, n° 2497; J. Leturcq, *Notice*, p. 35 et 237, n° 144.

8. J. Leturcq, *op. cit.*, p. 35, note.

93. *La bataille de Lutzelberg*. Intaille sur cornaline représentant un globe aux armes de France placé au-dessus d'une colonne sur le fût de laquelle se croisent deux palmes. A l'exergue : LE 10 OCTOBRE 1758 (Pl. LVI de la *Suite d'estampes* de Mme de Pompadour). La bataille indécise de Lutzelberg contre les Anglais, le 10 octobre 1758, valut au prince de Soubise, favori du Roi et de la marquise de Pompadour, le bâton de maréchal. La gemme, sans grand intérêt, est au Cabinet des Médailles [**Pl. XIV, fig. 27**] [1].

94. *Le Génie de la France*. Intaille sur cornaline représentant un Amour ailé, s'appuyant sur les armes de la France décorées de drapeaux et de trophées, et tenant une branche d'olivier. A l'exergue, on lit : *Le 10 octobre 1758* (Pl. LVII de la *Suite d'estampes* gravées par Mme de Pompadour [2]). Cette intaille se rapporte comme la précédente, à la bataille de Lutzelberg. Guay l'exposa au Salon de 1759 [3], et Mme de Pompadour la fit monter en cachet-breloque pour l'offrir à Louis XV. Ce joyau a fait partie de la collection Failly, vendue en 1859; il a passé de là, dans la collection de la princesse Soltikoff qui le fit figurer à l'Exposition universelle de Paris en 1867 [4]. J'en ignore le sort actuel.

95. *Tête de Minerve*. Intaille que Guay exposa au Salon de 1759 [5]; elle ne nous est pas autrement connue.

96. *Tête d'homme, dans le goût antique*. Intaille que Guay exposa au Salon de 1759 [6]; sort inconnu.

97. *Statue équestre de Louis XV*. Camée sur agate-onyx à deux

---

1. J. Leturcq, *op. cit.*, p. 33 et 175, et pl. E, fig. 23 ; Chabouillet, *Catalogue*, n° 2506.

2. J. Leturcq, *op. cit.*, p. 34 et 176.

3. J. Guiffrey, *Collection des livrets*, t. XX, Salon de 1759, p. 32, n° 152 ; J. Leturcq, *op. cit.*, p. 198.

4. J. Leturcq, *op. cit.*, p. 224.

5. J. Guiffrey, *Collection des livrets*, t. XX, p. 32; J. Leturcq, *op. cit.*, p. 198 et 228, n° 85.

6. J. Guiffrey, *loc. cit.*; J. Leturcq, *op. cit.*, p. 198.

couches représentant la France au pied de la statue colossale du Roi à cheval; sur le socle, G, et à l'exergue, en creux, *1763*. Au Cabinet des Médailles [**Pl. XIII, fig. 11**] [1].

Il s'agit de la statue inaugurée sur la place de la Concorde, le 17 avril 1763; elle était l'œuvre de Bouchardon; la mort empêcha le grand artiste d'achever son œuvre, et le soin d'exécuter les bas-reliefs et ornements du socle fut dès lors confié à Pigalle. Cette statue fut renversée le 11 août 1792.

Ce que l'on sait de la statue permet d'affirmer que le camée ne reproduit pas exactement l'œuvre de sculpture. Mais ce n'est pas tout. J. Leturcq possédait, venant de Guay, le modèle en cire qui a servi à ce dernier pour la gravure de son camée; or, ce modèle lui-même n'est pas entièrement conforme au sujet reproduit sur la gemme; il y a, en plus, de l'autre côté du piédestal de la statue, une figure de l'Abondance assise [2]. Ces variantes permettent de conjecturer que Jacques Guay travailla d'après le dessin de Bouchardon, avant que la statue fût érigée, et que la cire et le camée reproduisent deux projets successifs de Bouchardon, tandis que la statue est l'œuvre définitive, modifiée par Pigalle [3].

98. *Louis XV*. Buste lauré, de profil; à l'exergue, la signature: GUAY·F [4]. Camée sur sardonyx à trois couches, au Cabinet des Médailles [**Pl. XIII, fig. 16**]. La monture est pareille à celle du camée suivant (n° 99) qui représente Henri IV. Elle se compose d'une couronne d'émeraudes arrangées en torsade et reliées par des cordelettes de roses; par derrière, cette couronne est mainte-

---

1. Chabouillet, *Catalogue*, n° 360; E. Babelon, *Catalogue des Camées*, p. 308, n° 662 : cf. J. Leturcq, *Notice sur Jacques Guay*, p. 34 et pl. D, fig. 10; cf. pl. G, fig. 133 (modèle en cire).

2. J. Leturcq, *Notice*, p. 35 et 215.

3. J. Leturcq, *op. cit.*, p. 36, note.

4. Chabouillet, *Catalogue*, n° 351; J. Leturcq, *Notice*, p. 49 et pl. D, fig. 2 ; E. Babelon, *Catalogue*, p. 345, n° 927.

nue par quatre attaches en forme de fleurs de lis. Ces deux camées formaient les fermoirs de bracelets de Mme de Pompadour.

99. *Henri IV*. Buste lauré et cuirassé de profil. Camée sur sardonyx à trois couches au Cabinet des Médailles [**Pl. XIII, fig. 14**] [1]. Ce camée avec sa monture forme le pendant du précédent (n° 98).

100. *Henri II*. Buste lauré et cuirassé; dessous, G. (Pl. XVIII de la *Suite d'estampes* de Mme de Pompadour [2]); cette intaille est connue seulement par une empreinte en soufre de la collection Leturcq, aujourd'hui la propriété de M. H. de La Tour [**Pl.XV, fig. 20**].

101. *Henri IV*. Buste lauré et cuirassé. Pierre connue seulement par un modèle en cire de la collection Leturcq [3].

102. *Louis XV*. Tête laurée, de profil; à l'exergue, GUAY. . Camée sur un grenat hémisphérique. Au Cabinet des Médailles [**Pl. XIII, fig. 7**].[4]

103. *Louis XV*. Tête diadémée de profil; sur la tranche du cou, la signature GVAY. Camée sur sardonyx à trois couches exposé par Guay au Salon de 1759 [5] (Pl. V de la *Suite d'estampes* gravées par Mme de Pompadour [6]). Monté en bague, il appartint à Monsieur, comte de Provence, depuis le roi Louis XVIII. On confisqua cette bague au palais du Luxembourg, dans le secrétaire du prince, après son émigration; déposée d'abord à la Monnaie, elle fut transférée au Cabinet des Médailles, le 1er nivôse an V (21 décembre 1793) [**Pl. XIII, fig. 4**]. [7]

1. E. Babelon, *Catalogue*, p. 337, n° 788.
2. J. Leturcq, *op. cit.*, p. 110, 214 et 237 et pl. H, fig. 107.
3. J. Leturcq, *op. cit.*, pl. F, fig. 134.
4. Chabouillet, *Catalogue*, n° 352; J. Leturcq, *Notice*, p. 49 et 214, et pl. D, fig. 3; E. Babelon, *Catalogue*, p. 345, n° 928.
5. J. Guiffrey, *Collection des livrets des anciennes Expositions*, t. XX, p. 32, n° 151; J. Leturcq, *op. cit.*, p. 198.
6. Chabouillet, *Catalogue*, n° 353; J. Leturcq, *op. cit.*, p. 49, 86 et 214 et pl. D, fig. 4.
7. E. Babelon, *Catalogue*, p. 345, n° 929.

104. *Louis XV*. Tête laurée; dessous, GUAY F. Intaille connue seulement par une empreinte en soufre de la collection Leturcq, aujourd'hui la propriété de M. H. de La Tour [**Pl. XV, fig. 25**].

105. *Louis XV*. Buste lauré et cuirassé; dessous, GUAY·F. Intaille connue seulement par une empreinte en soufre de la collection Leturcq, aujourd'hui chez M. H. de La Tour [**Pl. XV, fig. 26**].

106. *Louis XV*. Tête laurée; sur la tranche du cou, la lettre G, initiale du nom de l'artiste. Camée sur sardonyx à deux couches, monté en bague. Cabinet des Médailles [**Pl. XIII, fig. 5**] [1].

107. *La marquise de Pompadour* (cachet de Louis XV). Tête de profil; sur la tranche du cou, la signature ainsi abrégée : GUA. Camée sur une agate-onyx à deux couches; la gravure est d'une exquise finesse [**Pl. XIII, fig. 15**]. Ce camée se trouve enchâssé dans le manche d'un cachet-breloque en or émaillé et dissimulé par un couvercle à charnière. C'est en ouvrant ce couvercle qu'on voit, comme dans un écrin, ce délicieux bijou. La partie inférieure de cette breloque est évasée en forme de pied, et sous ce pied se trouve enchâssée une cornaline gravée en creux et formant cachet. Cette cornaline, reproduite sur notre planche XIV, fig. 23, représente un Amour ailé qui tient un bouquet formé d'un lis et d'une rose, les symboles de Louis XV et de Mme de Pompadour; son carquois et ses flèches sont à ses pieds. En légende circulaire : L'AMOUR LES ASSEMBLE; à l'exergue, la signature : GUAY F. Après avoir été déposé au Garde-Meuble sous la Révolution, le cachet-breloque des amours de Louis XV fut transporté à la Monnaie pour y être fondu; heureusement, comme quelques autres précieux objets, il échappa à la destruction et

---

1. Chabouillet, *Catalogue*, nᵒ 354 ; J. Leturcq, *Notice*, p. 49, pl. D, fig. 5 ; E. Babelon, *Catalogue*, p. 346, nᵒ 930. Jacques Guay exécuta encore d'autres portraits de Louis XV, aujourd'hui perdus et que nous ne faisons pas figurer dans notre relevé, n'ayant aucun moyen de les individualiser. J. Leturcq, *op. cit.*, p. 231.

passa au Cabinet des Médailles, le 1ᵉʳ Nivôse an V (21 décembre 1796)[1].

108. *L'Amour présentant un bouquet.* Intaille sur sardoine, signée GUAY F (Pl. L de la *Suite d'estampes* de Mᵐᵉ de Pompadour). Note de Guay : « Le Bouquet et une Rose et une immortelle (aussi vive que belle) cette Pierre et gravée en creux par les Ordres de Madame de Pompadour le Roy a la dite montée en cachét[2]. » Cette intaille dont le sort nous est inconnu est une variante de celle qui forme cachet dans le bijou que nous venons de décrire sous le n° 107.

109. *La marquise de Pompadour.* Tête de profil, avec un collier de perles; dessous, GUAY. Délicieuse intaille sur cornaline, montée en bague. L'anneau est de grandes dimensions, ce qui permet de croire que la bague a été portée par Louis XV. Acquise de J. Leturcq par le Cabinet des Médailles, en 1873 [**Pl. XIV, fig. 19**][3].

110. *La marquise de Pompadour à l'âge de 39 ans.* Tête de profil, avec un collier de perles. Intaille sur cornaline, montée en bague; autour du biseau, on lit : I.A.P.POMPADOUR.AN.Æ.39 (*Jeanne-Antoinette Poisson Pompadour, anno ætatis 39*). Sous le buste : GVAY·F·1761. Bague d'or acquise de J. Leturcq par le Cabinet des Médailles, en 1873 [**Pl. XIV, fig. 20**][4].

111. *Hibou.* Intaille sur cornaline, qui faisait partie de la collection du baron de Stosch[5]. Sort inconnu. On a supposé, mais sans raison bien probante, que le sujet de cette intaille se rapportait à un propos de Mᵐᵉ de Pompadour sur Jean-Jacques Rousseau. La marquise ayant fait au philosophe des avances pour l'at-

---

1. J. Leturcq, *op. cit.*, p. 50, 163 et 215, et pl. D, fig. 14; Chabouillet, dans la Revue *Les lettres et les arts*, 1886, p. 281; E. Babelon, *Catalogue*, n° 944.

2. J. Leturcq, *op. cit.*, p. 163 et 216.

3. J. Leturcq, *op. cit.*, p. 50, 219, n° 30, et pl. F, fig. 30; cf. p. VIII.

4. J. Leturcq, *op. cit.*, p. 51 et 219-220, et pl. F, fig. 32; cf. p. VIII.

5. J. Leturcq, *op. cit.*, p. 208.

tirer à la cour, Jean-Jacques lui répondit le 18 août 1762 en déclinant sèchement l'invitation. « C'est un hibou », dit Mme de Pompadour à la maréchale de Mirepoix [1].

112. *Pigeon*, les ailes éployées. Modèle en cire de la collection Leturcq [2]. Sort inconnu.

113. *La marquise de Pompadour*. Buste de profil avec un collier de perles; sous le cou, GUAY F· 1763. Ce portrait de la marquise est daté d'un an avant sa mort. Guay a dû l'exécuter en intaille sur une cornaline; la gemme est aujourd'hui perdue et nous ne la connaissons que par une empreinte en soufre qui était encore en 1873 dans la collection J. Leturcq [3].

114. *Bustes conjugués de Louis XV et de Mme de Pompadour;* à l'exergue, GUAY. Après avoir fait partie de la collection du marquis de Ménars, cette intaille sur cornaline, dont l'exécution dénote une impudence extrême de la part de Mme de Pompadour, finit par figurer dans la belle série dont J. Leturcq hérita. Celui-ci la céda en 1873 au Cabinet des Médailles [Pl. **XIV, fig. 21**] [4].

115. *Louis XV*. Tête laurée de profil; à l'exergue : GUAY. Intaille sur cornaline, « avec une monture mignonne en bague, dont l'anneau est tellement étroit qu'il ne pouvait convenir qu'au doigt de la marquise [5] ». Cette petite bague quitta la collection Leturcq en 1873, pour entrer au Cabinet des Médailles [**Pl. XIV, fig. 22**].

116. *La Santé* ou Hygie debout, tenant d'une main un serpent,

1. J. Leturcq, *op. cit.*, p. 228-229.

2. J. Leturcq, *op. cit.*, p. 236, n° 138. On prétend que Mme de Pompadour appelait l'abbé de Bernis *son pigeon*. Leturcq, *op. cit.*, p. 239.

3. J. Leturcq, *op. cit.*, p. 51 et 231, et pl. H, fig. 106. Leturcq avait hérité d'un certain nombre de modèles en cire préparés par Guay pour des portraits de Mme de Pompadour, différents de ceux que nous avons donnés dans notre catalogue, mais qui ont dû néanmoins être aussi exécutés en pierres fines, sans que, pourtant, nous puissions l'affirmer avec certitude. J. Leturcq, *op. cit.*, p. 51 et 236; pl. G, fig. 131 ; pl. F, fig. 132.

4. J. Leturcq, *op. cit.*, p. 50, 205 et 209 et pl. F, fig. 31 ; cf. p. VIII.

5. J. Leturcq, *op. cit.*, p. 49-50, 219 et pl. F, fig. 29.

et de l'autre une coupe où s'abreuve le reptile ; à l'exergue, GVAY. Sort inconnu. Empreinte en soufre et modèle en cire de la collection Leturcq [1]; l'empreinte est actuellement la propriété de M. H. de La Tour [**Pl. XV, fig. 14**].

117 et 118. *L'Amour faisant une libation à Esculape.* Vœu pour le rétablissement de la santé de Mme de Pompadour. Intaille sur cristal de roche, datée de 1764; la marquise de Pompadour mourut dès le 15 avril de cette même année. Aussi, l'intaille dont le sujet n'offrait plus d'à-propos demeura inachevée. J. Leturcq qui possédait cette pierre fait les remarques suivantes : « Le visage de l'Amour qui fait un sacrifice aux divinités impitoyables, n'est pas terminé, et l'écusson chancelant, qu'il cherche à relever de sa main gauche, ne porte pas encore le blason de la marquise qui devait y figurer [2]. » J. Leturcq nous apprend en outre que le même sujet fut traité deux fois par Guay, avec quelques variantes : « Je possède, dit-il, une empreinte en soufre d'un sujet analogue, qui présente quelques différences avec celui que je viens de décrire, et qui est même plus terminé; peut-être Guay voulait-il en offrir un exemplaire au Roi en même temps qu'à sa protectrice [3]. » Cette empreinte est actuellement la propriété de M. H. de La Tour [**Pl. XV, fig. 5**].

Ces deux gemmes sont les dernières qui soient sorties des mains de Jacques Guay du vivant de Mme de Pompadour; j'ignore où elles sont allées en quittant la collection de J. Leturcq.

Les pierres gravées par Guay que possédait Mme de Pompadour furent léguées par elle au Roi, à l'exception d'une seule qu'elle laissa au maréchal de Soubise. Les termes du testament de la marquise sont les suivants : « Je supplie aussi Sa Majesté d'accepter le don que je lui fais de toutes mes pierres gravées par

1. J. Leturcq, *op. cit.*, p. 234, n° 121.
2. J. Leturcq, *Notice sur Jacques Guay*, p. 42 et 220 et pl. F, fig. 33.
3. J. Leturcq, *Notice*, p. 42 et 232, et pl. H, fig. 111.

Gay (*sic*), soit bracelets, bagues, cachets, etc., pour augmenter
son Cabinet de pierres fines gravées. » L'état de ses richesses
dressé peu avant sa mort, porte : « Une superbe collection de
pierres gravées par le sieur Leguay chez moi, donnée au Roi,
estimée ci..... livres 400.000 [1]. » Telle fut l'origine d'une
partie de la belle suite de camées et d'intailles de Jacques Guay
que possède le Cabinet des Médailles.

Après la mort de Mme de Pompadour, Jacques Guay quitta
Versailles pour rentrer à Paris, où il retrouva, au Louvre, le logement qui lui avait été autrefois octroyé par le Roi. Dans l'*Almanach royal de France*, il figure sans discontinuité à partir de 1748
jusqu'en 1793, au nombre des *académiciens* logés au Louvre, sous
la mention : « Guay, graveur en pierres du Roi, aux galeries du
Louvre. » Peut-être quelques-uns des portraits de Louis XV que
nous avons enregistrés plus haut ont-ils été gravés par Guay
après la mort de Mme de Pompadour. Ce qui tendrait à le faire
admettre, c'est que, sous Louis XVI, notre artiste continua à recevoir des commandes royales et grava les gemmes suivantes :

119 et 120. *Deux portraits d'une femme inconnue.* On lit au bas,
G. 1773. Sort inconnu. Empreintes en soufre de la collection
Leturcq [2], aujourd'hui la propriété de M. H. de La Tour
[**Pl. XV, fig. 18 et 19**].

121. *L'avènement de Louis XVI, 1774.* Intaille représentant
Minerve qui dépose un sceptre sur un autel contre lequel sont
appuyées les balances de la Justice, des cornes d'abondance et la
massue d'Hercule. Gemme connue seulement par une empreinte
en soufre de la collection J. Leturcq [3], aujourd'hui la propriété
de M. H. de La Tour [**Pl. XV, fig. 27**].

122. *Benjamin Franklin.* Buste de profil. J. Leturcq possédait une

1. J. Leturcq, *op. cit.*, p. 202.
2. J. Leturcq, *op. cit.*, p. 235, n°s 128 et 129.
3. J. Leturcq, *op. cit.*, p. 43 et 233, n° 112.

cire représentant le buste de Franklin, coiffé d'un bonnet de four-
rure [1]. D'autre part, des écrivains de la fin du xviiie siècle signalent,
comme exécuté par Jacques Guay, un portrait de Franklin, qui
probablement reproduisait la tête en cire de la collection Leturcq.
Le sort de cette gemme est inconnu. Franklin vint en France
comme ambassadeur des États-Unis d'Amérique, en 1778.

En 1784, on s'occupa, peut-être sur la demande de Guay lui-
même, de lui trouver un associé comme graveur du Roi, à cause
de son âge déjà avancé : il avait alors soixante-treize ans. Le peintre
La Grenée fut chargé de faire à ce sujet un rapport au Directeur
général des Beaux-Arts. Les concurrents furent Marchant, graveur
anglais, Pichler, graveur allemand, J.-Henri Simon, et Jeuffroy,
graveurs français. Jacques Guay fut lui-même chargé d'examiner les
empreintes en soufre des gemmes exécutées pour ce concours, à
la suite duquel Jean-Henri Simon, dont nous parlerons bientôt
plus amplement, fut nommé graveur du Roi, aux côtés de Jacques
Guay [2]. Ce dernier n'en continua pas moins à travailler et à recevoir des commandes officielles, car nous connaissons de lui,
postérieurement à 1784, les œuvres suivantes :

123. *Louis XVI.* Buste drapé, de profil, daté de 1785, et signé G.
— J. Leturcq publie ce portrait d'après une empreinte en soufre
de sa collection, mais il déclare ignorer le sort de l'original [3];
l'empreinte est actuellement la propriété de M. H. de La Tour
[**Pl. XV, fig. 24**].

124. *Louis XVI.* Tête de profil. Sort inconnu. Empreinte en
soufre et modèle en cire dans la collection J. Leturcq [4]. L'empreinte est présentement chez M. H. de La Tour [**Pl. XV, fig. 29**].

125. *Louis XVI.* Buste de profil, les cheveux bouclés, la poi-

---

1. J. Leturcq, *Notice sur Jacques Guay*, p. 46, 54 et 236, et pl. F, fig. 135.
2. J. Leturcq, *op. cit.*, p. 244.
3. J. Leturcq, *op. cit.*, p. 54, et 233, no 113, pl. H, fig. 113.
4. J. Leturcq, *op. cit.*, p. 54 et 233, no 114, et pl. H, fig. 114.

trine drapée. Camée sur une sardoine à deux couches [**Pl. XIII, fig. 6**]. Cette belle gemme est très vraisemblablement l'œuvre de Jacques Guay; elle a été léguée au Cabinet des Médailles par le vicomte Philippe de Saint-Albin, en 1880.

126. *Marie-Antoinette*. Buste de profil. Camée de grandes proportions (haut. 70 mill.), monté sur une belle tabatière en or ciselé. Ce splendide travail, sur sardonyx à trois couches, peut être mis en parallèle avec le portrait de Louis XV décrit plus haut sous le n° 45. Il fait partie de la riche collection de pierres gravées du baron Roger de Sivry qui, sans doute, possède aussi plusieurs des œuvres de Guay dont nous avons déclaré ne point connaître la destinée [1].

127. *Marie-Antoinette*. Buste de profil, en intaille sur une cornaline signée GUAY·F·1787. L'artiste avait alors 76 ans. De la collection J. Leturcq, cette intaille est passée en 1873 dans celle de M. le vicomte Philippe de Saint-Albin [2]; ce dernier la légua au Cabinet des Médailles en 1880 [**Pl. XIV, fig. 25**].

128. *La France déposant des lauriers sur le globe terrestre*. Intaille représentant la France, à demi nue, tenant la massue d'Hercule; à côté d'elle, l'écusson fleurdelisé; le globe terrestre fait peut-être allusion à la guerre d'Amérique. Empreinte en soufre de la collection Leturcq [3], aujourd'hui la propriété de M. H. de La Tour [**Pl. XV, fig. 28**]; la gemme n'est pas autrement connue.

129 et 130. *Deux têtes d'hommes inconnus*. Cires modelées, de la collection de J. Leturcq [4]. Sort inconnu.

Jusqu'à la fin de l'ancien régime, Jacques Guay ne cessa pas de figurer comme graveur du Roi, dans l'*Almanach royal*, et en 1793

---

1. J. Leturcq, *Notice sur Jacques Guay*, p. 49 et 223, n° 41.

2. J. Leturcq, *op. cit.*, p. 53 et 222; cf. p. VIII. Le modèle en cire est photographié dans Leturcq, pl. G, fig. 39.

3. J. Leturcq, *op. cit.*, p. 232, et pl. H, fig. 110.

4. J. Leturcq, *op. cit.*, p. 46, et pl. F, n° 136 ; G, n° 137.

encore, il est parmi les « citoyens académiciens » qui continuent à être logés au Louvre [1]. Notre artiste avait alors quatre-vingt-deux ans : il dut mourir peu après, sans qu'on puisse pourtant préciser la date ni les circonstances de son décès [2]. A une certaine époque de sa vie, il avait acheté une maison, au n° 6 de la rue Portefoin (quartier du Marais) : il y installa, au troisième étage, un atelier où il travailla, semble-t-il, plutôt qu'au Louvre, au moins à certaines époques de sa longue et brillante carrière.

Jacques Guay a sûrement gravé beaucoup de camées et d'intailles qui ne figurent pas dans le catalogue que nous venons de dresser, d'après la consciencieuse *Notice* de J. F. Leturcq et quelques autres sources [3]. On fera connaître sans doute, petit à petit dans l'avenir, ces œuvres qui méritent d'être tirées de l'oubli car, si on en juge par la plupart de celles que nous avons énumérées, ce sont des chefs-d'œuvre de gravure.

Ce n'est sans doute que justice de mettre au compte de Jacques Guay quelques gemmes qui portent la signature de Mme de Pompadour elle-même et auxquelles la trop célèbre marquise a réellement travaillé. Les fréquentes visites qu'elle faisait à Guay pendant qu'il travaillait à son touret, lui inspirèrent le caprice de l'imiter et de devenir, elle aussi, à ses heures, graveur sur pierres fines. Madame de Pompadour se fit donc l'élève de Guay et s'assit au touret du maître. C'est ainsi que les pierres décrites ci-après sont revêtues de sa signature ; mais l'habileté avec laquelle elles sont exécutées et leur étroite parenté de style avec les œuvres de

---

1. J. Leturcq, *Notice sur Jacques Guay*, p. 57 : cf. *Archives de l'art français*, t. I, p. 387.

2. On voit, d'après ce qui précède, que certains auteurs se sont trompés en faisant mourir Jacques Guay dès 1787. Capefigue, *Histoire de Mme de Pompadour*, p. 73 ; Millin, *Introd. à l'étude de l'archéologie, des pierres gravées*, etc., édition de l'an VI, 1797, p. 95 ; cf. l'édition posthume donnée par B. de Roquefort, p. 216 (Paris, 1826, in-8°).

3. J. Mariette s'exprime ainsi : « Mon dessein n'est pas de faire connaître toutes les gravures de M. Guay : il est si laborieux que j'aurais peine à le suivre dans le cours de ses opérations... » *Traité des pierres gravées*, t. I, p. 152.

Jacques Guay autorisent à penser que celui-ci fut le complaisant collaborateur de la marquise.

131. *Le Génie de la musique*. Camée sur agate-onyx à deux couches, représentant un enfant ailé qui tient une flûte de la main gauche et s'apprête à saisir de la main droite une couronne suspendue à un arbre; devant lui, une lyre. A l'exergue, la signature : POMPADOUR·F·. 1752 (Pl. XL de la *Suite d'estampes* de Mme de Pompadour). Note manuscrite de Guay : « Géniee de la musique. Gravé sur une agatonnix de deux couleurs tout ce qui compose ce sujet et le sercle du Tour et blanc et le font de la Pierre est noir. Madame de Pompadour a beaucoup Travaillé à cette Pierre [1]. » Au Cabinet des Médailles [**Pl. XIII, fig. 9**] [2].

132. *Génie militaire*, représenté sous la forme d'un enfant s'appuyant sur une colonne recouverte d'une peau de lion et au pied de laquelle est la massue d'Hercule. Devant le Génie, un trophée composé de drapeaux entrelacés de palmes et soutenus sur des canons et l'écu de France. A l'exergue, la signature : POMPADOUR F. Intaille sur cornaline d'après un dessin de Boucher (Pl. XXXVIII de la *Suite d'estampes* de Mme de Pompadour) [3]. La note de Guay qui accompagne l'estampe gravée d'après la gemme est ainsi conçue : « Madame de Pompadour la donnat à M^r le Conte d'Argensont ministre et secretere d'Etat au de Partement de la Guaire, madame de Pompadour a beaucoup travailé à cette Pierre. »

Ce cadeau fut fait par Mme de Pompadour au comte d'Argenson en 1752 : j'ignore le sort actuel de la gemme [4].

133. Nous avons signalé plus haut, d'après la *Suite d'estampes*, une intaille montée en bague et intitulée *La fidèle amitié*,

---

1. J. Leturcq, *op. cit*, p. 145, 215 et 238, et pl. D, fig. 8.
2. E. Babelon, *Catalogue*, p. 307, n° 661.
3. J. Leturcq, *Notice sur Jacques Guay*, p. 41, 143 et 239.
4. J. Leturcq, *Notice*, p. 42.

avec la signature *Pompadour fecit* [1]. Cette gemme, dont nous ignorons le sort aujourd'hui, représente une femme debout, foulant un masque sous ses pieds et tenant des deux mains une guirlande de fleurs; devant elle, un chien, symbole de la fidélité. En gravant cette intaille, Mme de Pompadour s'attacha à copier la gemme signée de Jacques Guay, qui représente à peu près le même sujet (n° 78). La note de Guay qui accompagne l'estampe est ainsi conçue : « La fidelle amitié gravée en creux montée en bague Madame de Pompadour La presque toute faite. La dite Pierre à Partien a M. le Prcinse de Soubise. »

134. *Louis XV.* Camée sur sardoine à deux couches, monté en bague et signé sur la tranche du cou : POMPADOUR·F. Ce camée de la collection de J. Leturcq est passé en 1873 au Cabinet des Médailles [**Pl. XIII, fig. 8**] [2].

135. *Têtes de fantaisie, accolées.* Camée sur sardoine à quatre couches représentant deux têtes de femmes, de profil et voilées; dessous, la signature initiale, P (Pl. III de la *Suite d'estampes* de Mme de Pompadour). Note manuscrite de Guay : « Tetes de fantesiee Elles on Ettée esecutée pour profiter de la bauté de la Pierre. Cette Pierre est dant le Baguir de madame de Pompadour [3]. » J. Leturcq prétend avoir vu ce camée à Berlin dans la collection du roi de Prusse, et il rappelle que le grand Frédéric, lors de la vente des collections de la marquise de Pompadour en 1765, fit acheter beaucoup d'objets. Cependant le catalogue récent des gemmes du musée de Berlin, par M. Furtwaengler, ne mentionne aucune gemme signée P, et qui corresponde au signalement qui précède.

Soulavie prétend enfin que Mme de Pompadour grava sur

---

1. Ci-dessus, p. 158, n° 78. J. Leturcq, *op. cit.*, p. 149 et 239.

2. J. Leturcq, *Notice sur Jacques Guay*, p. 49, 223 et 239, et pl. F, fig. 40 et p. VIII ; E. Babelon, *Catalogue*, p. 346, n° 931.

3. J. Leturcq, *op. cit.*, p. 80, 218 et 238.

gemme le portrait de son protégé, l'abbé de Bernis ; mais J. Leturcq met en doute la véracité de cette assertion [1].

Nous ne nous attarderons pas, après cette longue revue, à célébrer le génie de Jacques Guay, bien que nos planches soient fort insuffisantes pour faire apprécier la pureté du dessin, la délicatesse exquise du travail et surtout la beauté chatoyante de la matière, dans ces camées et ces intailles qu'on admirera aussi longtemps que l'humanité gardera le culte du beau. Le peintre Boucher et le sculpteur Bouchardon furent souvent les inspirateurs de notre artiste, dans ces sujets gracieux et frivoles, ces poétiques allégories qu'il excellait à traiter. Mais, dit avec raison J. F. Leturcq, « ce qui a surtout valu à Jacques Guay et lui assurera dans l'avenir une célébrité sans égale, c'est la manière dont il traita le portrait, et surtout le portrait historique. On peut dire, sans crainte d'exagération, qu'il atteignit dans cette spécialité le suprême degré, et qu'aucun artiste moderne, ni dans ses devanciers ni dans ses successeurs, n'a pu lutter avec lui et ne pourra l'égaler [2] ».

Quand il s'agit d'un artiste de génie comme celui dont nous venons de retracer la carrière, on aimerait à connaître les procédés techniques de travail auxquels il avait recours dans le secret de l'atelier. Nous ne sommes pas absolument dépourvus de renseignements à ce sujet en ce qui concerne Jacques Guay, et J. Mariette qui le vit à l'œuvre a donné, dans son *Traité des pierres gravées*, une estampe gravée par P. Soubeyran, d'après un dessin de Bouchardon, qui représente un graveur à son touret : on a de bonnes raisons de croire que c'est Guay lui-même que Bouchardon a ainsi figuré [3]. C'est pourquoi nous reproduisons ici

---

1. Soulavie, *Mémoires historiques et anecdotes*, p. 275 ; A. de La Fizelière dans la *Gazette des Beaux-Arts*, août 1859, p. 296 ; J. Leturcq, *op. cit.*, p. 239.

2. J. Leturcq, *Notice sur Jacques Guay*, p. 44.

3. J. Leturcq, *op. cit.*, p. VI et 46.

l'image de Mariette (ci-contre, fig. 52). Ce précieux auteur du xviii° siècle entre, en même temps, dans certains détails techniques que nous croyons devoir résumer.

Jacques Guay commençait par exécuter en cire un modèle qu'il reproduisait ensuite sur la gemme, soit en relief, soit en creux [1]. On peut saisir, à plusieurs reprises, ce procédé sur le vif, en particulier à propos du camée qui représente la statue équestre de Louis XV, puisque, ainsi que nous l'avons dit plus haut, nous possédons à la fois le modèle en cire et le camée exécuté d'après lui, avec de légères modifications (ci-dessus, n° 97) [2].

Dans le catalogue de la collection laissée par le marquis de Ménars, on trouve aussi décrites deux cires qui ont servi de modèles pour des pierres gravées de Guay : il s'agit des gemmes que Guay n'a fait qu'ébaucher et qu'on a intitulées : « Vœux pour le rétablissement de la santé de Madame de Pompadour [3]. » (ci-dessus, n°s 117 et 118.)

J. Leturcq raconte qu'il avait en sa possession, provenant de Mayer Simon, c'est-à-dire de Jacques Guay lui-même, « deux cadres renfermant chacun six morceaux d'ardoise sur lesquels sont modelés par Guay, à la cire, divers sujets de gravure exécutés par lui, en pierres fines, et dont partie se retrouve dans les diverses collections où nous avons rencontré des ouvrages de Guay, et quatre portraits également en cire, de Henri IV, de Mme de Pompadour, de Louis XVI et de Marie-Antoinette, que Guay a exécutés en intailles. Ces sujets et portraits sont très finement modelés [4] ». Nous avons signalé au cours du catalogue dressé plus haut les douze cires devenues la propriété de Leturcq.

1. Mariette, *Traité des pierres gravées*, t. I, p. 196 ; La Chau et Le Blond, *Description des pierres gravées du Cabinet d'Orléans*, t. II, p. 197 et suiv.

2. J. Leturcq, *Notice sur Jacques Guay*, p. 34.

3. J. Leturcq, *Notice*, p. 13, note.

4. J. Leturcq, *Notice sur Jacques Guay*, p. 46 ; il donne la photographie de ces quatre derniers portraits sur ses planches : G. 39 (Marie-Antoinette), G. 113 (Louis XVI), G. 131 (Madame de Pompadour), F. 134 (Henri IV).

Fig. 52. — Jacques Guay au travail. Dessin de Bouchardon.

Comme toujours, les procédés d'ateliers étaient soigneusement cachés par les graveurs qui les avaient imaginés : ils se gardaient, en général, de les communiquer à leurs confrères. C'est ainsi que Mariette [1] nous apprend que J. Guay avait inventé une espèce de machine lui permettant de graver au touret des traits droits et parallèles avec la même facilité qu'on les tracerait à la règle sur le cuivre. Laurent Natter, jaloux de la gloire de Guay, raille sa mécanique et dit : « Si M. Guay, graveur du Roi, à Paris, s'était donné la peine de copier avec attention les cheveux de quelque bonne tête antique, je crois qu'il aurait eu moins de peine à découvrir l'outil propre à faire des lignes parallèles qu'à imaginer lui-même une machine pour cet effet ; car nous en faisons dans les armoiries au moyen d'un outil qui est fort connu en Allemagne et en Angleterre, et dont je ne lui ai pas même fait un secret, lui en ayant généreusement montré l'usage, lorsque j'eus le plaisir de faire connaissance avec cet habile artiste [2].. ».

Si le procédé était si connu en Allemagne et en Angleterre, il n'y a pas de quoi tant se vanter, de la part de Natter, d'en avoir généreusement instruit Jacques Guay. Il est probable, d'ailleurs, que ce dernier le trouva insuffisant puisqu'il ne s'en contenta point et en imagina un autre.

Les différentes formes de la signature de Jacques Guay, enfin, donnent lieu à des réflexions particulières. Nous savons déjà que pendant la première partie de sa carrière, notre artiste ne signait pas ses œuvres et que, sur l'une d'elles au moins, il grava ultérieurement son nom. Quand il signe, Jacques Guay donne à sa signature des formes différentes : GUAY ; — GVAY ; — GUAY·F· ; — GUAY F ; — JAC·GUAY·FEC· ; — G·F· ; — G ; — GU ; — GUA ; — sans compter les variétés paléographiques des

---

1. J. Mariette, *Traité des pierres gravées*, t. I, p. 424.

2. L. Natter, *Traité de la méthode antique de graver en pierres fines, comparée à la moderne*, Préface, p. xxviii (Londres, 1754).

caractères. En comparant entre elles les signatures de notre artiste, au point de vue paléographique, on y constate des différences telles qu'on douterait de l'authenticité d'un certain nombre d'entre elles, si nous ne connaissions l'origine des gemmes qui les portent.

« Il est curieux, dit J. Leturcq à ce sujet, de signaler une différence considérable, quant à l'exécution, entre les diverses signatures de Guay ; quelques-unes sont formées de caractères de grande finesse et d'une grande perfection ; d'autres, au contraire, sont faites avec des lettres qui ne sont pas sans quelque ressemblance avec l'écriture ordinaire de Guay, écriture qui, tout en étant très lisible, est loin d'offrir des modèles de calligraphie... Cela ne nous amènerait-il pas à conjecturer que Guay ne grava pas toujours lui-même les signatures et les inscriptions de ses pierres, et laissa ce soin à des mains moins artistes, mais plus habituées à ces sortes de travaux, comme nous voyons encore de nos jours les graveurs héraldiques et les graveurs de chiffres exceller à faire certains ouvrages dans lesquels l'art n'entre pour rien ? C'est ainsi que nous voyons également les artistes graveurs sur bois, sur cuivre, sur acier, faire faire, au bas de leurs planches, par des ouvriers spéciaux, les signatures, titres, inscriptions de sujets, dédicaces, etc., qui figurent au-dessous des estampes. Cette différence dans le travail des diverses signatures de Guay est très sensible, surtout si l'on compare les inscriptions fines et élégantes du portrait de Mme de Pompadour, qui a, à l'exergue, GUAY F 1761, et autour du biseau : I·A·P·POMPADOUR·AN. .E 39, — avec les écritures d'une simplicité naïve et sans prétention, des signatures et dates qui sont au bas d'un Louis XVI : G·F· 1785, et au bas de la Marie-Antoinette : GUAY F· 1787, et une fleur de lis après la date [1]. »

---

1. J. Leturcq, *op. cit.*, p. 23, note.

L'explication donnée par le consciencieux biographe de Guay est la seule qui soit plausible ; les gemmes signées par Sirletti, par les Pichler et, ainsi que nous le constaterons, par les Simon, donneraient lieu à des observations analogues. Dès lors, ne pourrait-on pas appliquer un raisonnement semblable à certaines signatures gravées sur des gemmes grecques et romaines, regardées peut-être parfois avec trop de précipitation comme étant des additions modernes? N'y a-t-il pas là de quoi faire réfléchir les critiques qui, dans l'examen des signatures d'artistes, prennent exclusivement pour critères les caractères paléographiques et revendiquent l'identité absolue des formes pour toutes les signatures d'un même graveur?

CHAPITRE X

Les Simon et les graveurs du temps de la Révolution et du commencement du XIXe siècle.

Jacques Guay ne tint jamais école de gravure sur gemmes; cependant, outre Mme de Pompadour, il eut successivement deux élèves, l'un appelé Michel, l'autre Mayer Simon. Du premier on ne sait à peu près rien. Les seuls témoignages qui le concernent sont celui de La Chau et Le Blond qui le citent avec éloges [1], et celui de Raspe qui décrit, d'après une empreinte de la collection de Tassie, une intaille portant la signature *Michel* : il s'agit d'une prime d'émeraude sur laquelle l'artiste avait gravé un Silène ivre, dans un char conduit par trois Amours [2]. C'était, vraisemblablement, la copie d'une œuvre de la Renaissance italienne : nous ne savons ce qu'est devenue cette intaille. Michel mourut jeune, sans doute, ou abandonna la gravure, car en dépit des belles espérances qu'il avait fait concevoir, on ne connaît aucune autre de ses œuvres et sa personnalité est demeurée tout à fait obscure.

Nous sommes mieux renseignés sur l'autre élève de Guay, Mayer Simon qui appartenait à une famille nombreuse de joailliers et de graveurs sur gemmes. Le premier ancêtre connu

---

1. La Chau et Le Blond, *Description des pierres gravées du Cabinet du duc d'Orléans*. t. II, p. 199.

2. Raspe, *Catalogue des empreintes de Tassie*, t. I, p. 285, n° 4583.

de cette famille, est un certain Simon, joaillier juif, né en France, qui vers la fin du XVIe siècle, passa en Angleterre. Sous le règne de Charles Ier, son fils, Thomas Simon, graveur de monnaies et de pierres fines, fut employé à l'Hôtel des monnaies d'York. En cette qualité, il se trouva en rapport avec Nicolas Briot, quand ce dernier, méconnu et tracassé en France, alla offrir ses services et son invention du balancier au roi d'Angleterre, en 1633. A partir de 1645, nous voyons que Thomas Simon reçoit du Parlement anglais une pension comme graveur de la Monnaie de Londres, charge qu'il occupait encore en 1658; il mourut en 1665. Son œuvre comme médailleur a été étudiée dans le détail. Quant à ses gemmes gravées, d'ailleurs peu nombreuses, on cite parmi celles qui eurent le plus de succès, un portrait d'Olivier Cromwell et un autre de lord Clarendon, ministre de Charles II. Gori fait l'éloge de Thomas Simon [1].

On a conjecturé, mais sans preuve positive, que Thomas Simon devait être apparenté à Jean-François Simon, antiquaire, qui fut garde du Cabinet du roi de France depuis le commencement de 1712 jusqu'à la fin de 1719 [2].

Thomas Simon laissa un fils, Samuel Simon, et deux filles. Il avait plusieurs sœurs et quatre frères, Nathaniel, Lawrence, Abraham et Peter, qui eux-mêmes, eurent des enfants. On connaît un fils de Nathaniel, appelé William Simon. Ce dernier exerça la profession de joaillier et de graveur, ainsi que son cousin Samuel, et comme, d'ailleurs, toute la tribu [3].

1. Gori, *Dactyliotheca Smithiana*, t. II, p. 287 (Venise, 1767, in-folio). Voyez aussi Millin, *Dictionn. des Beaux-Arts*, v° *Glyptique*, p. 719, et *Introd. à l'étude de l'archéol. et des pierres gravées*, éd. de 1796, p. 93 ; J. Leturcq, *Notice sur Jacques Guay*, p. 4. Peut-être nos deux camées de Cromwell (Babelon, *Catalogue*, n°s 970 et 971) peuvent-ils être attribués à Thomas Simon.

2. J. Leturcq, *op. cit.*, p. 6, note ; E. Babelon, *Catalogue des camées*, Introd., p. CXXXIII.

3. Sur Thomas Simon, son œuvre comme médailleur et sa famille, voir : Vertue, *The Coins, Medals and Great Seals of Thomas Simon*. Londres, 1780, in-4° ; B. Nightingale,

De Samuel ou de William qui étaient revenus chercher fortune sur le continent, descendaient deux frères qui nous appartiennent par leur domicile et par la plupart de leurs œuvres, J. Mayer Simon et J. Henri Simon.

Jacob-Mayer Simon naquit à Bruxelles en 1746 et mourut à Paris le 17 mars 1821 [1]. On l'a quelquefois appelé Simon de Paris, pour le distinguer de son frère qui demeura longtemps à Bruxelles. C'est lui qui fut l'élève de Jacques Guay. Une de ses parentes, Marguerite Simon épousa même un cousin de Jacques Guay, nommé Jean-Maurice Guay qui était entrepreneur de jardins à Paris [2]. Nous ne savons pas grand'chose des relations du maître avec l'élève, sinon que l'atelier de Guay que fréquentait Mayer Simon se trouvait dans sa maison de la rue Portefoin, au Marais, maison dont Simon se rendit plus tard acquéreur.

Les œuvres de Mayer Simon que cite un auteur dont nous avons eu souvent à invoquer le témoignage, J. Leturcq, apparenté lui-même, comme nous le verrons, à la famille Simon, sont les suivantes [3] :

1. Camée représentant Jupiter et Antiope, signé SIMON F. « Belle gravure », dit Raspe, dans le Catalogue d'empreintes de Tassie [4]. Sort inconnu.

2. Intaille sur améthyste, représentant une nymphe qui joue avec un terme de Priape, signée SIMON F [5]. J. Leturcq ajoute qu'il a vu une empreinte de cette pierre dans la collection du peintre anglais Constable. Sort inconnu.

dans le *Numism. Chronicle*, t. IV, 1841-42, p. 211 à 232 ; Clement Taylor Smythe, dans le *Numism. Chronicle*, t. IV, 1842-43, p. 161 à 166 (tableau généalogique à la p. 166); cf. B. Nightingale, même recueil, t. VII, 1844, p. 43.

1. J. Leturcq, *Notice sur Jacques Guay*, p. 4.
2. J. Leturcq, *op. cit.*, p. 10, note.
3. J. Leturcq, *op. cit.*, p. 6.
4. Raspe, *Catalogue de Tassie*, t. I, p. 109, n° 1270. Il s'agit peut-être d'une copie d'un camée antique du Cabinet des Médailles (Babelon, *Catalogue*, n° 4).
5. Raspe, *Catalogue de Tassie*, t. I, p. 326, n° 5358.

3. Intaille sur une grande sardoine rouge, de forme carrée, représentant un lion. Cette gemme faisait partie de la collection Leturcq en 1873. Sort inconnu.

4. Intaille sur une grande cornaline ovale, représentant un chat; elle faisait aussi partie de la collection Leturcq en 1873. Sort inconnu.

5. Cachet en acier trempé, représentant un lion, comme l'intaille n° 3. Ce cachet faisait partie de la collection Leturcq en 1873. Sort inconnu.

Leturcq ajoute, sans préciser, que Mayer Simon grava quelques portraits de Louis XVI, du Premier Consul et de divers personnages contemporains. Il apprécie ainsi son talent qui laissait, dit-il, beaucoup à désirer : « M. Mayer Simon avait seulement conservé la pratique et l'usage des procédés de ses devanciers et ce qu'on appelle le tour de main, mais l'imagination, le génie lui manquaient; en un mot il était de son siècle, et l'on sentait dans son faire le froid et la raideur que l'on reproche à l'époque de l'Empire [1]. »

D'ailleurs, à partir de la Révolution, Mayer Simon, sans abandonner complètement la gravure des gemmes, s'adonna surtout à la gravure sur métaux [2]. Il eut pour élève et fils adoptif, Jean-Henri Beck.

Celui-ci, fabricant de bronzes d'art, décédé à Paris, le 26 septembre 1845, ne paraît pas avoir suivi longtemps la voie que lui avait tracée son père adoptif, car on ne connaît de lui, ni pierres gravées, ni médailles, et Leturcq ne cite aucun travail de glyptique sorti de ses mains. Rappelons donc seulement que J.-H. Beck avait reçu, par testament, de Mayer Simon une petite série d'intéressantes pierres gravées, antiques et modernes, qu'il

1. J. Leturcq, *Notice sur Jacques Guay*, p. 6.
2. L. Millin, *Introd. à l'étude de l'archéol. et des pierres gravées*, p. 216; J. Leturcq, *op. cit.*, p. 6, note 2.

légua au Cabinet des Médailles où on peut les admirer aujour-
d'hui, dans une vitrine spéciale [1]. Mayer Simon lui laissa aussi la
maison de Guay, au n° 6 de la rue Portefoin, et Henri Beck, à son
tour, la légua, par testament en 1845, à J.-F. Leturcq, qui, à côté
de ses occupations industrielles, fut aussi amateur de pierres fines
et se fit l'historien de Jacques Guay [2]. Voilà, certes, une maison
qui compte dans l'histoire de la glyptique, et je voudrais que,
sur la façade, une plaque commémorative rappelât au moins le
nom de Jacques Guay dont les œuvres provoqueront l'enthousiasme aussi longtemps que la civilisation vivra.

Jean-Henri Simon, né à Bruxelles, le 28 octobre 1752, mort en
1834, était le frère puîné de Jacob-Mayer Simon. On le confond
souvent avec son fils, Jean-Marie-Amable-Henri Simon, et le fait
est qu'il est souvent impossible de distinguer leurs œuvres [3].

Jean-Henri Simon, le père, élève de son père et de son frère
aîné, avait à peine quinze ans, lorsqu'en 1767, il fut nommé graveur
en médailles et en pierres fines du prince Charles de Lorraine.
C'est en cette qualité qu'il exécuta un camée sur calcédoine,
signé S, qui représente le buste de l'empereur Joseph II et se
trouve aujourd'hui conservé au Cabinet impérial de Vienne [4].

En 1775, il vint se fixer à Paris, où grâce à la protection du
prince de Ligne, il fut nommé graveur du duc de Chartres, plus
tard duc d'Orléans. Au concours de 1784 pour le titre de graveur
du Roi, il réussit dans la perfection, paraît-il, à graver en trois
jours, sur une sardoine à deux couches, un tigre couché, travail
pour lequel ses concurrents demandaient un délai de trois mois.

---

1. J. Leturcq, *Notice sur Jacques Guay*, p. 3-4; E. Babelon, *Catalogue des camées*,
Introd., p. CLXXVI.

2. J. Leturcq, *Notice sur Jacques Guay*, p. 7.

3. J. Leturcq, *Notice sur Jacques Guay*, p. 5; voir surtout une notice sur Jean-Henri
Simon par Guioth, dans la *Revue belge de numismatique*, t. VI, 1850, p. 149.

4. J. Arneth, *Die Cinque-cento Cameen und Arbeiten des Benvenuto Cellini, in K. Antiken Cabinette, zu Wien*, p. 93 et pl. XI a. fig. 15.

Il obtint en conséquence le titre de graveur du Roi avec un logement au Louvre, à côté de celui de Jacques Guay [1].

Comme graveur du duc d'Orléans, après la chute de la royauté, Simon exécuta, entre autres travaux sur cristal de roche, sept intailles à pans coupés, que le prince fit monter en châtelaine. Ces intailles représentent les bustes de la duchesse d'Orléans et de ses enfants; en pendeloque, à l'extrémité de la chaîne, le nom révolutionnaire du prince, *Égalité*. Cette châtelaine curieuse a été acquise par le musée Carnavalet en 1899.

Il y a aux Archives nationales deux intailles sur cornaline, d'un travail remarquable, qui représentent les bustes de Marat et de Lepelletier Saint-Fargeau et sont signées SIMON. Ces gemmes sont ainsi décrites par H. Bordier : « Deux cornalines montées en or représentant les portraits de Marat et de Lepelletier gravés en creux, offertes par le graveur, le citoyen Simon, à l'Assemblée (Procès-verbal du 15 germinal, an II) » [**Pl. XVII, fig. 2 et 3**] [2]. Ces bustes peuvent être regardés comme les meilleures œuvres d'Henri Simon.

En 1799, notre artiste exposa au Salon six gravures sur pierres fines et sur acier trempé. Le livret les désigne comme il suit :

1. Tête de Démosthène, gravée en relief sur une agate-onyx [3].

2. Tête de femme, gravée en relief sur une agate-onyx.

3. Un Amour navigateur, gravé en relief sur une sardoine onyx.

4. Une grande cornaline gravée en creux, représentant Apollon dans un char tiré par deux chevaux [4].

---

1. Guioth, *op. cit.*, p. 149.

2. H. Bordier, *Archives de la France*, p. 281. Je dois les moulages reproduits sur notre planche XVII, fig. 2 et 3, à l'obligeance amicale de M. le comte François Delaborde.

3. Serait-ce le buste de Démosthène sur une agate à deux couches, qui est entré au Cabinet des Médailles avec la collection de Luynes (E. Babelon, *Catalogue des camées*, nº 314)?

4. J. Leturcq possédait cette gemme (*Jacques Guay*, p. 5, note); j'en ignore le sort aujourd'hui.

5. Une gravure en relief, sur calcédoine, de deux têtes, d'Aspasie et de Périclès.

6. Une tête de Minerve, gravée au touret, sur un morceau d'acier trempé [1].

Jean-Henri Simon habitait alors au Palais-Égalité (Palais royal), n° 88. En 1800, il exerçait les fonctions de professeur à l'École nationale de gravure, demeurant rue de l'Université, maison d'Aiguillon; il exposa au Salon de cette année :

« Portrait du Premier Consul, gravé sur une grande cornaline, et plusieurs autres objets en pierres précieuses, sous le même numéro [2]. »

Au Salon de 1801, il présenta « un cadre renfermant plusieurs pierres gravées » dont le livret ne fournit pas le détail.

Entraîné par les événements, Jean-Henri Simon abandonna pendant quelque temps la gravure des médailles et des pierres fines pour embrasser la carrière militaire. Ses brillants faits d'armes lui valurent le grade de lieutenant-colonel et la décoration de la Légion d'honneur, ce qui fit qu'on le désigna souvent sous le nom de « chevalier Simon » pour le distinguer des autres membres de sa famille. Rentré à Paris après une campagne en Espagne, il fut nommé professeur de gravure en pierres fines à l'Institut impérial des sourds-muets, et Napoléon, en même temps, l'attacha à son Cabinet, comme graveur du Conseil du sceau des titres. Il jouit de la protection de l'impératrice Joséphine.

Après que l'Empereur eut épousé Marie-Louise, le chevalier Simon continua à être le graveur de la Cour. Le musée Carnavalet possède un petit flacon à parfums, en cristal, qui a dû

---

1. J.-J. Guiffrey, *Collection des livrets des anciennes Expositions depuis 1673 jusqu'en 1800*, rééditée (Paris, 1869 à 1871), t. XLI, Salon de 1799, n° 626, p. 86 et 87; J. Leturcq, *Notice sur Jacques Guay*, p. 5, note.

2. J.-J. Guiffrey, *Collection des livrets des anciennes Expositions*, t. XLII, Salon de 1800, n° 646, p. 84.

appartenir à Marie-Louise, et sur lequel sont gravés en intaille les bustes accolés de Napoléon, de l'impératrice et du Roi de Rome ; l'œuvre est signée *Simon*. Une pâte de verre imitant la cornaline, en la possession de M. Jean Frère, statuaire à Paris, représente les mêmes profils impériaux avec la signature de Simon : c'est comme la réduction du cristal du musée Carnavalet et nous la reproduisons ici [**Pl. XVI, fig. 13**], à titre d'échantillon des nombreux verres sur lesquels notre artiste représenta en creux des portraits ou des figures allégoriques dans le goût du temps ; l'image gravée était revêtue d'une couche d'argent puis emprisonnée sous une autre plaque de verre fondu ; elle se voit ainsi par transparence et soulignée par l'argenture, dans l'épaisseur de la paroi d'un gobelet, d'un flacon, d'un presse-papiers ou d'une simple plaque décorative. Ce genre d'objets fut fort à la mode et la riche collection napoléonienne de M. le sénateur Paul Le Roux renferme une intéressante série de ces bibelots ornés de gravures sur verre ou sur cristal, signées *Simon*. Le musée Carnavalet possède, sans nom d'artiste, trois autres cristaux, gravés de la même manière, à l'effigie de Napoléon : ce sont aussi, sans nul doute, des œuvres de Simon. Ils furent trouvés le 4 janvier 1899, avec des médailles et des inscriptions qui avaient été déposées le 4 avril 1810 dans une cavité de la première pierre de l'ancienne Cour des Comptes brûlée par la Commune en 1871 et démolie pour la construction de la nouvelle gare du chemin de fer d'Orléans.

Lorsque les Alliés étrangers envahirent la France en 1814, Simon reprit du service militaire comme colonel des éclaireurs francs du département de la Seine et il se fit de nouveau remarquer par son intrépidité. Après la chute de Napoléon, il se retira à Bruxelles où il fut nommé professeur de gravure sur pierres fines et médailles à l'École royale des Pays-Bas. En 1817 il reçut le titre de graveur du Roi des Pays-Bas et peu après, il fut élu membre de l'Académie des Beaux-Arts d'Anvers [1]. Au mois d'août 1830, le chevalier Simon, — on le croirait à peine, — reprit encore les armes pour l'indépendance de la Belgique : il avait quatre-vingts ans. Il mourut deux ans plus tard, le 12 mars 1832, et fut enterré à Bruxelles avec les honneurs militaires.

Durant son séjour en Belgique, le chevalier Simon grava, entre autres, une suite de cent médailles représentant les hommes illustres des Pays-Bas [2]. Ce sont des œuvres médiocres; nous n'avons pas, d'ailleurs, à insister ici à leur endroit. Seulement nous remarquerons que le chevalier Simon apporte dans sa signature sur ces médailles, les variétés suivantes : H. SIMON G.; SIMON G.; SIMON F.; SIMON ; SIMON G. DU ROI; SIMON P. DU ROI; S; F. SIMON. Ces variantes capricieuses qui rappellent celles des signatures de Jacques Guay nous donnent à présumer qu'en ce qui concerne les pierres gravées, on ne saurait guère s'appuyer sur les particularités de la signature pour distinguer les œuvres des différents artistes du nom de Simon.

Le chevalier Jean-Henri Simon laissa un fils appelé Jean-Marie-Amable-Henri Simon, qui fut aussi graveur en pierres fines; il naquit à Paris le 28 janvier 1788 [3]. Pour le distinguer de son père, nous l'appellerons Amable Simon. Après avoir accompagné son père à Bruxelles en 1815, il ne tarda pas à rentrer à Paris. Au Salon de 1819, il obtint une troisième médaille pour des intailles représentant le roi Louis XVIII, l'empereur Alexandre de Russie,

---

1. Guioth, *op. cit.*, p. 151 ; Millin, *Introd. à l'étude de l'archéologie*, nouv. édition revue par B. de Roquefort, p. 214 (Paris, 1826, in-8º).

2. Guioth, *op. cit.*, p. 152.

3. J. Leturcq, *Notice sur Jacques Guay*, p. 5. Millin cite, parmi les graveurs belges, à l'eau-forte, un certain Simon, de Brieg, auteur de l'*Armorial de l'Empire français*. (Millin, *Introd. à l'étude de l'archéologie*, nouv. édit., par B. de Roquefort. Paris, 1826, p. 214). Je ne sais pas si ce Simon, de Brieg, a gravé sur pierres fines. Dans tous les cas, J. Leturcq affirme qu'il n'avait de commun que le nom avec les graveurs en pierres fines du nom de Simon (J. Leturcq, *Notice sur Jacques Guay*, p. 5, note 4).

Esculape, l'Amour, et quelques autres sujets de fantaisie. En 1822, il exposa un cadre renfermant le portrait du Roi, ceux du duc et de la duchesse de Berry, celui du jeune duc de Bordeaux (comte de Chambord), celui de la duchesse d'Orléans, celui du prince Poniatowski. En 1824, il fit figurer au Salon un portrait du nouveau roi Charles X et ceux du marquis et de la marquise de Clermont-Tonnerre. En 1827, ce furent de nouveaux portraits parmi lesquels celui de Talma. Le Cabinet des Médailles possède, pour cette époque de la carrière d'Amable Simon, des effigies de Charles X [Pl. XVI, fig. 17], du Dauphin, duc d'Angoulême, et de son frère le duc de Berry [1].

Après la révolution de 1830, notre artiste continuant à être le graveur officiel, s'acquitta de sa tâche avec la même conscience et la même touche uniforme et glacée. Aux divers Salons de ce temps, le public passa, avec une indifférence presque justifiée, devant cette suite de portraits exacts, sur cornaline, qui sont aujourd'hui au Cabinet des Médailles [2] et représentent le Roi, la reine et leurs nombreux enfants, y compris la reine des Belges et le roi Léopold Ier. A titre d'échantillon de ces œuvres d'un médiocre intérêt, nous reproduisons [Pl. XVI, fig. 18] une grande cornaline datée de 1846, sur laquelle figurent les bustes conjugués du roi Louis-Philippe, de la reine Marie-Amélie, du duc et de la duchesse d'Orléans; sur une autre cornaline [Pl. XVI, fig. 19] c'est l'effigie d'un jeune prince qui devait glorieusement porter le titre de duc d'Aumale [3]. Toutes les œuvres d'Amable Simon que nous connaissons sont signées : SIMON FILS. Il fut le dernier des Simon marquant dans l'histoire de la gravure sur pierres fines; nous citerons plus loin un de ses élèves.

Il faut, à présent, nous reporter en arrière, jusqu'aux derniers

---

1. Chabouillet, *Catalogue*, nos 2519, 2520 et 2521.
2. Chabouillet, *Catalogue*, p. 353 et suiv., nos 2522 à 2536.
3. Chabouillet, *Catalogue*, no 2529.

temps de l'ancienne monarchie, pour mentionner quelques
artistes qui, à côté de Jacques Guay et des Simon, ont eu leur
heure de vogue et de notoriété. Le premier est un nommé Jouy,
qui fut sculpteur et graveur en pierres fines de Monsieur, frère du
Roi (le comte de Provence, plus tard Louis XVIII). En 1774, il
exposa plusieurs gemmes, au Salon de l'Académie de Saint-Luc
dont il faisait partie. C'étaient : deux *Portraits de Henri IV* dont
l'un, sur une sardonyx à quatre couches, appartint au marquis de
Montesquiou ; *Cerbère enchaîné par Hercule*, intaille sur cornaline ;
enfin, une tête de Minerve [1].

Son contemporain, Baer, grava aussi un portrait de Henri IV [2] ;
J. Leturcq possédait une intaille sur cornaline gravée sur ses
deux faces et signée BAER F. « Je crois, dit Leturcq que si cet
artiste est peu connu, il ne faut pas accuser la postérité d'ingra-
titude à son égard [3]. »

Il n'y a pas lieu, non plus, de beaucoup regretter l'ignorance
où nous sommes de la carrière de Lelièvre, dont le nom figure
parmi les exposants des Salons de 1800 et de 1810. Il exécuta en
camée, notamment le buste de Cambacérès, deuxième consul,
plus tard archi-chancelier de l'Empire. Une reproduction en pâte
de verre de cette pierre, signée LELIEVRE, fut donnée par l'artiste
lui-même au Cabinet des Médailles en 1807 [Pl. **XVI, fig. 16**] [4].
Un camée sur cristal de roche représentant une tête d'homme
avec la signature de Lelièvre était dans la collection de J. Leturcq
avant 1873 [5].

L'un des plus habiles graveurs sur pierres fines de la fin du
XVIIIe siècle et du Premier Empire, fut le rival de Jean-Henri

---

1. J. Guiffrey, *Les livrets des anciennes Expositions*, VII, p. 169, nᵒˢ 252 à 255 ; J. Leturcq,
Notice sur Jacques Guay, p. 192.

2. Raspe, *Catalogue des empreintes de Tassie*, p. 732, nᵒ 13947.

3. J. Leturcq, *Notice sur Jacques Guay*, p. 192.

4. E. Babelon, *Catalogue*, nᵒ 946.

5. J. Leturcq, *Notice sur Jacques Guay*, p. 193.

Simon, au concours de 1784, Romain-Vincent Jeuffroy, né à Rouen en 1749, mort au Bas-Prunay, près Marly, en 1826. La première des œuvres de Jeuffroy que nous puissions citer est une copie fort remarquable qu'il exécuta en 1777, sur améthyste, d'une tête de Méduse de profil [**Pl. XVI, fig. 4**], d'après une gemme déjà célèbre durant la Renaissance, à cause du nom de Solon qu'un artiste de ce temps avait gravé dans le champ. Ce nom apocryphe la fit passer pendant longtemps pour le portrait du philosophe grec [1].

Jeuffroy suivant le goût de ses contemporains grava, comme Guay et les Simon en France, comme les Flavio Sirletti et les Pichler en Autriche et en Italie, un grand nombre de sujets d'après l'antique. Dans ce genre, nous citerons au Cabinet des Médailles, un *Athlète buvant dans une coupe*, signé JEUFFROY-1777 [**Pl. XVI, fig. 9**] [2] ; un *Génie bachique* dans un char traîné par un bouc et un lion, intaille sur cornaline datée de 1779 [**Pl. XVI, fig. 1**] [3] : le sujet est inspiré d'une gemme reproduite dans le *Traité* de Mariette [4] ; enfin, un buste de Bacchante en camée sur une laide sardoine à deux couches [5].

Jeuffroy exécuta aussi de nombreux portraits de personnages contemporains, en camées ou en intailles. Parmi ces portraits, le Cabinet des Médailles possède celui d'une jeune femme inconnue signé JEUFFROY·F·1788 [**Pl. XVI, fig. 15**]; celui de Louis, dauphin, fils aîné de Louis XVI, né en 1781 et mort à Meudon, le 4 juin 1789. Ce dernier est une intaille fort gracieuse sur corna-

---

1. Chabouillet, *Catalogue*, nº 2511. Cette tête de Méduse fut, comme la tête d'Antinoüs, très souvent copiée par les artistes modernes. Cf. ci-dessus, p. 157; S. Reinach, *Pierres gravées*, p. 180; E. Babelon, *La gravure en pierres fines*, p. 295 ; le même, *Catalogue des camées*, Introd., p. XCVII et CI.

2. Chabouillet, *Catalogue*, nº 2512.

3. Chabouillet, *Catalogue*, nº 2513.

4. J. Mariette, *Traité des pierres gravées*, t. II, pl. XLVI.

5. E. Babelon, *Catalogue des camées*, pl. LXVII, nº 535. Chaton d'une bague en or.

line, signée ainsi : JEUFFROY SCULPSIT· I· IAN·1788. [**Pl. XVI, fig. 12**] ¹. Un buste sans originalité du Premier Consul, en camée sur sardonyx à deux couches, porte, sur la tranche du bras : JEUFFROY 1801 [**Pl. XVII, fig. 10**] ².

On remarque enfin sous les vitrines du Cabinet des Médailles une belle et grande intaille avec le buste de l'architecte Charles de Wailly (1729-1798), exécutée en 1807 [**Pl. XVI, fig. 5**] ³, et deux portraits du chimiste Fourcroy (1755-1809), l'un en intaille [**Pl. XVI, fig. 8**], l'autre, en camée, sur une agate à deux couches, signée : JEUFFROY F [**Pl. XVI, fig. 14**] ⁴.

Les livrets des Salons nous apprennent que Jeuffroy exposa à la fois des médailles, des camées et des intailles de 1804 à 1819. Les plus remarquées de ces gemmes furent, outre celles que nous venons d'énumérer, les suivantes dont le sort nous est inconnu : Tête de Jupiter ; — L'Amour voyageant sur son carquois ; — Tête de Régulus ; — Les trois Consuls de la République française ; — Mme d'Épréménil en Minerve ; — Mme Regnault de Saint-Jean d'Angély ; — Mme Cosway ; — Dancarville ; — Un Ange en adoration.

Jeuffroy fut le meilleur graveur sur gemmes de son temps et dans le genre néo-grec à la mode, il l'emportait sur les Simon, ce qui explique et justifie le succès dont il jouit. Néanmoins s'il ne manquait pas de talent, l'originalité lui faisait défaut. Les quelques sujets que nous connaissons de lui, qui sont gravés d'après l'antique, montrent que s'il eût persévéré dans cette voie et copié les chefs-d'œuvre de l'antiquité et de la Renaissance italienne, il eût pu rivaliser avec Girometti, Cerbara et les deux frères

---

1. Chabouillet, *Catalogue*, n° 2514. Voir au sujet de cette intaille la singulière méprise de Millin, que j'ai racontée dans la *Gazette des Beaux-Arts*, livr. de janvier 1899, p. 35.

2. E. Babelon, *Catalogue*, n° 935.

3. Chabouillet, *Catalogue*, n° 2515.

4. E. Babelon, *Catalogue*, n° 947.

Jean et Louis Pichler. A cette époque, en effet, ceux-ci fixés soit à Vienne, soit à Rome, inondaient l'Europe de leurs gravures d'après l'antique, toutes d'une habileté remarquable. Ces artistes d'une singulière fécondité, sont toujours demeurés étrangers à la France, mais nous ne pouvions nous dispenser de citer au moins leurs noms, en raison de l'influence universelle qu'ils ont exercée[1].

Dès le commencement du xixᵉ siècle, l'histoire de la gravure sur pierres fines, en France, entre dans une nouvelle phase par suite des règlements administratifs imaginés dans le but de l'encourager, de la protéger et, peut-être un peu trop de la diriger. On la maria avec la gravure en médailles, et cette alliance qui n'avait été jusqu'alors qu'une union libre, intermittente, souvent féconde ne paraît avoir rien gagné à cette consécration officielle, bien qu'elle ait duré jusque vers la fin du xixᵉ siècle. Dans sa séance du samedi 11 juin 1803 (22 prairial, an XI), la Classe des Beaux-Arts de l'Institut national décida : « A dater de l'an XIII (1805), il y aura tous les deux ans un grand prix pour la gravure en médailles et pierres fines. » Ce règlement fixe, en outre, les conditions du concours[2].

Survint ensuite le décret du 6 septembre 1804 (24 Fructidor, an XII), instituant trois grands Prix de deuxième classe pour récompenser les trois meilleurs ouvrages de gravure « en taille douce, en médailles et sur pierres fines[3] ». Les prix furent décernés à Rambert Dumarest, André Galle et Jeuffroy. Andrieu

---

1. Nous rappellerons qu'il y eut trois graveurs en pierres fines du nom de Pichler. Le premier, Antoine Pichler, né en 1700, à Brixen, dans le Tyrol, vint s'installer à Naples en 1730 : il signe ses œuvres AΠI, initiales de son nom en grec. Il eut deux fils qui exercèrent, comme lui, la profession de graveurs sur pierres fines. L'aîné, Jean Pichler, signe ΠIΧΛΕΡ, et ses œuvres sont aussi excellentes que nombreuses ; il mourut à Rome en 1791 et mérita d'avoir un biographe. Le second, Louis, qui signe A ΠIΧΛΕΡ, travailla à Vienne et à Rome ; il reçut en 1808 le titre de graveur de l'empereur François Iᵉʳ (E. Babelon, *Catalogue*, Intr., p. xcvii, xcviii, cx et cxi).

2. Roger Marx, *Les médailleurs français*, p. 35-36.

3. Roger Marx, *op. cit.*, p. 7.

eut une mention très distinguée ; les ouvrages de Brenet, de Droz et de Gatteaux furent mentionnés avec éloges. Mais la gravure des gemmes ne joua dans ce concours et les suivants, qu'un rôle secondaire et effacé vis-à-vis de la gravure en médailles, bien qu'il y eût, jusqu'en 1823, deux sections distinctes, l'une pour les médailles, l'autre pour les gemmes.

Il ne sera pas sans intérêt de rappeler ici les premiers concours du Prix de Rome pour la gravure sur pierres fines.

1805. Sujet proposé : « Le Génie de la gravure présente un cachet à l'Empereur qui lui donne une couronne. » Grand Prix obtenu par P. N. Tiollier, qui, dans la suite, fut surtout médailleur.

1809. Sujet proposé : « Mars suivi de la Victoire. » Premier grand Prix : Gatteaux, connu surtout comme médailleur. Deuxième grand Prix : Julien Jouanin.

1810. Sujet proposé : « Ulysse déguisé en mendiant est reconnu par son chien. » Grand Prix : P. André Durand ; second grand Prix : J. F. Domard.

1813. Sujet proposé : « Thésée relève la pierre sous laquelle son père avait caché ses armes. » Grand Prix : H. F. Brandt [1] ; second grand Prix : Sylvestre Brun.

1814. Sujet proposé : « Guerrier saisissant ses armes sur l'autel de la Patrie. » Grand Prix : Antoine Desbœufs.

1817. Sujet proposé : « Androclès condamné à combattre les bêtes féroces, est reconnu par un lion dont il avait jadis guéri la blessure dans les déserts d'Afrique. » Grand Prix : J. Sylvestre Brun, qui fut surtout statuaire.

1819. Sujet proposé : « Milon de Crotone attaqué par un lion. » Grand Prix : Vatinelle, qui fut surtout médailleur.

A partir de 1823, dans le concours pour le prix de Rome, les

1. Sur cet artiste et ses travaux à Rome, voir Millin, *Magasin encyclopédique*, t V, 1815, p. 363.

deux sections, médailles et pierres fines, furent réunies en une seule. Dès lors, les concurrents ne considérèrent plus guère, sauf exception, que la gravure en médailles : la gemme unique qu'ils durent fournir comme preuve de leur habileté technique dans la pratique du touret, n'étant que l'accessoire obligé de leur exposition. En effet, dès l'année 1824, le ministre de l'Intérieur faisait déposer au Cabinet des Médailles, une cornaline gravée, représentant *Endymion au repos* [**Pl. XVI, fig. 7**] : c'est l'œuvre qui fut récompensée. Nous ne connaissons pas l'auteur de cette intaille anonyme. Quelle qu'en soit la médiocrité, elle n'est pas pire que celle de toutes les œuvres de glyptique qui furent exécutées dans la suite pour les mêmes concours, et dont divers échantillons sont exposés aujourd'hui au musée de l'École des Beaux-Arts.

Dès le début de l'institution, d'ailleurs, la gravure sur pierres fines n'avait été qu'une préoccupation fort secondaire de la part des jeunes concurrents. Presque tous ceux dont nous avons, plus haut, relevé les noms, devinrent d'habiles statuaires ou se firent un nom comme médailleurs, mais ils ne cultivèrent la glyptique qu'accidentellement, au cours de leur carrière. Par exemple, Julien Jouanin dont nous trouvons, au Salon de 1831, une gemme, l'*Amour aiguisant ses traits*, d'après Robert Lefèvre. Par exemple encore, un élève de Jeuffroy, Antoine Desbœufs, qui né à Paris en 1793, et mort en 1863, fut à la fois graveur en médailles, sur pierres fines et sculpteur; il porta le titre de graveur sur pierres fines du Cabinet du duc d'Angoulême. Nous possédons de lui, provenant de la collection Leturcq, une fort jolie intaille sur cornaline, qui représente *Psyché et Cerbère* [**Pl. XVI, fig. 11**].

Si l'on en juge par celles de leurs œuvres qui sont conservées au Cabinet des Médailles, les graveurs de la fin du xviiie siècle et du commencement du xixe, s'inspiraient exclusivement de l'antiquité. Eût-il pu, d'ailleurs, en être autrement, alors que, dans la sculpture, régnait Canova, et dans la peinture Louis David? Comme tous les arts mineurs, la glyptique s'abandonne sans résistance au mouvement auquel ces grands chefs d'école donnent l'impulsion.

Les modes pompéiennes, en se substituant à celles du xviiie siècle, avaient créé un style et un goût qui rappelaient la Rome des Césars. Sous cette influence antique, Napoléon eut, en 1808, l'idée de faire composer pour l'impératrice Joséphine, qui aimait beaucoup les camées, une parure de gemmes prélevées sur la collection du Cabinet des Médailles. Une commission, régulièrement nommée par le ministre de l'Intérieur s'étant transportée à la Bibliothèque, choisit quatre-vingt-deux camées ou intailles plus particulièrement propres à la parure qu'on se proposait d'exécuter et qui semblèrent d'un intérêt secondaire au point de vue archéologique : on les incorpora au mobilier de la Couronne. Vingt-quatre de ces camées furent montés par Nitot, en une parure composée d'un diadème, d'un collier, d'un peigne, de pendants d'oreilles, d'un médaillon et de bracelets. Mais, en dépit du

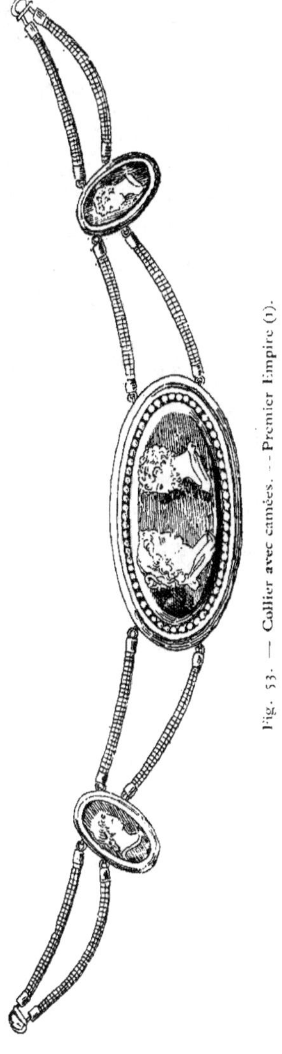

Fig. 53. — Collier avec camées. -- Premier Empire (1).

1. D'après Eug. Fontenay, *Les bijoux anciens et modernes*, p. 243.

E. BABELON. — *Histoire de la gravure sur gemmes.*   1,

choix spécial qui avait été fait et de l'habileté reconnue du joaillier, malgré même les 2275 perles qui entouraient les camées,
cette parure fut jugée d'un aspect peu heureux : l'impératrice
dut renoncer à la porter [1]. Néanmoins l'exemple avait été donné,
et dans toutes les classes de la société, les élégantes firent entrer
les camées dans la composition des tours de cou, des broches
et des colliers (ci-dessus, fig. 53). C'étaient des sardonyx riches de
tons et de couleurs, avec des portraits de famille, pour les
personnes de haut rang ou de la bourgeoisie; des camées sur
jaspe, sur jais, sur cailloux du Rhin ou des torrents alpestres,
sur coquilles ou même en corne fondue, pour le jaseran des
ouvrières des villes ou des paysannes.

Cette mode continua sous la Restauration et la monarchie de
Juillet; mais la vulgarisation du camée, loin de donner à la glyptique un élan de réhabilitation artistique, ne fit, au contraire, que
la faire descendre au niveau d'une industrie vulgaire. L'Italie surtout se mit à produire, à Rome et à Naples, des camées et des
intailles exécutés avec une rapidité étonnante et une dextérité de
main-d'œuvre qui n'avaient d'égal que la médiocrité des
gemmes et le manque d'originalité des sujets. Sans tomber dans
l'examen de ces travaux d'artisans pourvoyeurs de la bijouterie populaire et qui encombrent aujourd'hui les vitrines des
marchands de bric-à-brac de nos faubourgs, il faut reconnaître
que les graveurs dignes du nom d'artistes, au milieu du
xixᵉ siècle, étaient eux-mêmes loin de pouvoir soutenir la comparaison avec Jeuffroy et ses contemporains. Il n'est que juste de
dire que s'ils gardèrent, dans la pratique de leur art, les procédés
habiles et le tour de main de leurs aînés, la correction technique
de leurs travaux ne suffit pas à pallier leur pauvreté d'invention,
la banale infériorité de leurs gemmes, la froide correction de leur

1. E. Babelon, *Catalogue des camées*, Introd., p. CLXIX.

dessin. Aucune chaleur, aucune expression de vie n'anime leurs portraits ; rien de moderne, nul esprit, nulle grâce — et la glyptique doit être avant tout un art gracieux, — n'est répandu dans les compositions de leur imagination paresseuse et figée dans le convenu classique et le poncif.

C'est pourquoi, à propos du concours pour la gravure en médaille et sur pierres fines de l'année 1849, la *Revue numismatique* en arrive à juger fort sévèrement les médailles exposées, puis elle ajoute, au sujet de la glyptique cette amère réflexion : « Nous ne parlerons pas des têtes gravées sur cornaline ; elles sont là pour mémoire, afin que les procédés ne se perdent pas en France. Qui se permettrait maintenant de faire faire son portrait sur pierres précieuses [1] ? » Tel était l'abandon où la gravure des gemmes était tombée au milieu du xixe siècle, et il faut convenir que ce discrédit était mérité.

A l'Exposition rétrospective de la bijouterie, en 1900, on remarquait un certain nombre de camées de la première moitié et du milieu de ce siècle, montés en parures aussi médiocres par le choix des gemmes et la banalité du style que par le mauvais goût de la monture. Ce sont les reliques de l'aïeule, que les familles conservent pieusement dans leurs écrins, mais dont une dame élégante ne consentirait jamais à se parer aujourd'hui.

---

1. *Revue numismatique*, 1849, p. 456.

CHAPITRE XI

L'École contemporaine.

Pourtant, deux graveurs italiens, Calandrelli et Girometti avaient su encore perpétuer honorablement la tradition des Pichler et des Jeuffroy ; leur fécondité et l'excellence de leurs portraits sur gemmes, en camées ou en intailles, leur avaient conquis une notoriété européenne. Le succès de leurs œuvres à l'Exposition universelle de 1855, ne fut pas étranger aux efforts qu'on fit, en France, sous le second Empire, pour rendre à la glyptique un peu de son prestige d'autrefois.

En 1859, l'empereur Napoléon III demanda à Adolphe David qui avait exposé en 1857, un camée remarqué, *le Naufrage de la Méduse*, d'entreprendre la gravure d'un camée qui pût être considéré comme le plus grand des temps modernes et représentât l'*Apothéose de Napoléon I*ᵉʳ, d'après le plafond peint par Ingres, en 1854, dans le salon d'honneur de l'ancien Hôtel de Ville de Paris.

La difficulté pour l'artiste consista d'abord à trouver une sardonyx digne de son sujet, comme ampleur, harmonie des nuances, horizontalité régulière et richesse des couches. « Après trois années d'attente, raconte A. Chabouillet, on désespérait de trouver une pierre de la dimension voulue, lorsque enfin, vers 1861, on présenta à l'administration un bloc de sardonyx qui, une fois débarrassé de ses irrégularités, devait présenter une surface de o m. 24 de hauteur, sur o m. 22 de largeur. C'était de quoi faire un camée assez grand pour figurer parmi les plus grands qui nous soient venus de l'antiquité [1]. »

Adolphe David s'installa à son touret; mais graver une sardonyx de cette dimension est un travail de longue haleine; le quartz ne se laisse pas entamer, même par la poudre de diamant, aussi aisément que le marbre par le ciseau du sculpteur. Commencé en 1861, le camée fut achevé seulement en 1874, c'est-à-dire quatre ans après la chute de l'Empire [**Pl. XVII**].

Si vous entreprenez de comparer *l'Apothéose de Napoléon Ier* avec les plus grands camées de l'antiquité conservés au Cabinet des Médailles ou dans la Galerie impériale de Vienne, vous ne manquerez pas de déplorer tout d'abord l'infériorité de la gemme moderne, si pauvre de couches, si terne de nuances. Combien ce quartz nébuleux et cendré est loin de la splendeur de *l'Apothéose d'Auguste* ou de la *Glorification de Germanicus*, avec leurs quatre ou cinq couches dont les nuances sans taches et bien unies caressent l'œil si agréablement! En outre, la composition est lourdement dessinée; la gravure elle-même, bien qu'exécutée avec conscience et fermeté de main, se ressent, il faut en convenir, des caractères que nous déplorions tout à l'heure chez les graveurs du milieu du siècle; elle est sans charme, sans inspiration; ne semble-t-il pas que le char triomphal de Napoléon, loin de prendre son envolée vers les sphères héroïques, est en voie de tomber lourdement pour s'abîmer dans les flots d'où émerge le rocher de Sainte-Hélène? La figure de l'Empereur n'est illuminée d'aucun éclair de génie, d'aucun rayonnement d'immortalité : c'est le masque froid du tombeau. Les deux autres camées du même artiste que possède le Cabinet des Médailles, *Vénus résistant à l'Amour* et la *Nymphe Amalthée* [2], sont encore infé-

---

1. A. Chabouillet, *Le Camée représentant l'Apothéose de Napoléon Ier*, p. 4.

2. E. Babelon, *Catalogue des Camées*, n°s 443 et 485. Adolphe David né à Beaugé (Maine-et-Loire) en 1828, mourut en 1896.

rieurs à *l'Apothéose de Napoléon*, comme matière, dessin, exécution.

Fig. 54 — Pendant de cou, par Froment-Meurice (1).

A côté d'Adolphe David, Louis Merley (né en 1815) qui avait
obtenu le grand Prix de Rome en 1843, avec *Arion porté sur les*

1. D'après Eug. Fontenay, *Les bijoux anciens et modernes*, p. 245.

flots, exécuta sur camées quelques portraits consciencieux exposés aux Salons de 1861 à 1867. C'est le temps où, stimulées par l'administration des Beaux-Arts, les grandes maisons parisiennes Froment-Meurice, Bapst, Boin-Taburet firent exécuter quelques bijoux richissimes, dans lesquels des camées s'harmonisent élégamment avec de somptueuses montures en or ou en émail (ci-dessus, fig. 54). Je rappellerai, en particulier, le monument, détruit dans l'incendie de l'Hôtel de Ville, sous la Commune, que Froment-Meurice avait composé et dont le motif central était un buste de Napoléon III en aigue-marine, supporté par un piédouche de jaspe sanguin incrusté d'argent, et accosté de deux figures de femmes, la Paix et la Guerre, en cristal de roche. Le buste impérial était l'œuvre de Jean Lagrange qui avait obtenu en 1860, le prix de gravure en médailles et en pierres fines. Cet artiste, né à Lyon en 1831, fut surtout statuaire et médailleur; il exécuta pourtant sur pierres fines un certain nombre de portraits; au Salon de 1869, il exposa deux camées, *la Musique* et *Syracuse*.

Nous avons noté dans une Exposition rétrospective un joli camée représentant le Prince Impérial, qui est actuellement dans la collection de M. l'abbé Misset. Il est signé *Guyétant*; cet artiste ne nous est pas autrement connu.

Charles-Victor Jouanin donna au Salon de 1863 : *Chien jouant avec une tortue*, camée sur agate-onyx; au Salon de 1874, *La mort d'Hippolyte*, d'après C. Vernet.

Georges-Prosper Michel, élève d'Amable Simon, exposa quelques intailles et camées aux Salons de 1879 et années suivantes : *Saint Georges terrassant le dragon; Ariane; Saint Michel, vainqueur de Satan; Œdipe et le sphinx*, etc.

M. P. Galbrunner (né en 1823), s'étant fait remarquer dans un concours de gravure en médailles et pierres fines, à l'École des Beaux-Arts, en 1848, fut encouragé à graver de nombreux portraits en camées, pour faire concurrence à la vogue des camées italiens en France. Les succès qu'il obtint l'engagèrent à persévérer dans cette voie, et il s'attacha dès lors à graver des compositions originales, en s'inspirant de la Renaissance italienne ; dans cet ordre d'idées nous citerons son camée *Offrandes à Minerve* [Pl. **XXI**, fig. **3**], qui, exposé au Salon de 1869, fut acquis par l'État et se trouve aujourd'hui au musée du Luxembourg.

Une de ses œuvres les plus considérables, *La Foi*, sur une sardonyx riche de couches, fut remarquée à cause de la beauté de la gemme et malgré quelque lourdeur dans la composition : c'est une allégorie mystique qui décorerait bien la porte d'un tabernacle ou un grand baiser de paix. M. Galbrunner exécuta dans un énorme bloc de sardoine, d'après le marbre célèbre d'Iselin, un buste de l'empereur Napoléon III, qui n'a pas moins de 40 centimètres de haut. Si l'œuvre est importante et témoigne d'une grande habileté technique, l'effet est médiocre à cause de la nuance peu heureuse de la pierre ; il faut en dire autant d'un buste plus petit, aussi en ronde bosse, en calcédoine cendrée, portrait de jeune fille, que le même artiste fit figurer à l'Exposition universelle de 1900.

A côté de l'*Apothéose de Napoléon*, sont exposées, au Luxembourg, quelques-unes des œuvres d'un grand artiste, enlevé prématurément, il y a peu d'années, et dont je voudrais voir honorer la mémoire comme celle du précurseur de la renaissance de la glyptique moderne, Henri François. Nous reproduisons quatre de ses camées qui permettront d'apprécier la pureté de lignes et l'élégance de composition qui distinguent, en général, les œuvres de cet artiste digne d'être signalé à la postérité comme le véritable chef de l'école contemporaine [Pl. **XVIII**].

Né à Vert-le-Petit (Seine-et-Oise), en 1842, et mort en 1898, H. François, élève d'un maître éminent, Chapu, commença par exposer en 1867, un camée, le portrait du duc de Morny († 1865) qui avait encouragé ses débuts. Puis, il donna successivement les œuvres suivantes : Salon de 1868 : *Vénus venant de désarmer l'Amour*. — 1869. Trois camées : *Invocation à Pan*, et deux portraits. — 1870. Trois camées : *La source*, d'après le tableau d'Ingres; *Tête* d'après l'antique; Portrait. — 1872. *La Liberté*, intaille sur cornaline. — 1873. Portrait. — 1874. *Prométhée*. — 1875. Trois camées : Portrait de l'empereur François-Joseph; *saint Georges*; Portrait de femme. — 1876. Trois camées : *Tête grecque*; *Vénus jouant avec l'Amour*; *Un Amour transi*. — 1877. Trois camées : *Ève*; deux portraits. — 1879. *Une Égyptienne*, statuette en jaspe rouge avec habillement en or ciselé et émaillé, sur un socle en lapis-lazuli. — 1880. *Vénus sortant de l'onde*, camée au musée du Luxembourg. — 1881. *Une butineuse*, camée. — 1882. *Andromède*, camée au musée du Luxembourg [**Pl. XVIII, fig. 3**]; Portrait de H. Chapu. — Nous connaissons encore de H. François : *L'Amour filial* [**Pl. XVIII, fig. 2**]; *Sapho sur le rocher de Leucade* [**Pl. XVIII, fig. 1**]; *Le Génie de la peinture s'inspirant de la Vérité* [**Pl. XVIII, fig. 4**], grands et beaux camées qui sont tous au Luxembourg.

Le haut mérite artistique de ces bas-reliefs sur pierres fines ressort surtout quand on les place au milieu des œuvres des autres graveurs contemporains. Les amateurs d'art délicat ne s'arrêtent peut-être pas assez devant ces gemmes qui doivent être comptées parmi les meilleures productions de la glyptique française. L'artiste, auquel les encouragements n'ont que trop manqué, a su, en chercheur et en habile dessinateur qu'il était, se dégager de l'ornière où ses devanciers s'étaient enlizés. Le souffle de l'inspiration moderne l'anime vraiment et l'affranchit; il a su tirer un habile parti des couches multicolores de gemmes souvent bien choisies; il sort du poncif, du néo-grec; il donne en un mot le signal précurseur d'une rénovation originale, comparable à celle dont l'art de la médaille était l'objet à la même époque : moins modeste, Henri François eût atteint à la célébrité de novateur et de chef d'école. Il est temps de rendre justice à sa mémoire.

Fig. 55. — Coupe en cristal de roche gravé, par M. G. Bissinger. — Exposition universelle de 1878.

A l'Exposition de 1878, on remarquait l'œuvre en glyptique de M. Georges Bissinger qui ne comprenait pas moins de 112 numéros [1]. La pièce maîtresse était une grande coupe en cristal de roche sur laquelle sont gravées, en style Renaissance, des scènes empruntées à la fable de Neptune et d'Amphitrite (ci-dessus, fig. 55). Il y avait aussi une *Naissance de Vénus*, camée sur une sardonyx à deux couches taillée en forme de coquille; une *Bacchanale* d'après un tableau de Poussin [**Pl. XXII, fig. 5**]; un groupe de *Laocoon* en haut relief sur une calcédoine; trois camées grillagés représentant l'un *Saint Pierre aux liens* d'après le tableau de Raphaël [**Pl. XXII, fig. 8**], l'autre, *Mars et Vénus*, et le troisième enfin, *l'Amour en prison* [**Pl. XXII, fig. 9**]. Le sujet principal de ces trois dernières gemmes est gravé, par un curieux artifice de métier, sur une couche interne de la gemme, tandis que la couche externe ou supérieure, est découpée en treillis détaché du fond, pour figurer les barreaux d'une prison. M. Bissinger a surpassé, dans l'exécution de ces gemmes, la dextérité des artistes japonais ou chinois dans le travail de l'ivoire. Des portraits, des sujets allégoriques, des interprétations d'œuvres célèbres de la sculpture forment les sujets, en relief ou en creux, d'un grand nombre d'autres gemmes dues au touret infatigable du même artiste : par exemple, la *Fuite en Egypte* [**Pl. XXII, fig. 1**], *la Madone*, d'après le tableau de Raphaël de la galerie de Dresde [**Pl. XXII, fig. 7**], *Jupiter foudroyant les Géants* [**P. XXII, fig. 10**]. La plus étonnante série de ses œuvres, en 1878, était peut-être une suite de copies de camées et d'intailles antiques, de la Renaissance et du XVIIIe siècle, que M. Bissinger a imités dans la perfection : têtes d'empereurs romains, sujets de la mythologie grecque, sujets allégoriques et portraits de personnages célèbres, la plupart d'après

---

1. Il en fut publié un petit catalogue spécial, intitulé : *Résumé scientifique de la gravure sur pierres fines*. Paris, 1878, in-32 de 24 pages.

les originaux du Cabinet des Médailles [**Pl. XXII, fig. 2, 3, 4 et 6**].
La ressemblance est telle pour un grand nombre de ces gemmes,
que l'œil le mieux exercé pourrait s'y tromper[1], et l'on peut
renouveler à l'adresse de M. Bissinger les remarques qu'on a faites
souvent sur les aptitudes des meilleurs artistes de la Renaissance ou du xviiie siècle, à imiter les gemmes les plus admirées
des maîtres anciens.

M. Émile Gaulard, né à Paris en 1842, a commencé par graver
la pierre tendre, fabriquant des boutons-camées à la grosse. A partir de 1870, il s'est mis à graver sur pierres fines et ses persévérants
efforts, encouragés par des maîtres comme Eugène Guillaume,
E. Barrias et J.-C. Chaplain, ne tardèrent pas à être couronnés de
succès. M. Gaulard obtint une troisième médaille au Salon de
1881 ; une deuxième en 1891, et une première en 1899. Il eut
une médaille d'or à l'Exposition universelle de 1900. L'État
acquit pour le musée du Luxembourg un curieux camée sur
minerai d'opale que M. Gaulard exposa au Salon de 1881. Le
sujet, *Phébus dans son char parcourant l'espace*, se confond malheureusement avec les chatoiements irradiants de la gemme qui eût
peut-être trouvé sa vraie place dans un musée minéralogique. En
1884, M. Gaulard exposa : *La naissance de Minerve*, beau camée
sur une sardonyx à trois couches, acquis par l'État [**Pl. XXI, fig. 2**].
En 1889, *Judith*, statuette en calcédoine rosée et héliotrope ; la
pose de l'héroïne est peu heureuse. En 1890, *Gallia*, statuette en
topaze brûlée, d'une hauteur de 13 centimètres ; l'expression
d'énergie indomptable, y est bien rendue. En 1891, l'*Idéal*, remarquable camée sur sardonyx qui obtint une deuxième médaille :
c'est le rêve d'un musicien [**Pl. XIX, fig. 2**]. Le sujet est poétique
et la composition qui fait songer au *Rêve* de M. Detaille, en est

---

1. Comparez, par exemple, le camée qui représente Elisabeth d'Angleterre [Pl. IX,
fig. 15], avec sa copie par M. Bissinger [Pl. XXII, fig. 2].

pleine de sentiment et d'émotion; on sent l'inspiration dans l'attitude de ce jeune homme agenouillé sur le plus haut sommet d'une montagne et qui étend les bras en brandissant sa lyre, tandis qu'au-dessus de lui, couchée dans les nuages et bercée par eux, la Gloire endormie tient un rameau de laurier.

En 1892, M. Gaulard exposa *l'Aurore*, grande composition en camée sur calcédoine, d'un effet peu heureux. En 1893, *le Christ en croix*, ronde-bosse en jade vert de l'Inde, d'une hauteur de 18 centimètres, œuvre importante par son ampleur, la beauté de la matière, le fini du travail. En 1895, *l'Enlèvement de Déjanire*, camée sur une belle sardoine; élégante composition acquise par l'État (musée du Luxembourg). En 1896, *Léda*, camée sur sardonyx, acquis par l'État. En 1897, *Le retour du vainqueur*, camée sur sardonyx; grande composition d'aspect vulgaire. En 1898, *Hébé*, camée sur sardonyx. En 1899, *Après la lutte entre l'Amour idéal et l'instinct matériel* : allégorie sur sardonyx qui obtint une première médaille; ce grand camée est un des meilleurs de M. Gaulard.

Au Salon de 1902 qui s'ouvre au moment où nous achevons cette rapide revue de la glyptique contemporaine, le même maître a envoyé un buste de jeune fille, intitulé *Printemps*, camée sur une sardoine rosée, susceptible de former un gracieux pend-à-col, et un important relief, *Vers l'inconnu*, composé de morceaux juxtaposés de sardoine blonde, de jaspe sanguin, d'opale de Hongrie, de calcédoine bleue de l'Oural, enfin d'or et d'argent (ci-contre, fig. 56). J'ai dit tout à l'heure le peu de goût que j'avais, en général, pour ces mosaïques de pierres fines qu'on peut bien rarement caractériser par le mot d'Ovide décrivant la demeure étincelante du Soleil : *materiam superabat opus*; mais celle-ci trouve grâce à nos yeux et ne mérite pas l'ostracisme que nous avons prononcé contre *Phébus*. Cette noire Centauresse à la croupe anguiforme qui galope sur les nues opalisées, cette jeune nymphe légèrement drapée qui se laisse emporter à travers les régions éthérées, joyeuse et pleine de confiance dans l'avenir inconnu : voilà bien le symbole de la conquête de l'air par l'aérostation. Il faut louer

Fig. 56. — Vers l'inconnu. — Camée de M. Émile Gaulard.

sans réserve la correction du dessin, la disposition harmonieuse du groupe, l'habile agencement des matériaux multicolores.

M. Eugène Chéreau exposa en 1877 : *Zéphyr*, camée sur onyx, d'après Prud'hon ; en 1878, *Milon de Crotone*, camée sur onyx, d'après Vatinelle; en 1879, *l'Enlèvement de Psyché*, camée sur cornaline, d'après Prud'hon; en 1881, *Psyché*, intaille; en 1882, *l'Aurore*, camée. A l'Exposition universelle de 1900, M. Chéreau avait une jolie statuette de Minerve, en cristal de roche; malheureusement les reflets de la matière empêchaient que l'effort et le talent de l'artiste fussent appréciés comme ils méritent de l'être.

M. Émile Soldi a eu, comme Laurent Natter au milieu du XVIIIe siècle, le mérite exceptionnel de joindre la théorie à la pratique, c'est-à-dire de graver des camées et des intailles, et en même temps d'écrire, en 1881, sur les pierres gravées, un intéressant chapitre où il nous met au courant de certains procédés d'atelier en usage aujourd'hui[1]. Nous citerons de cet artiste impatient de s'élancer à la découverte, dans des voies inexplorées, une statuette de Marie de Médicis, dans laquelle les mains et la tête sont en pierres fines; un beau médaillon en sardonyx intitulé *Gallia*; une *Vue de Venise* sur le grand canal, en une sardonyx à trois couches; une grande plaquette-camée, qui représente Actéon à la chasse, accompagné de son chien, sujet traité avec une rare distinction. Dans un autre camée, de dimensions modestes, intitulé *L'illusion*, M. Émile Soldi a-t-il voulu symboliser la déception qui s'est emparée de son âme, après tant d'efforts dépensés en vain et non encouragés par l'ingrat public? On pourrait le croire, car depuis longtemps cet artiste original et chercheur ardent paraît avoir, sans esprit de retour, abandonné la gravure sur gemmes.

M. Georges Lemaire, un des plus brillants et des plus féconds représentants de l'école actuelle, est né à Bailly (Seine-et-Oise), le 19 février 1853. Il est par conséquent aujourd'hui dans la plénitude et la maturité de son talent. Sa première exposition

---

1. Emile Soldi, *Les arts méconnus*, chapitre intitulé : *Les camées et les pierres gravées*, p. 23 et suiv. (Paris, 1881).

remonte à 1880 : c'était un buste en jaspe rouge de Pierre Corneille. A partir de ce moment, les Salons annuels reçurent de cet artiste des œuvres nombreuses parmi lesquelles nous citerons : En 1882, *La Fortune et le jeune enfant*, gracieux camée sur sardonyx, qui obtint une mention honorable. En 1883, *l'Aurore* s'avançant à travers l'espace, en effleurant du pied le globe terrestre sur lequel elle répand d'une main des fleurs, tandis que de l'autre main, elle tient une torche allumée : œuvre distinguée sur sardonyx, que nous revîmes à l'Exposition universelle de 1900. En 1885, Portrait de M. Victorien Sardou, et *La main chaude*, camée de grandes dimensions (135 millimètres), sur sardonyx à nuances rougeâtres et peu flatteuses. Cette œuvre qui obtint une troisième médaille est maintenant au musée du Luxembourg. En 1886, *Idylle*, sardonyx de 115 millimètres, qui obtint une deuxième médaille; aujourd'hui au musée d'Amiens. En 1888, Portraits de Renan, Caro, Camille Doucet et Nisard; *Flore et Zéphyr*, beau camée sur sardonyx, aujourd'hui au musée du Luxembourg. En 1889, M. G. Lemaire envoya à l'Exposition universelle un cadre qui renfermait quarante camées représentant les effigies des quarante membres de l'Académie française : plusieurs de ces portraits sur sardonyx à deux couches (blanc sur fond noir) sont des œuvres remarquables. En 1890 le même maître donna *l'Amour et la Folie*. En 1891, *Orphée perdant Eurydice*. En 1894, *La Destinée*, grande sardonyx de 170 millimètres qui obtint une médaille de première classe (ci-après, fig. 57). C'est la plus considérable, mais non peut-être la meilleure des œuvres de G. Lemaire, quoique l'ampleur du sujet, le nombre des personnages, la variété des attitudes révèlent dans l'exécution de ce camée une habileté technique consommée.

En 1895, *La mort de Narcisse*, sardonyx à cinq couches, mais pleine de taches, aujourd'hui au musée du Luxembourg. En 1897, *Messager des Dieux*, grande sardonyx, également acquise par la

Direction des Beaux-Arts [**Pl. XX, fig. 1**]. En 1898, *L'Automne*, au musée Galliera. En 1901, *Le Printemps*, camée sur une sardonyx à trois couches, aujourd'hui au Musée des arts décoratifs à Paris. Le sujet de cette dernière œuvre de M. G. Lemaire est un jeune homme assis sous un chêne et couronnant de fleurs une jeune fille debout devant lui. C'est une idylle printanière, empreinte de simplicité, de calme et de grâce. Peut-être trouverait-on qu'on n'y sent point assez courir le frisson amoureux du mois de mai, qui en ferait un chef-d'œuvre ; mais elle ne manque ni de fraîcheur ni d'harmonie dans la composition. Les couches de la sardonyx sont de nuances agréables qui gagneraient encore à être polies, comme le sont toutes les gemmes gravées des Anciens.

M. Bernard Hildebrand fit ses études de dessin à l'école municipale dirigée par M. Lequien, rue des Petits-Hôtels, à Paris, et il y obtint la médaille d'or. Ses œuvres en gravure sur pierres fines se ressentent de ces excellents débuts. Il grava en camée un grand nombre de portraits qui lui furent commandés par des familles américaines momentanément installées à Paris. Ses premières expositions au Salon remontent à 1885 et 1886 ; ce sont encore des portraits. Dans les années suivantes, M. B. Hildebrand donna successivement, outre d'excellents portraits : En 1887, *Hébé*, camée sur une belle sardonyx à trois couches. En 1888, *Orphée perdant Eurydice*. En 1889, *Macbeth et Banco rencontrant les sorcières*, camée sur sardonyx à trois couches, qui obtint une mention honorable. En 1890, *Bacchus enfant et Bacchant*. En 1892, *l'Amour indécis*, camée représentant Vénus qui retient Cupidon au moment où celui-ci cherche à lancer ses flèches. En 1893, *Andromède délivrée*, camée intéressant qui obtint une médaille de troisième classe. En 1895, *Esméralda*, camée acquis par l'État, aujourd'hui au musée du Luxembourg. En 1896, *Ève*, joli camée sur sardonyx à trois couches. En 1897, *Lutinerie*, camée sur une grande sardonyx rougeâtre à deux couches, qui obtint une médaille de deuxième classe [**Pl. XIX, fig. 3**]; c'est une des œuvres les plus importantes de M. Hildebrand. En 1899, *Prométhée enchaîné*, camée sur sardonyx à trois couches. En 1901, *Le nid*, et trois portraits

Fig. 57. — La Destinée. Camée de M. Georges Lemaire (1/2 grandeur).

d'enfants, sur sardoine. En 1902, enfin, une gracieuse composition, *Diane surprise*, en camée sur une sardoine à deux couches.

M. G. Tonnellier qui se destinait d'abord à la statuaire, fut accidentellement porté vers la gravure sur gemmes, et ses débuts dans ce genre remontent seulement à 1885 : ils furent encouragés par un maître éminent, J. C. Chaplain. Depuis lors, M. Tonnellier a montré une ardeur au travail incomparable; d'une étonnante fécondité et d'une énergie de forgeron, il prend plaisir à s'attaquer aux gemmes les plus grandes et paraît se jouer avec les difficultés techniques. Chaque année il expose aux Salons annuels des œuvres, camées, intailles, ronde bosse, qui frappent par leurs grandes proportions, la somme de travail qu'elles supposent et l'habileté manuelle de l'artiste. Il a, au musée du Luxembourg, deux importants camées : *Le Pressoir*, grande composition à six personnages, d'un dessin un peu lourd et qui manque de la grâce qu'on s'attend à trouver dans une scène bachique; *Le passage du Styx* [**Pl. XX, fig. 2**], œuvre meilleure, forte et consciencieuse. Au musée Galliera, M. Tonnellier a exposé l'un des plus grands camées qui existent, *La Tentation de saint Antoine*, sur une gemme si pauvre de couches et à nuances si désastreuses que le travail de gravure disparaît comme caché dans des taches nébuleuses. Pourquoi ce rude labeur sur un caillou aussi vulgaire ? mieux eût valu sculpter simplement un beau marbre. A l'Exposition universelle de 1900, on a beaucoup admiré du même maître, *Idylle*, camée représentant une jeune fille conseillée par l'Amour, sur une sardonyx à deux couches, et l'*Enlèvement de Déjanire*, celle-ci acquise par l'État [**Pl. XIX, fig. 1**]. C'est un groupe en ronde bosse taillé dans un énorme bloc de jaspe sanguin. Il y a là non seulement de grandes difficultés techniques habilement surmontées, mais un effort artistique vigoureux et puissant. Il n'y manque qu'un beau poli sur toute l'épiderme pour mettre en valeur la beauté du jaspe. Il faudrait un Benvenuto Cellini pour monter ce groupe en couronnement d'une grande aiguière ou de quelque autre monument important d'orfèvrerie artistique.

Pour le Salon de 1902, M. Tonnellier a accompli un véritable tour de force d'atelier en composant un groupe symbolique en pierres fines, d'une hauteur de 40 centimètres. Sur une pyramide triangulaire en jade du Petchili, qui rappelle un peu trop le piédestal de la tour Eiffel, reposent des nuées en améthyste d'Auvergne. Les angles de ce socle monumental sont gardés par trois anges agenouillés, en jade du Yunnam; au centre, un dôme en héliotrope supportant une tête de Chérubin au-dessus de laquelle est placé un bénitier en calcédoine du Brésil, sur le pourtour duquel sont représentées en camées la Naissance, la Mise au tombeau et la Résurrection du Christ; au sommet enfin, dominant le tout, une grande croix en cristal de roche, sur laquelle est un Christ en agate saphirine de l'Uruguay. Ainsi, l'on peut dire que les cinq parties du monde ont concouru à cette œuvre qui symbolise le triomphe universel de la Religion chrétienne, et en constatant l'effort énorme qu'elle a dû coûter à l'artiste, la somme de vrai talent qu'il a dépensée, l'excellence de certains détails, j'éprouve quelque peine d'être forcé de dire que cet amoncellement de richesses minérales m'a laissé sans émotion : non! cet échafaudage de gemmes translucides et miroitantes ne soulèvera pas l'enthousiasme sur lequel son habile auteur a peut-être compté.

M. Gustave Lambert, élève de M. Bissinger, s'est spécialisé, à l'opposé de MM. G. Lemaire, B. Hildebrand et Tonnellier dans la gravure des *intailles*. Sa première exposition remonte au Salon de 1879; il est aujourd'hui parmi nous un des rares artistes qui, depuis vingt ans, maintiennent l'intaille au-dessus de la gravure des cachets héraldiques. Il nous a donné dans ce genre un certain nombre d'œuvres d'un dessin souple et discret, d'une facture élégante, supérieures à tout ce qu'ont produit en France le milieu et la seconde moitié du XIXe siècle. La plupart de ces intailles sont présentement exposées au musée Galliera. Elles ont pour titre : *L'Aurore. — Le donneur de conseils. — Credo* [**Pl. XXI, fig. 5**]. — *Le Livre* [**Pl. XXI, fig. 9**]. — *Danse guerrière* [**Pl. XXI, fig. 7**]. — *Baigneuse* [**Pl. XXI, fig. 8**]. — *Lever de soleil.* M. G. Lambert a aussi gravé d'excellents portraits, parmi lesquels on a remarqué ceux de MM. de Chennevières, ancien directeur des Beaux-Arts, et Eugène Guillaume, statuaire, membre de l'Académie française [**Pl. XXI, fig. 6**].

Le Musée du Luxembourg possède, de M. G. Lambert, une grande intaille sur cornaline brune, acquise par l'État en 1898, et qui est intitulée : *La source et le ruisseau* [**Pl. XXI, fig. 10**]. La dernière des œuvres du même artiste est une *Ronde d'enfants* [**Pl. XXI, fig. 11**] où l'on retrouve les mêmes qualités de grâce spirituelle, d'harmonie et de souple élégance.

De M. Alphonse Lechevrel, je ne connais qu'un camée, une tête de Méduse, bon travail qui ferait un joli motif ornemental, si la gemme choisie par l'artiste était de nuance plus heureuse. On croirait, en vérité, quand on voit cette pierre enchâssée dans une somptueuse monture, que M. Lechevrel s'est donné pour tâche de faire valoir le cadre aux dépens du camée. Les intailles du même artiste sont bien dessinées, la composition est agencée avec goût et le travail de gravure est vigoureux autant que délicat. Nous reproduisons celle qui est au musée du Luxembourg sous le titre de *Consultation* [**Pl. XXI, fig. 4**]. C'est sans doute parce que la gravure des gemmes est peu encouragée que M. Lechevrel paraît aujourd'hui cultiver de préférence l'art de la médaille.

Un élève de H. François, M. Louis Domas, a exposé en 1900 un camée représentant *Mercure enfant* qui dérobe à Apollon berger des flèches dans son carquois. En 1901, il donna *Daphnis et Chloé*, d'un dessin peu heureux ; je préfère son camée de 1902, *le fil de la Vierge* sur une belle sardonyx à trois couches. L'année dernière le Salon contenait une grande intaille sur cristal de roche, représentant *saint Georges* aux prises avec le dragon, œuvre qui n'est pas sans mérite, de M. Émile Marcus. Les intailles de M. Alfred Vaudet sont si fines, parfois, qu'elles ne peuvent être appréciées qu'à l'aide de la loupe, observation qui est loin d'en déprécier la valeur artistique. Cet artiste avait à l'Exposition universelle de 1900 : *Primavera*, sur topaze ; *Psyché et l'Amour*, grenat ; *Vénus couchée*, grenat.

Nous terminerons par là cette revue rapide de l'école française contemporaine et de ses principales œuvres. Elle n'est pas nombreuse, comme on le voit, cette école : une dizaine de noms, tout au plus, qu'on rencontre, toujours les mêmes, à chaque Salon annuel. On ne fait autour d'eux ni réclame, ni bruit d'aucune sorte. Ils représentent l'entomologie de l'art et le public les prend pour un appendice presque négligeable des Expositions. Cependant, l'entomologie dans la nature a ses merveilles et ses chefs-d'œuvre, et quelques-uns des travaux de nos graveurs modernes, — ceux de H. François surtout, — sont dignes des époques les plus brillantes de la gravure sur gemmes. Nous nous sommes rendu compte des efforts persistants de chacun de ces artistes et nous avons apprécié la souplesse et les ressources de leur talent. Pourquoi donc, dès lors, n'ont-ils pu encore reconquérir la faveur du grand public ? Pourquoi le goût des amateurs est-il allé et continue-t-il toujours à aller, exclusivement, vers la médaille et point vers le camée ? Ou plutôt, enfin, pourquoi le camée n'est-il pas, en même temps que la médaille, — si glorieusement régénérée par les Chapu, les Chaplain et les Roty, — remis en vogue et apprécié comme il le fut aux plus brillantes époques de l'art ? C'est ce qui nous reste à rechercher pour clore cette étude.

CHAPITRE XII

Caractères généraux de la glyptique contemporaine et son avenir.

A l'Exposition universelle de l'année 1900, dans la section dite *rétrospective*, installée au Petit Palais des Champs-Élysées, on s'était proposé pour but de résumer en un tableau général l'histoire de l'art français durant tout le xixᵉ siècle, dans ses manifestations multiples et sous ses divers aspects. Toutes les branches de l'art se trouvaient représentées sous des vitrines remplies de chefs-d'œuvre ou d'objets précieux, curieux et intéressants, empruntés aux collections publiques ou privées; on n'avait négligé ni la gravure en médailles, ni la miniature, ni l'eau-forte, ni la sculpture sur ivoire ou sur bois, ni l'émaillerie, ni la lithographie, ni la céramique, ni la tapisserie, ni la joaillerie. Seule peut-être de tous les arts industriels que A. de Montaiglon, le premier, a groupés sous la dénomination d' « arts mineurs », la gravure en pierres fines n'avait aucune part à cette grandiose exhibition. Elle n'y figurait point, soit qu'elle eût été omise par inadvertance, soit qu'elle eût été négligée ou même dédaignée. C'est seulement dans la section rétrospective de l'orfèvrerie qu'on pouvait voir occasionnellement quelques camées et quelques intailles enchâssés dans des bijoux démodés.

Un tel oubli, si regrettable qu'il fût en lui-même, n'aurait pas grande importance s'il n'était comme l'expression de l'indifférence persistante du grand public et de la critique artistique par rapport à la gravure des pierres fines. Cet abandon s'est manifesté, au point de vue administratif, non seulement dans la préparation hâtive de l'Exposition universelle de 1900, mais dans l'organisation même des musées français : il n'y en a pas un seul dans lequel on ait pris à tâche de rassembler, comme pour la médaille, les éléments principaux d'une histoire de la gravure sur gemmes au XIXe siècle. Le Cabinet des Médailles où devrait être constituée cette galerie, comme suite aux séries qui se rapportent aux siècles antérieurs, n'a reçu de l'Administration des Beaux-Arts que de loin en loin quelques œuvres éparses et sans lien entre elles. Les commandes ou acquisitions de l'État, au lieu d'être, quand faire se peut, l'objet de versements réguliers dans la collection nationale, s'en vont, après avoir séjourné quelque temps au musée du Luxembourg, un peu partout, semées au hasard, suivant des caprices qu'aucun règlement ne retient, ou suivant même des intérêts dictés par la hideuse politique. Il semble pourtant que si un certain nombre de ces camées et de ces intailles qui appartiennent à l'État et sont exposés au Luxembourg du vivant des artistes, venaient ensuite, après une sélection judicieuse, continuer sous les vitrines du Cabinet des Médailles, les belles séries d'autrefois, il n'y aurait préjudice pour personne et, bien au contraire, intérêt pour tous. Ce serait, en quelque sorte, renouer le fil de la tradition artistique, rattacher la glyptique contemporaine à son glorieux passé, pour le plus grand avantage des graveurs contemporains. Le public, en contemplant cette suite indiscontinue de gemmes gravées, depuis l'antiquité la plus reculée jusqu'à nos jours, trouverait là un enseignement aussi bien que les artistes. Et qui peut dire si cette histoire de la glyptique par les monuments, en épurant le goût des amateurs et en stimulant le zèle des artistes, ne provoquerait point un mouvement en faveur de la gravure sur pierres fines, de même que les belles expositions qu'on a faites des œuvres des

Chaplain et des Roty, ont amené, au profit de la médaille, le grand mouvement de renaissance auquel nous assistons aujourd'hui ?

J'ignore, je le déclare, après les avoir longtemps recherchées, où sont dispersées la plupart des œuvres de glyptique, commandées ou achetées par l'État dans le cours du xixe siècle. J'en ai trouvé quelques-unes, mais non des plus importantes, au Cabinet des Médailles, à l'École des Beaux-Arts, au musée des Arts décoratifs. Parmi les plus récentes, il en est plusieurs qui ont trouvé un asile honorable, mais momentané, au musée du Luxembourg et au musée Galliera. De sorte que pour donner les indications contenues dans le précédent chapitre, j'ai dû me borner à consulter les Livrets annuels des Salons ou à faire appel aux bienveillants souvenirs de quelques artistes. Il y aurait donc, je crois, quelques mesures à prendre, au point de vue administratif, dans le sens que je viens d'indiquer, pour aider la glyptique contemporaine à sortir de cet état de longue léthargie que des efforts individuels ne suffisent pas à secouer.

S'il n'y a pas de musée glyptologique pour le xixe siècle, il n'y a guère davantage de collections privées de gemmes gravées. Même pour les pierres de l'antiquité et de la Renaissance, on ne citerait pas plus d'une douzaine de collectionneurs pour tout le siècle qui vient de finir, alors qu'au temps de la Renaissance ou même encore au xviiie siècle, tout prince, tout grand seigneur tenait à honneur d'avoir son cabinet de gemmes gravées, comme aujourd'hui il y a des collectionneurs d'estampes, de livres, de médailles ou de bibelots. Et si l'on ne fait plus guère collection de gemmes, cela tient à ce que l'on en trouve rarement de belles, et à ce qu'il est difficile de distinguer les imitations en pâte de verre des gemmes originales. Cela provient aussi de ce que les amateurs ont été détournés de ces collections par la critique archéologique elle-même.

En effet, à l'époque de la Renaissance, comme sous Louis XIV et encore au xviiie siècle, on collectionnait indifféremment les gemmes antiques et les gemmes modernes. Les artistes, d'ailleurs, retouchaient sans le moindre scrupule les camées antiques, y ajoutaient des signatures grecques, en gravaient de toutes pièces dans le style et le goût antiques, et plus d'un collectionneur était heureux et fier de posséder, à défaut d'un original, un équivalent qui lui en tînt lieu. Aujourd'hui, la critique s'efforce d'opérer une sélection impitoyable ; que tel amateur collectionne les œuvres d'art antiques, que tel autre rassemble les modernes, c'est fort bien ; mais on ne tarirait pas en railleries, on n'aurait pas assez de brocards justifiés à l'adresse de quiconque s'aviserait de se composer, pour remplacer les originaux hors de sa portée, une galerie de copies, quelque parfaites qu'elles fussent. Dès lors, nos graveurs modernes ne sont plus encouragés à imiter les chefs-d'œuvre antiques, et comme il n'y a plus de Mécènes, les artistes s'en vont.

Ainsi, comme objets de musées ou de collections privées, les camées et les intailles modernes ne tentent personne et ne sont plus recherchés. M. Georges Lemaire a essayé de réagir en donnant à quelques-uns de ses derniers camées une imposante monture en argent ciselé. Il a voulu en faire des objets de vitrine ou d'étagère et provoquer les amateurs d'objets d'art. Benvenuto Cellini, au xvie siècle, entourait de même de splendides montures en or émaillé les camées et les intailles de Clément VII, de François Ier et des Médicis. Louis XIV et Louis XV firent aussi enchâsser les gemmes de leur Cabinet dans des montures dignes d'elles. La tentative de M. G. Lemaire est donc fort intéressante, et dans le désir où je suis de la voir réussir je ne critiquerai pas trop le goût de ses cadres auxquels on ne reprochera pas, certes, le manque d'assiette et de solidité.

Pour ce qui est des arts décoratifs, du luxe privé et de la parure personnelle, leur dédain du camée et de l'intaille tient malheureusement à des causes plus profondes que l'absence de musée de glyptologie moderne.

D'abord, l'intaille ou pierre gravée en creux n'est guère, en soi, une gemme décorative, et dans l'antiquité même, si elle figure comme pendeloque dans un collier, par exemple, c'est le plus souvent à titre de cachet ou d'amulette, et rarement comme joyau de parure. Et en effet, de tous temps, les meilleurs artistes ont fort bien accepté de graver des intailles sur des gemmes assez vulgaires comme la cornaline et le jaspe, sur des pierres ternes, opaques, d'un seul lit et sans éclat, parce que l'intaille n'est qu'un cachet et qu'on se préoccupe plutôt de la beauté du travail de gravure que des nuances et des chatoiements de la matière. A l'encontre du camée, c'est l'empreinte surtout qu'on examine et que l'on apprécie. Or, aujourd'hui, les cachets, même ceux qu'on grave encore sur des pierres fines, ne comportent plus des sujets variés comme autrefois, des types mythologiques ou allégoriques, des reproductions de tableaux ou de statues, des portraits d'hommes célèbres. On n'y grave plus guère que des armoiries, des devises, des initiales, des majuscules plus ou moins entrelacées, quelquefois seulement des portraits. De plus, dans la pratique de la vie, l'usage du cachet a singulièrement diminué d'importance : ce n'est plus, pour ainsi dire, qu'une fantaisie traditionnelle, dont nombre de personnes se passent aisément.

Seules, les administrations publiques pourraient avoir encore, au lieu des timbres vulgaires qu'elles apposent sur les actes qu'elles doivent authentiquer, de beaux cachets en pierres fines, avec des types variés. Et cela serait, si l'instinct artistique était inné dans notre éducation et dans nos mœurs comme chez les anciens Grecs, ou si une préoccupation d'art nous dominait comme dans l'aristocratie et les cours des xvie et xviiie siècles. Mais à présent, toute formule qui émane d'un bureau administratif est bien le contraire du sentiment artistique. Sans doute, on nous fabrique d'éloquentes circulaires sur l'utilité de la diffusion populaire de l'art, sur la propagation d'images artistiques jusque dans les écoles de villages, sur la multiplication des écoles d'art industriel, que sais-je enfin! Mais la circulaire même, promotrice de ces excellentes choses, ne rougit pas d'être maculée, en tête ou en queue, de timbres qui ne supporteraient pas la comparaison avec les tatouages des naturels de la Papouasie. Aujourd'hui, où l'on fait collection de toutes choses, même de timbres-poste et de boutons d'uniformes, je doute fort que quelque désœuvré soit jamais tenté de collectionner ces *ex libris* des mairies, tribunaux, préfectures et autres administrations publiques. Il nous arrive souvent de n'avoir pas assez de sarcasmes et de mépris pour les usages d'autrefois, la grossièreté des mœurs, la rudesse des ustensiles de toute sorte dont nos pères se servaient. Et cependant, combien les sceaux métalliques ou gemmés du moyen âge étaient plus artistiques que les nôtres! Je pourrais citer maints et maints sceaux de princes, d'abbayes, d'églises, de corporations, de chevaliers, de bourgeois, d'artisans même qui, en plein moyen âge, sont de purs chefs-d'œuvre.

J'imagine donc qu'on pourrait songer à réformer notre art sigillaire et que, de ce côté, il y aurait quelque chose à tenter en faveur de l'intaille sur pierre fine. Sans doute, les cachets ou sceaux de l'antiquité et du moyen âge ne seraient guère pratiques aujourd'hui parce que leur utilisation comporte l'emploi de la cire à cacheter. Cependant, il arrive souvent qu'on a encore à sceller avec la cire, et il me paraît bien qu'il serait possible et sans inconvénient pratique, de substituer comme sceau, dans certaines administrations publiques, une belle pierre gravée aux images sur cuivre que je n'ai pas caractérisées trop durement tout à l'heure. L'exemple venant d'en haut serait certainement suivi par les particuliers, et nous verrions bientôt la mode s'introduire de porter en breloque, comme autrefois, une cornaline, une jaspe ou une sardoine intaillée d'un sujet signé du nom d'un maître graveur.

Le camée doit être envisagé à un tout autre point de vue que l'intaille. Le costume masculin, à notre époque, — et cela depuis la Révolution, — ne comporte plus l'utilisation de cet ancien favori de la grande mode. Nous n'avons plus d'enseignes à nos chapeaux, de boucles ornées à nos souliers, de boutons en pierres fines à nos habits. Ces luxueux usages ont passé, même pour les uniformes et les costumes de gala : ils ne paraissent pas en voie de retour. La parure féminine, de son côté, a répudié presque complètement le camée, pour le remplacer par les perles, les diamants, les pierres précieuses taillées à facettes. On peut le regretter, car les pierres précieuses taillées, sans doute moins lourdes que le camée et plus seyantes à la toilette de cérémonie, sont la négation même de l'art, le travail qu'elles comportent de la part du joaillier n'étant que du procédé mécanique. Mais il faut s'incliner devant des usages persistants et nous avons vu que les tentatives faites, sous Napoléon I⁰ʳ, pour réagir contre cet entraînement demeurèrent infructueuses. Les essais, pourtant heureux en eux-mêmes, faits de notre temps par les bijoutiers novateurs, pour donner au camée une place honorable dans la parure féminine ou l'ornementation du bibelot artistique, n'ont pas été appréciés comme ils eussent mérité de l'être. On peut dire aujourd'hui, que si, d'aventure, un joaillier s'avise de faire entrer un camée dans la décoration d'un bijou quelconque, il se sent obligé de s'ingénier à sertir la gemme dans une riche et imposante monture, de la dissimuler en quelque sorte, pour que l'entourage devienne l'ornement principal et que le camée ne soit que l'accessoire. Un coffret à bijoux, un écrin de luxe, une bonbonnière, une couverture de livre précieux, tous ces menus bibelots, apanage obligé de l'élégance et de la coquetterie, trouvent moyen d'être riches ou

gracieux sans l'intervention du camée. Ils sont décorés de miniatures, de nielles, de fleurons émaillés ou ciselés, de filigranes et
d'émaux délicats, de guillochages exquis, mais jamais plus de ces
sardonyx multicolores sur lesquelles se détachent des scènes ou
des portraits gravés en relief.

Pourtant, on peut concevoir une place pour le camée, au milieu
de tous ces éléments décoratifs et il est peut-être possible de
remonter le courant qui a emporté le xix siècle tout entier.
Un buste comme la *Gallia* de M. Moreau-Vauthier, au musée
du Luxembourg, qui est décoré d'émeraudes et de topazes en
cabochons, eût eu, à d'autres époques, quelques camées discrets,
incrustés dans le casque, les épaulières ou la cuirasse. L'antiquité,
dans une œuvre pareille, n'eût eu garde de négliger cet élément
de riche parure, et, pour préciser davantage, la tête de Méduse
qui est ciselée en cuivre doré au milieu de la poitrine, eût été, à
coup sûr, une grande gemme gravée. Un Pyrgotèle ou un Dioscoride eussent enchâssé à sa place quelqu'une de ces belles pha-
lères, têtes de Méduse en calcédoine, qui sont aujourd'hui sous
les vitrines de nos musées d'antiques. Un Benvenuto Cellini y
eût placé quelque copie de camée que Giovanni delle Corniole ou
Demenico dei Camei excellaient à exécuter.

Mais pour en revenir à de semblables pratiques, il importe que
nos graveurs actuels n'oublient pas que le camée ne souffre pas
la médiocrité, ni comme choix de la gemme à graver, ni comme
utilisation des couches, ni comme perfection du dessin. La plupart des camées modernes, il faut bien le reconnaître, pèchent
par le choix des gemmes, et tel de nos maîtres graveurs contemporains, devant lequel tremble la dure sardonyx comme le marbre
tremblait devant Michel-Ange, ne paraît pas le moins du monde se
préoccuper d'harmoniser son travail de gravure avec les lits dif-
féremment nuancés de sa gemme. Il importe donc d'insister sur
ce point, car tout le succès du camée est là.

Le champ de la glyptique comprend, non pas les pierres précieuses et le diamant, dont l'éclat et les feux nuiraient à l'effet de la gravure, mais les gemmes siliceuses ou argileuses qui sont susceptibles de recevoir un beau poli et de subir un travail de fine corrosion à la scie ou à la bouterolle du touret, sans se désagréger et sans imposer à l'artiste l'effort quasi surhumain que nécessiterait la gravure des corindons. Le graveur a donc dans son domaine toute la gamme des pierres fines et demi-fines, translucides ou opaques, depuis les plus belles variétés de l'agate jusqu'à la pierre lithographique. Suivant les convenances de son sujet, l'artiste doit choisir, recherchant de préférence les gemmes aux tons chauds, aux lits bien parallèles, aux couleurs chatoyantes, afin de rehausser l'œuvre de son outil par la beauté de la matière. Avant tout, il s'appliquera, par des combinaisons ingénieuses et qui sont l'essence même de son noble métier, à tirer parti de la polychromie naturelle de l'agate dans la composition de son sujet. S'il s'en dispense, son œuvre est condamnée d'avance, fût-elle parfaite sous le rapport de l'exécution ; on ne lui tiendra aucun compte de la difficulté vaincue et un simple bas-relief sur un beau marbre blanc plaira plus à contempler qu'un bas-relief sur une agate pleine de taches et de veines irrégulières et malencontreuses. Considérez en effet, les plus beaux des camées de l'antiquité, de la Renaissance ou de Jacques Guay : ce que nous en admirons, ce qui nous ravit en eux, ce n'est pas seulement, comme en sculpture, le mérite artistique du travail de l'artiste; ce sont aussi ces couches multicolores que le graveur a si merveilleusement utilisées, réservant celles qui sont fermes et éclatantes pour les parties les plus importantes de son sujet, celles qui sont atténuées et mourantes pour les détails secondaires, si bien que l'ensemble de la composition prend l'élégance d'une miniature due au pinceau d'un habile coloriste.

Ne nous lassons pas de le répéter : de tous les arts plastiques,

la gravure des camées est celle qui est le plus étroitement esclave
de la matière, et c'est ce que nos artistes modernes ont trop souvent oublié. On est vraiment peiné de constater, soit au Luxembourg, soit au musée Galliera ou dans nos Expositions annuelles,
que des œuvres dont le dessin est des plus corrects et l'exécution
des mieux enlevées, soient condamnées à l'insuccès par leurs
auteurs eux-mêmes, soit à cause de la laideur de la gemme, soit
par suite du désagréable et discordant effet des tons et des nuances
qui eussent dû, bien au contraire, contribuer à faire valoir la
gravure. J'ai parlé plus haut de l'aspect morose et froid de l'*Apothéose de Napoléon*, qui provient en grande partie des nuances ternes
et nuageuses de la sardoine employée par Adolphe David. Des
camées de H. François lui-même, par exemple, son *Amour filial* et
dans quelque mesure aussi son *Génie de la peinture s'inspirant de la
Vérité*, n'échappent pas à cette critique; j'ai fait remarquer, tout à
l'heure en passant, que de belles œuvres de MM. G. Lemaire, Tonnellier, Gaulard, Galbrunner et d'autres, encouraient les mêmes
reproches. Une des gemmes qui a coûté le plus de travail à
M. Tonnellier, sa *Tentation*, au musée Galliera, est peut-être
l'œuvre moderne où ce grave défaut s'étale avec le plus de sans-
gêne et comme une gageure contre la nature.

Un autre défaut commun à la plupart de nos artistes contemporains et qui n'est pas sans point de contact avec celui que je
viens de signaler, c'est qu'ils paraissent, avant tout, être hantés par
le désir de graver de très grands camées, de très grandes intailles.
S'ils se mettent à la recherche d'une gemme chez les minéralo-
gistes, ils s'inquiètent beaucoup plus des dimensions que de la
richesse des couches et du parallélisme régulier des lits. Déplorable erreur! Jamais Jacques Guay n'a gravé une gemme aussi
énorme que la plupart de celles que nous voyons figurer au Luxembourg ou dans chacun de nos Salons annuels. En revanche, ses
œuvres exquises sont toujours sur des gemmes d'une idéale pureté

de matière, et le sujet s'y détache avec une perfection de lignes et
de dessin qui enlèvent l'admiration. Sauf deux ou trois exceptions
que l'on cite à cause de leur caractère insolite, il n'y a pas non
plus de grands camées de la Renaissance italienne; au contraire
les artistes de ce temps s'évertuaient parfois, ce qui était une
autre exagération, à graver des merveilles dans l'infiniment petit.
L'antiquité tout entière n'a produit que quatre ou cinq camées
aussi grands que ceux que nos artistes modernes sont si fiers
d'avoir gravés; les Pyrgotèle et les Dioscoride se sont, en revanche,
appliqués à choisir des sardonyx de toute beauté et à tirer un
habile parti de leurs couches. Que notre jeune école reprenne
ces errements, et le succès viendra vite couronner ses efforts.

On compare ou l'on rapproche souvent la gemme gravée de la
médaille, soit pour les opposer l'une à l'autre, soit au contraire
pour les unir étroitement et leur imposer les mêmes règlements,
les juger d'après les mêmes principes. Soit! cependant il y a une
différence essentielle, puisque, dans la médaille, l'artiste n'a pas
à s'inquiéter de couches multicolores ni de l'effet que produira la
matière dans laquelle il doit faire prendre corps à son œuvre.

Il est arrivé assez souvent, — la suite de cette étude l'a démontré, — que l'art de la gravure en pierres fines et l'art de la gravure en médailles fussent le monopole des mêmes artistes, et
marchassent de pair, côte à côte et se donnant la main. Dès l'antiquité grecque, rappelons-le, nous voyons les mêmes maîtres
s'attaquer indifféremment à la gemme et au métal, graver suivant
leur fantaisie ou au gré des commandes, tantôt des camées ou
des intailles, tantôt des coins monétaires. Phrygillos, Olympios,
Cimon et leurs émules, ont gravé à la fois les plus belles des
intailles grecques et les plus belles médailles. Cette alliance
étroite de deux arts qui s'attaquent à des matières si différentes,
la Renaissance l'a respectée et y est demeurée fidèle. Presque tous
les graveurs de médailles, monnaies et plaquettes des xve et

xvie siècles, ont été également des graveurs en pierres fines, et souvent ils ont traité le même sujet, à la fois sur la pierre et sur le bronze. Des orfèvres et médailleurs comme Benvenuto Cellini et les deux Leoni ont gravé des pierres fines, et il serait délicat de décider si des maîtres comme Matteo dal Nassaro, Domenico Compagni surnommé *de'Cammei* et Giovanni de Castelbolognese, dit Giovanni *delle Corniole*, ont excellé davantage dans la gravure des gemmes ou dans celle des médailles et plaquettes. Nous avons constaté qu'on peut en dire autant de notre grand Guillaume Dupré, sous Henri IV et Louis XIII; son contemporain Olivier Coldoré fut même graveur sur bois.

L'époque moderne s'est sensiblement écartée de cette tradition dès le xviiie siècle, et elle a une tendance à la répudier chaque jour davantage. Les médailleurs des règnes de Louis XIV et de Louis XV n'ont point gravé de gemmes, et il ne semble pas que Jacques Guay ait signé une seule médaille. Je ne connais non plus ni médailles ni plaquettes de Natter et des trois Pichler. Au contraire, Jeuffroy, Tiollier, Girometti et les Simon ont gravé à la fois des médailles et des pierres fines, tandis que des artistes éminents et plus rapprochés de nous, comme H. François et Adolphe David, se sont confinés dans le travail des gemmes. Et en revanche, les grands maîtres de la médaille contemporaine, les Chaplain, les Roty et leurs disciples restent étroitement cantonnés dans la spécialité où ils ont conquis leur légitime renommée.

Les causes de cet abandon de la glyptique par les médailleurs contemporains sont sans doute multiples; j'en entrevois une qu'il est bon de signaler. Elle réside dans les procédés mécaniques auxquels ont recours nos médailleurs d'à présent : l'invention et l'abus du *tour à réduire* sont en voie de consommer la rupture entre la médaille et la gemme gravée. En effet, le graveur en pierres fines ne peut, lui, se dispenser de graver; après avoir modelé son sujet en cire ou autrement, il est contraint de s'asseoir devant son

touret et de creuser la pierre à la molette ou à la bouterolle : l'artiste
doit être doublé d'un habile praticien. Il en était ainsi du médailleur
d'autrefois qui, pour exécuter un coin destiné à la frappe, devait graver au burin son bloc d'acier. Mais aujourd'hui, la plupart de nos
médailleurs sont devenus en réalité des sculpteurs : sculpteurs de
bas-reliefs pour médailles ; ils ne gravent plus et se contentent
de modeler une matière molle, cire ou terre glaise. Leur œuvre
est conçue et exécutée en grandes proportions ; ils l'abandonnent
ensuite au praticien qui, avec le *tour à réduire* la rapetisse méca-
niquement et la ramène aux proportions voulues ; la gravure
du coin d'acier se fait par un procédé mécanique analogue.
A peine est-il nécessaire que l'artiste surveille ces opérations
et procède, chemin faisant, à quelques retouches. Son art consiste
donc, non plus à graver péniblement le dur métal, mais à modeler un bas-relief sculptural, en lui donnant les dispositions qu'il
croit convenir le mieux à une médaille et que l'expérience lui a
enseignées.

Dès lors, n'étant plus, lui-même, graveur des coins d'acier avec
lesquels on frappe sa médaille, il ne saurait plus être graveur en
pierres fines, et il manque d'expérience technique pour s'attaquer
aux variétés du quartz. On peut aujourd'hui, grâce à ces procédés,
arriver à faire de belles médailles sans savoir graver ; voilà pourquoi, dans les concours organisés pour les médailleurs, il n'est
plus besoin comme autrefois, de demander à ceux-ci de prouver
qu'ils connaissent les procédés techniques de la gravure en leur
imposant l'obligation de graver une gemme.

Seuls, les graveurs sur acier comme MM. Tasset et Le Double,
seraient préparés à creuser la gemme comme ils le font du métal ;
seuls désormais, ils font appel à la même délicatesse de touche, à
la même dextérité de main ; leur art et celui de la glyptique des
gemmes ont besoin du même intermédiaire de la loupe grossis-
sante, nécessitent la même éducation de l'œil et la même patience

dans l'exécution, procèdent de la même esthétique, tout en se servant d'instruments tout différents.

La médaille a, sur la pierre gravée, cet avantage, si c'en est un, de pouvoir être reproduite indéfiniment : tout le monde peut se procurer un exemplaire de la médaille qui lui plaît. La pierre gravée, au contraire, est nécessairement unique ; il n'y a qu'un original et on ne peut le propager que par des faux, c'est-à-dire par des copies ou par le surmoulage. C'est un inconvénient pour le graveur qui ne peut *éditer* son œuvre et en vendre des exemplaires identiques, au gré des demandes ; c'est un avantage pour le collectionneur jaloux, — ils le sont tous, — qui a un objet unique, impérissable. Il est sûr que le pareil n'existe pas chez son confrère et que son joyau ne deviendra jamais banal à force d'être reproduit et prodigué à tout venant. Malgré cela, la médaille est préférée aujourd'hui ; elle est de plus en plus à la mode, peut-être parce qu'elle est moins aristocratique que la pierre gravée. Celle-ci sera toujours moins accessible, sans doute ; toutefois elle peut faire bonne et grande figure aussi dans le cortège des arts modernes et ce sera, peut-être, l'honneur du xxᵉ siècle de l'avoir réhabilitée.

FIN

TABLE DES MATIÈRES

Liste des membres de la Société de propagation des livres d'art. . V à IX

Avant-Propos . . . . XI à XVIII

CHAPITRE I. — La gravure sur pierres fines en Occident, à l'époque
mérovingienne . . . . 1 à 18

CHAPITRE II. — La Renaissance carolingienne . . . . 19 à 43

CHAPITRE III. — L'époque de Bernward et de Suger . . . . 45 à 72

CHAPITRE IV. — Les cristalliers du XIIIe siècle . . . . 73 à 93

CHAPITRE V. — Le roi Charles V et ses frères, les ducs de Berry et
d'Anjou . . . . 95 à 108

CHAPITRE VI. — Le roi René d'Anjou et le XVe siècle français . . 109 à 123

CHAPITRE VII. — Matteo dal Nassaro et la Renaissance française . . 125 à 145

CHAPITRE VIII. — La glyptique française au XVIIe siècle et au commencement du XVIIIe . . . . 147 à 158

CHAPITRE IX. — Jacques Guay et Madame de Pompadour . . . . . 159 à 208

CHAPITRE X. — Les Simon et les graveurs du temps de la Révolution
et du commencement du XIXe siècle . . . . 209 à 227

CHAPITRE XI. — L'école contemporaine . . . . 229 à 247

CHAPITRE XII. — Caractères généraux de la glyptique contempo-
raine et son avenir . . . . 249 à 262

Planches 1 à XXII.

MÂCON, PROTAT FRÈRES, IMPRIMEURS

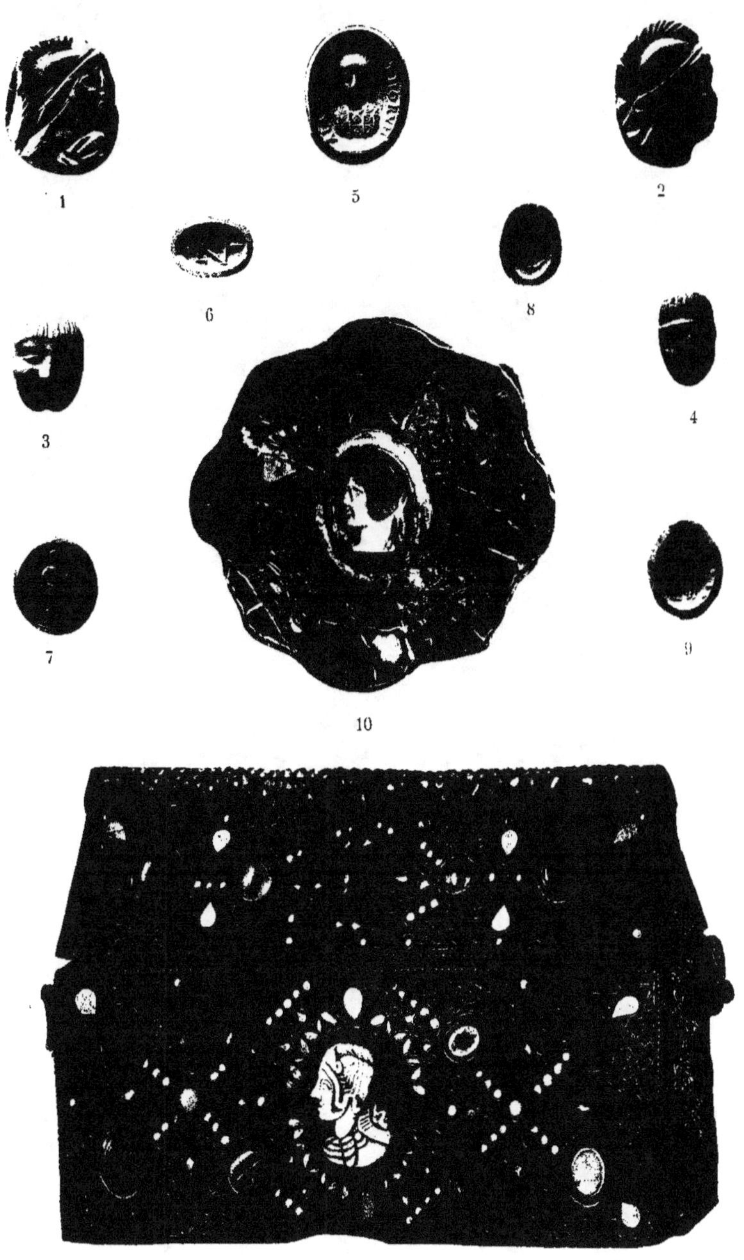

ÉPOQUE MÉROVINGIENNE

Phototypie berthaud, Paris

ÉPOQUE CAROLINGIENNE

Phototypie Berthaud, Paris

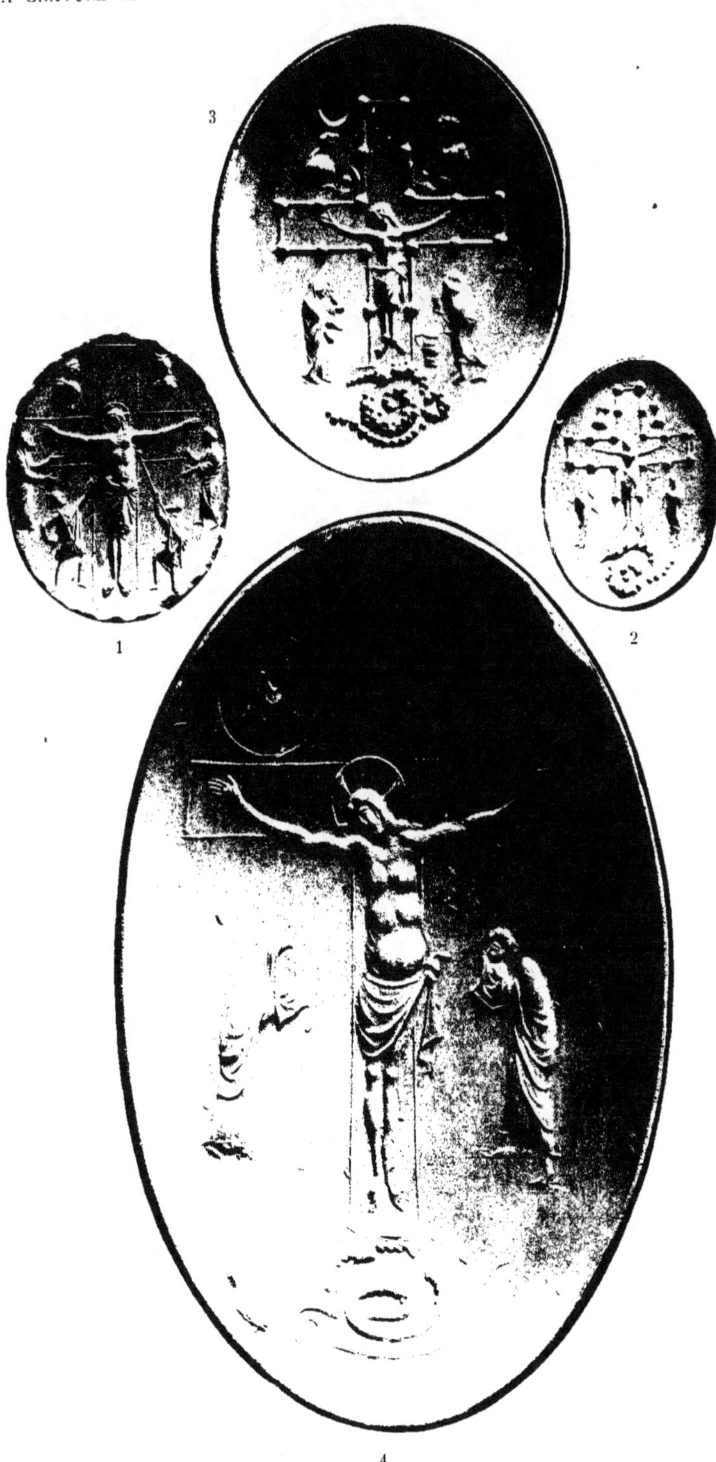

ÉPOQUE CAROLINGIENNE

Phototypie Berthaud, Paris

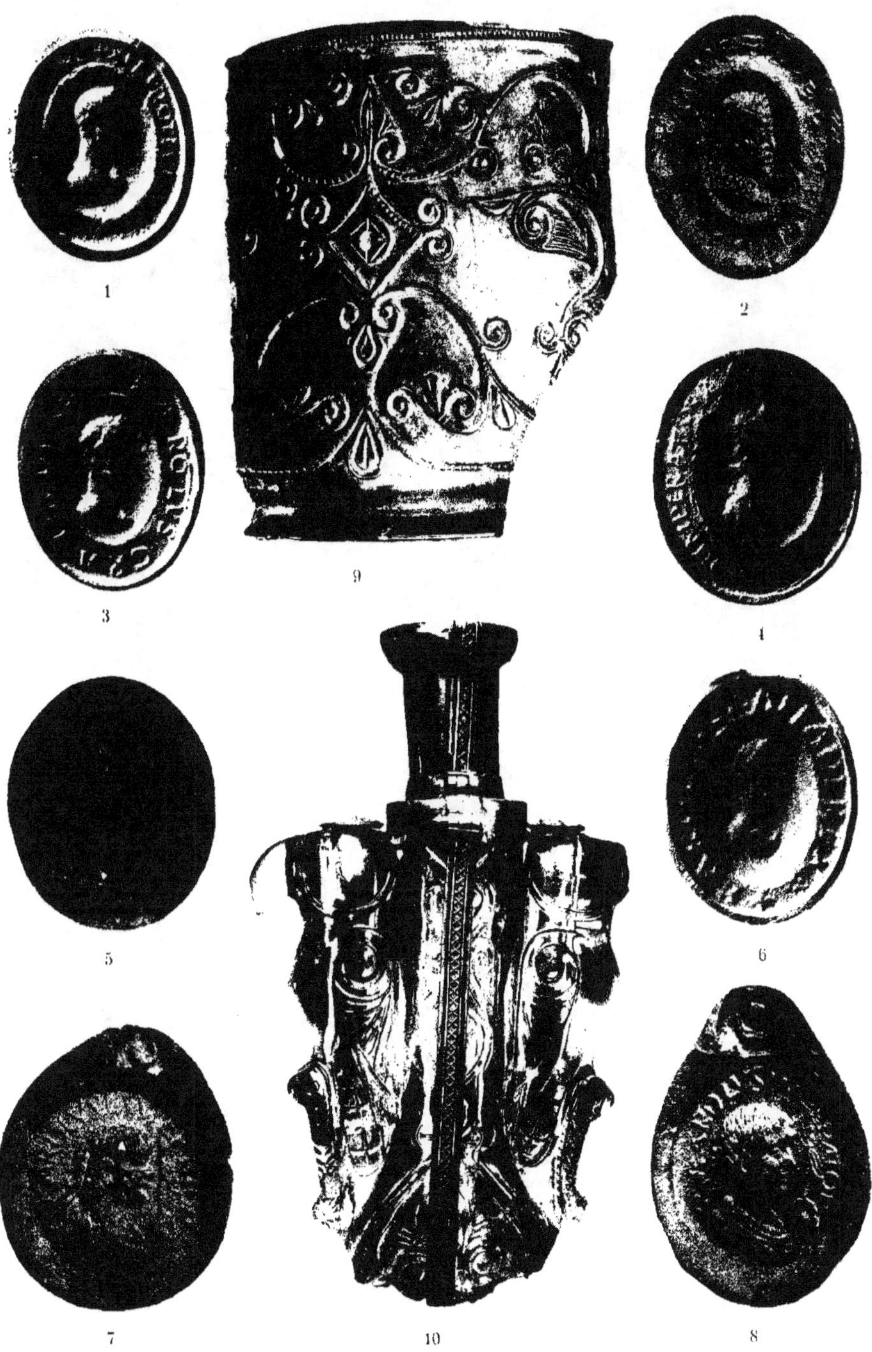

ÉPOQUE CAROLINGIENNE ET ROMANE.

Phototypie Berthaud, Paris

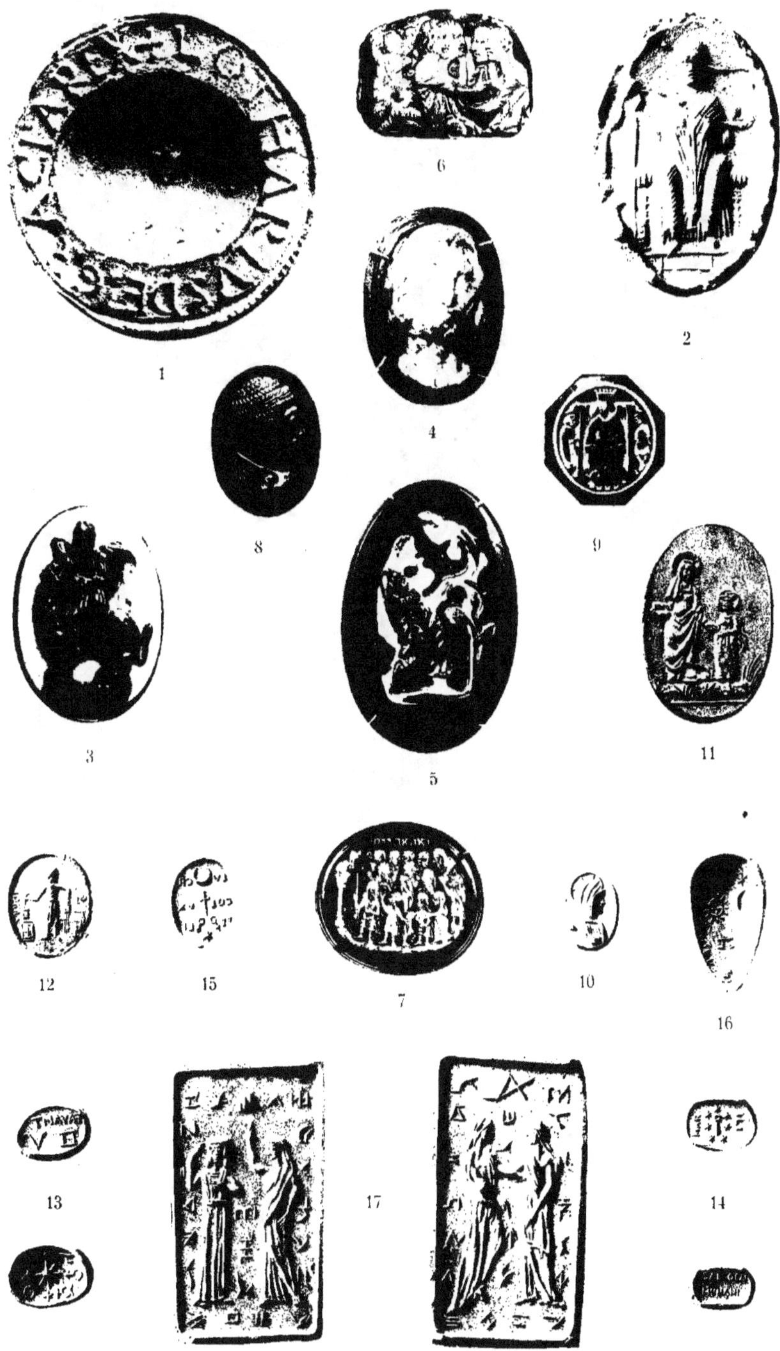

DU X' AU XIII' SIÈCLE

Phototypie Berthaud, Paris

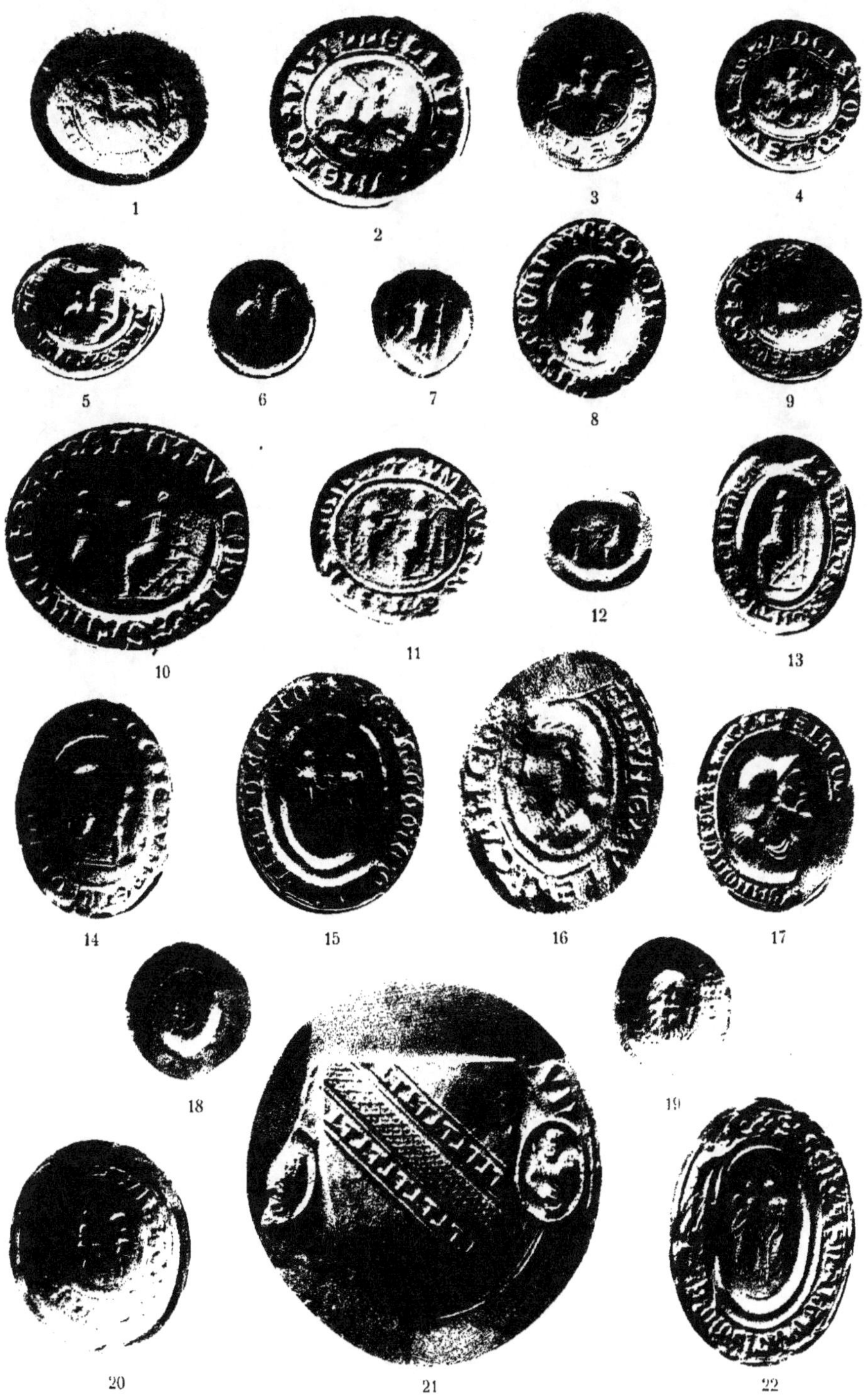

XII° ET XIII° SIÈCLES

Phototypie Berthaud, Paris

XIVᵉ ET XVᵉ SIÈCLES

Phototypie Berthaud, Paris

LE XVe SIÈCLE

Phototypie Berthaud, Paris

LA RENAISSANCE FRANÇAISE

Phototypie Berthaud, Paris

HENRI IV ET LOUIS XIII

Phototypie Berthaud, Paris

LE MIROIR DE MARIE DE MÉDICIS

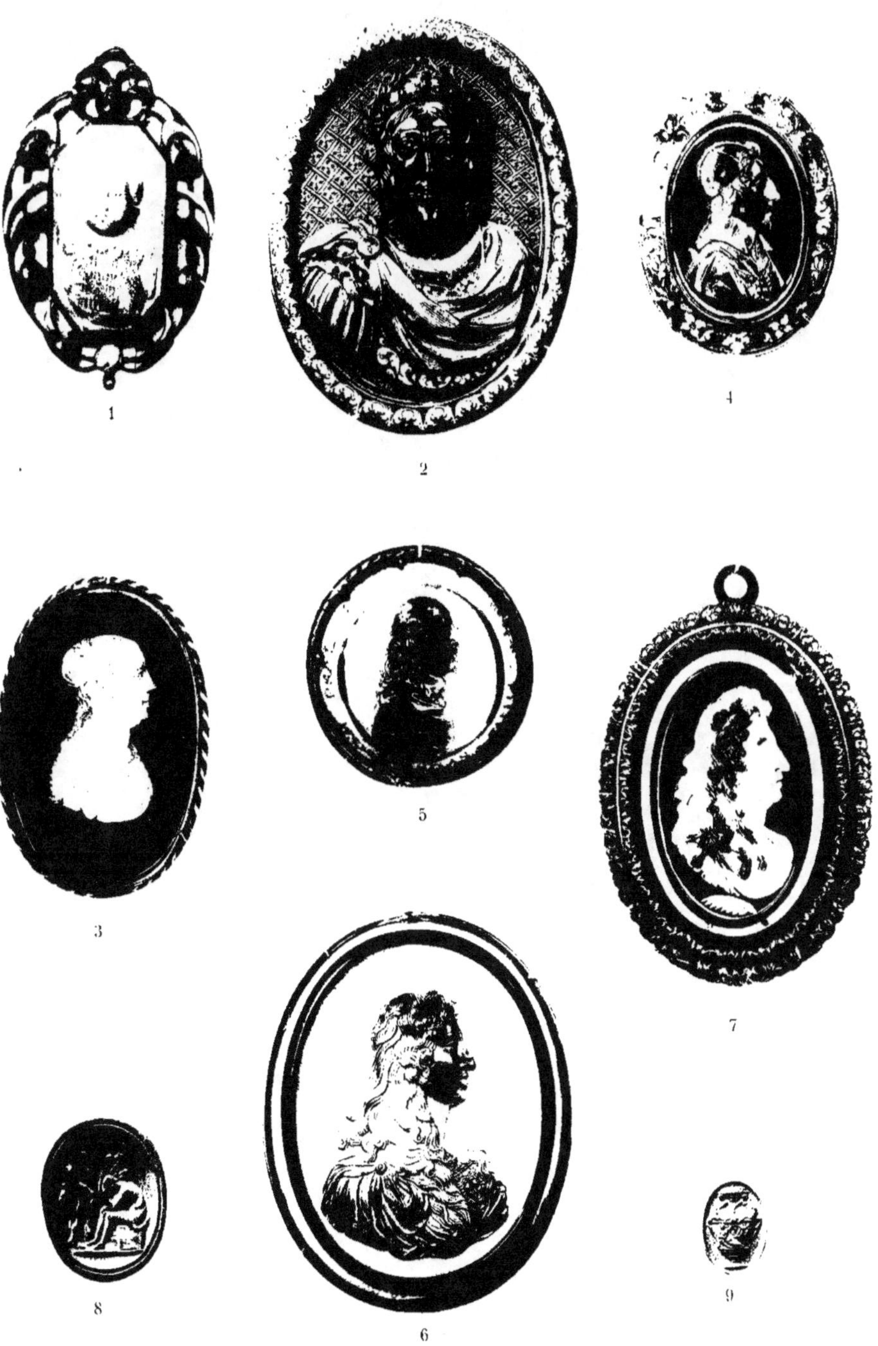

LOUIS XIII ET LOUIS XIV

Phototypie Berthaud, Paris

CAMÉES DE JACQUES GUAY

Phototypie Berthaud, Paris

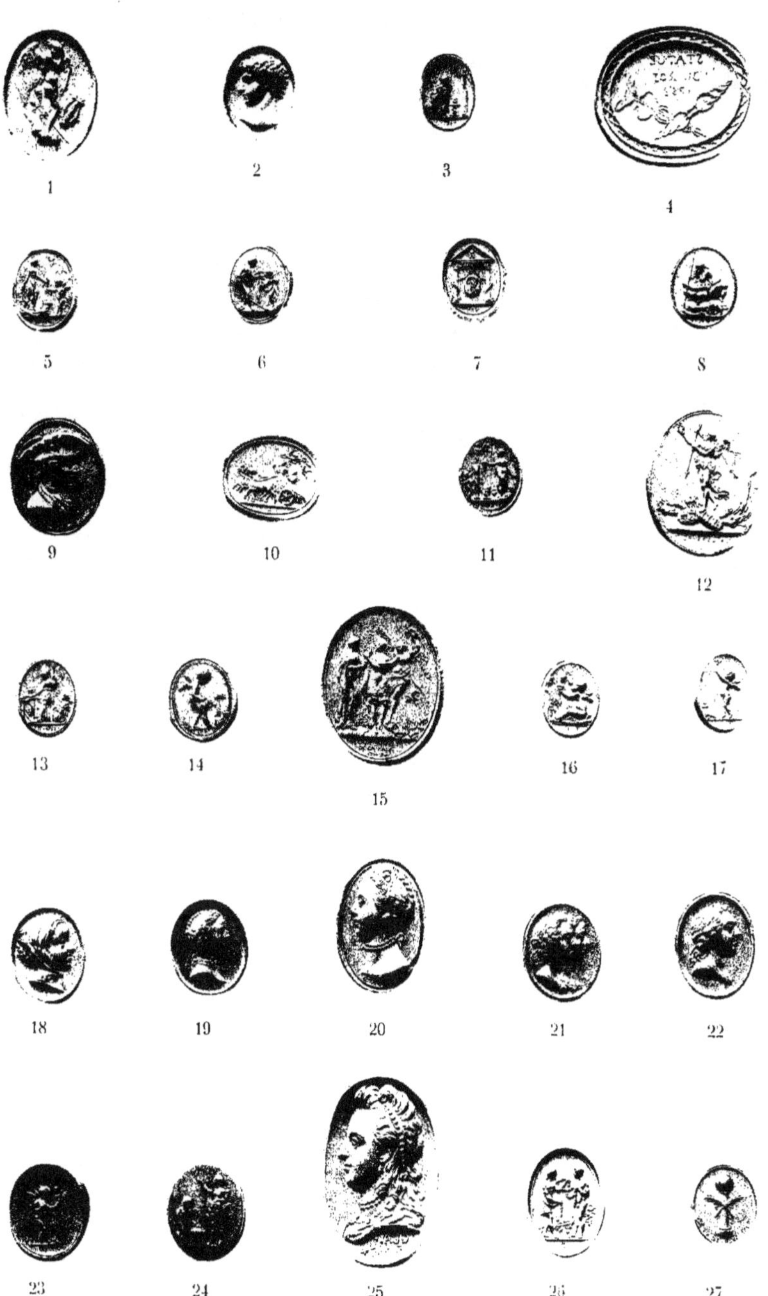

INTAILLES DE JACQUES GUAY

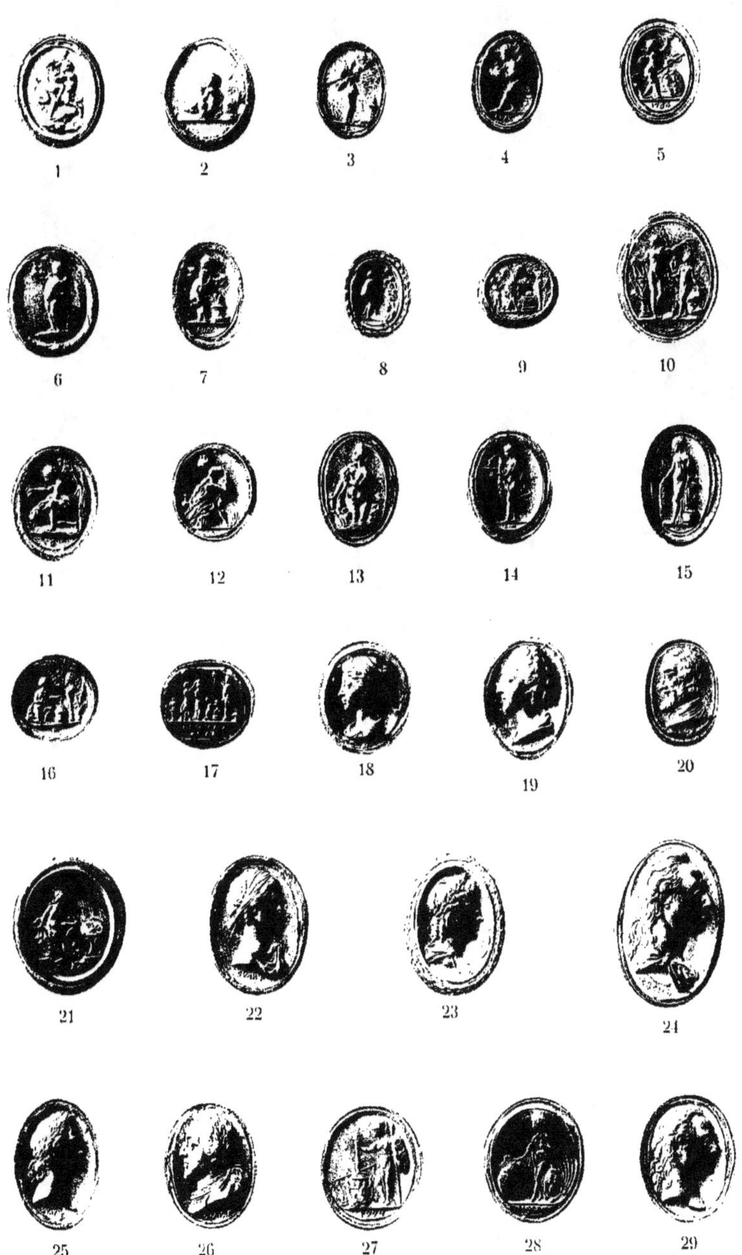

INTAILLES DE JACQUES GUAY

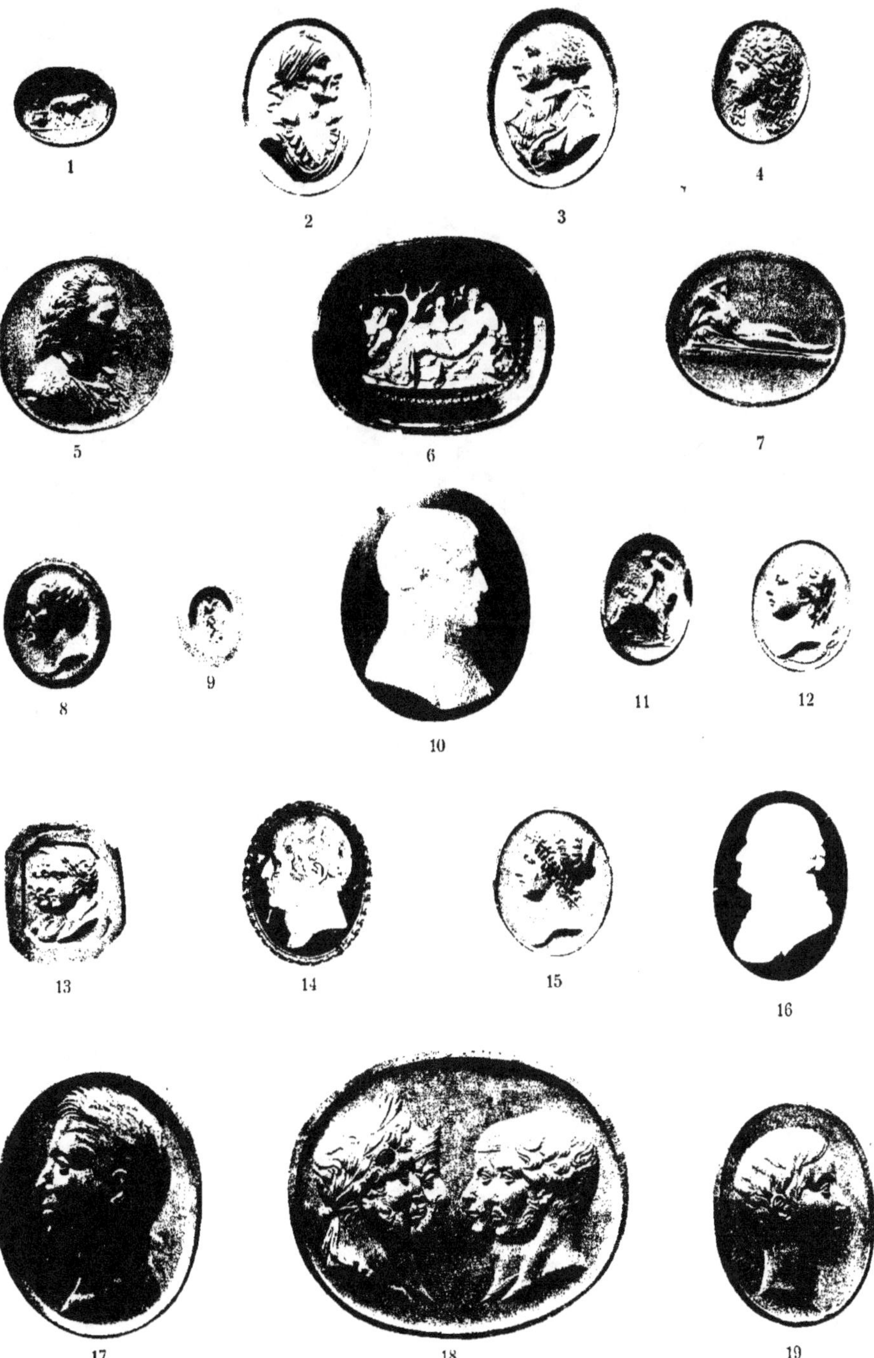

LA RÉVOLUTION ET LA PREMIÈRE MOITIÉ DU XIXᵉ SIÈCLE

Phototypie Berthaud, Paris

L'APOTHÉOSE DE NAPOLÉON Ier PAR AD. DAVID

Phototypie Berthaud, Paris

1

2

3

4

CAMÉES DE HENRI FRANÇOIS

Phototypie Berthaud, Paris

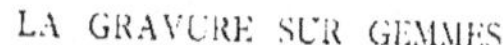

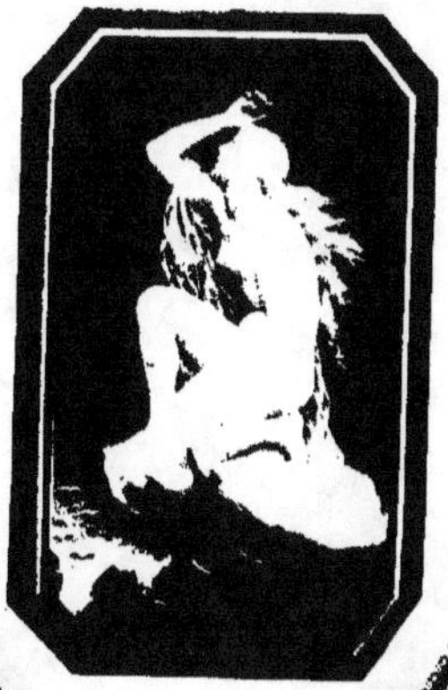

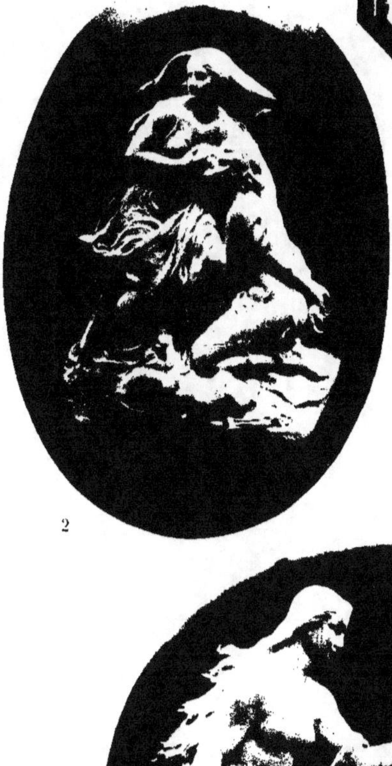

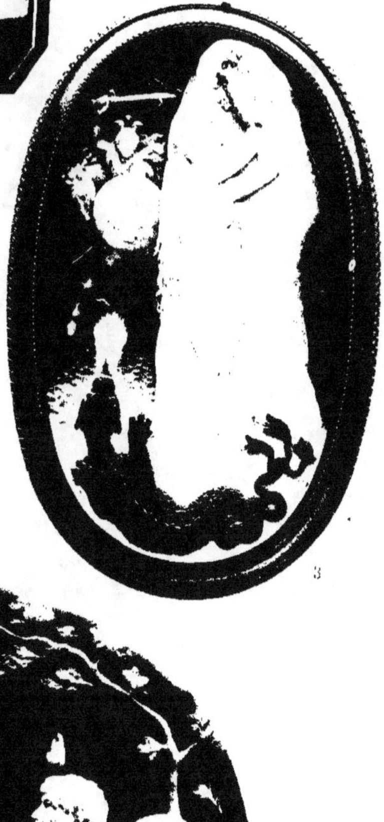

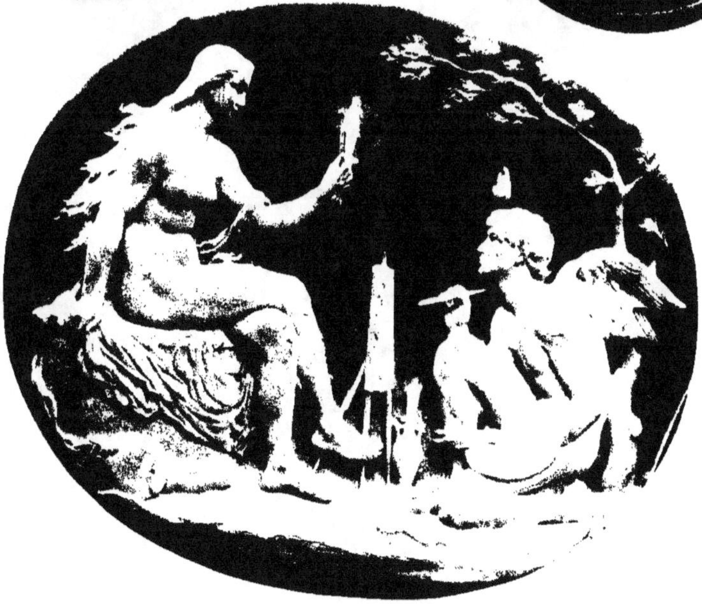

1

2

3

ÉPOQUE CONTEMPORAINE

Phototypie Berthaud, Paris

ÉPOQUE CONTEMPORAINE

Phototypie Berthaud, Paris

ÉPOQUE CONTEMPORAINE

Phototypie Berthaud, Paris

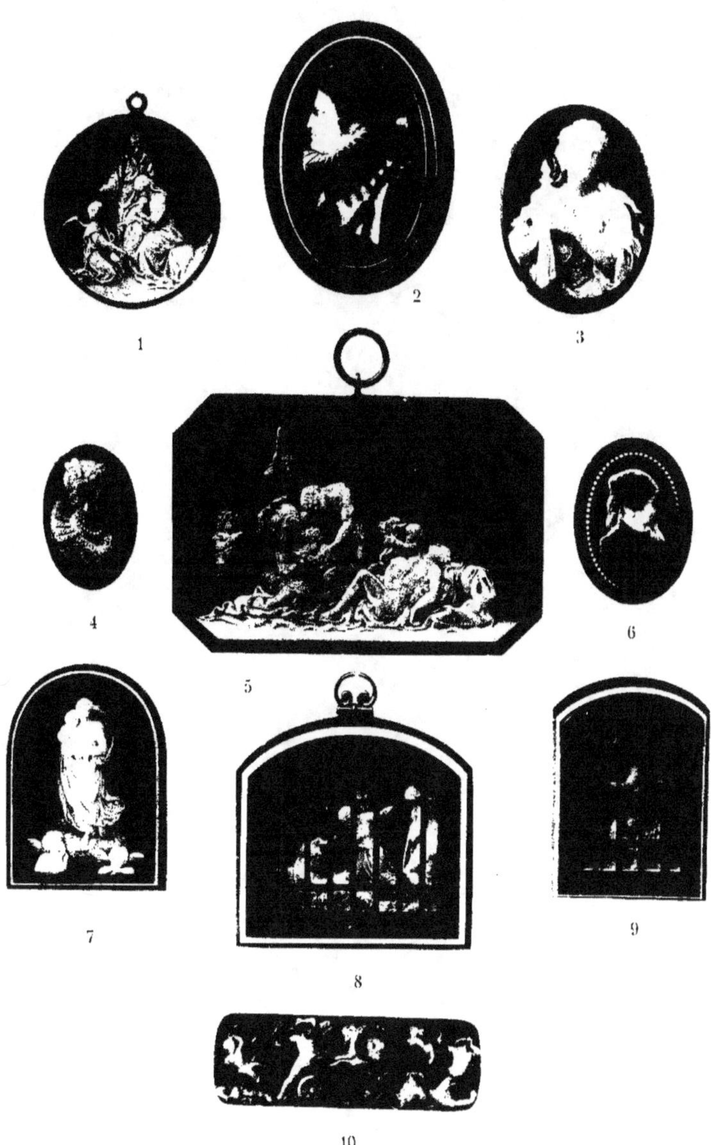

CAMÉES DE M. BISSINGER

MACON, PROTAT FRÈRES, IMPRIMEURS

www.ingramcontent.com/pod-product-compliance
Lightning Source LLC
LaVergne TN
LVHW010754060726
842527LV00002B/473